China Manufacturing 2025

中国制造2025大众读本

丛 书 总 主 编　褚君浩
丛书副总主编　王喜文　朱运海

新一代信息技术产业

沈　江　徐　曼　编著

山东科学技术出版社

图书在版编目（CIP）数据

新一代信息技术产业 / 沈江，徐曼编著 . —济南：山东科学技术出版社，2018.4
（中国制造 2025 大众读本）
ISBN 978-7-5331-9225-9

Ⅰ . ①新…　Ⅱ . ①沈…　②徐…　Ⅲ . ① IT 产业—产业发展—中国　Ⅳ . ① F492

中国版本图书馆 CIP 数据核字（2018）第 004805 号

中国制造 2025 大众读本

新一代信息技术产业

沈　江　徐　曼　编著

主管单位：山东出版传媒股份有限公司

出 版 者：山东科学技术出版社

地址：济南市玉函路16号
邮编：250002　电话：（0531）82098088
网址：www.lkj.com.cn
电子邮件：sdkj@sdpress.com.cn

发 行 者：山东科学技术出版社

地址：济南市玉函路16号
邮编：250002　电话：（0531）82098071

印 刷 者：山东新华印务有限责任公司

地址：济南市世纪大道 2366 号
邮编：250104　电话：（0531）82079112

开本：720 mm × 1020 mm　1/16
印张：18.75
字数：300 千
印数：1–3000
版次：2018 年 4 月第 1 版　　2018 年 4 月第 1 次印刷

ISBN 978-7-5331-9225-9
定价：68.80 元

褚君浩，丛书总主编，中国科学院院士，中国科学院上海技术物理研究所研究员，华东师范大学教授，九三学社中央科普工作委员会主任，上海市科普作家协会终身名誉理事长。主要从事红外物理、窄禁带半导体以及铁电薄膜的材料器件物理的应用基础研究，发表学术论文500余篇，出版《窄禁带半导体物理学》等中英文专著3部。获国家自然科学奖3次、部委级自然科学奖或科技进步奖10次。2012年获上海“科普杰出人物奖”；2015年被评为十佳全国优秀科技工作者；2017年获得首届全国创新争先奖章。

王喜文，丛书副总主编，工学博士，博士后，高级工程师，九三学社中央科技专门委员会委员、中央促进技术创新工作委员会委员。1998年8月起在北京第一机床厂工作过两年，后为日本开发10年计算机软件。2009年8月至2017年12月在工业和信息化部国际经济技术合作中心工作，历任信息部副主任、主任，电子商务研究所所长，中国智造与工业4.0研究所所长。

朱运海，丛书副总主编，双博士，博士后，硕士生导师，山东省科学院自动化研究所所长，山东省经济和信息化发展研究院副理事长。致力于智能制造与智慧城市应用技术研究，主持和参与国家重大专项十余项；参与编绘《国家1:100万地貌图图集》1部，参与编译《地理学方法》译著1部；授权软件著作权2项，发表学术论文30余篇，获省科技进步三等奖1项。

科学指导

陈学庚（中国工程院院士，农业机械设计制造专家）
俞建勇（中国工程院院士，纺织材料专家）
施仲衡（中国工程院院士，地下铁道专家）
钱　锋（中国工程院院士，工业过程智能控制专家）
甄永苏（中国工程院院士，微生物与生物技术药学、肿瘤药理学领域专家）

编著委员会

主　任

褚君浩（中国科学院院士，九三学社中央科普工作委员会主任）

副主任

孟安明（中国科学院院士，九三学社中央科技专门委员会主任）
白宗文（山东科学技术出版社副社长）

成　员（按姓名笔画排序）

王东伟　王吉星　王传栋　王喜文　王旖旎　石　忠　朱运海
汤华波　贠　强　李正宝　李向东　杨正泽　邹　迎　沈　江
尚书旗　周忠海　周忠凡　郑　佳　段崇刚　徐　曼　凌沛学

丛书序言

科学技术的进步和普及是社会进步的重要内在动力。《中国制造 2025 大众读本》丛书生动解读和传播中国制造强国建设第一个十年纲领性文件《中国制造 2025》及其技术路线图提及的科学技术，是一套值得大众阅读的科普好书。

习近平总书记在 2016 年“科技三会”上指出：“科技创新、科学普及是实现创新发展的两翼，要把科学普及放在与科技创新同等重要的位置。没有全民科学素质普遍提高，就难以建立起宏大的高素质创新大军，难以实现科技成果快速转化。”本丛书编写的目的就在于通过科学普及，让大众都能消化吸收和运用扩展“中国制造 2025”的科技内涵，从而能够在实现创新型国家建设中更好地发挥才智。

目前，我们已经有一些科普网站从事科学传播工作，也有很多普及科学的广播和电视节目、报刊和图书，其内容或是对科学趣味性的发掘，或是对科学之美的展现，或是对读者阅读兴趣的引领，主要是科学知识的普及与传播，侧重于全民科学知识的积累。这为提高全民科学素养奠定了扎实的基础。与此同时，如何进一步传播从知识到技术的转化，以促进产业和经济发展，是需要广大科技工作者尤其是致力于科学普及创作的科技工作者深入思考并身体力行的。

就图书领域来说，由上海市科普作家协会组织编撰、由我担任总主编的国家出版基金项目《战略性新兴产业科普读本》（8 卷本，上海科学技术文献出版社 2014 年出版），已经试着打破传统科普读物那种纯粹以知识普及为主的固有模式，将科普与国家政策、产业发展、科技创新以及社会发展大势紧密融合，从而帮助人们形成产业意识并投入其中，吹响人们“科技行动”的号角。

但是，当时并未意识到科普与国家政策、产业发展等的结合将会开创一个全新的科普读物门类——工业技术科普读物。这次，由九三学社中央科普工作委员会和科技专门委员会成员组织编撰、山东科学技术出版社出版的《中国制造2025大众读本》丛书，从国家政策的顶层设计、产业行业的发展轨迹和科学技术的知识内涵等方面，对我国制造强国建设的第一个十年纲领性文件《中国制造2025》及其技术路线图进行了多方位、全视角、普及化的解读，是对工业技术科普读物内涵的又一次深入发掘，标志着我国原创科普图书创作的一种新模式、新品种、新门类的诞生，将为广大科普爱好者奉上全新的知识盛宴。

工业技术科普的最大亮点，是打破了传统科普读物纯粹的知识普及为主的固有模式，将科普与国家政策、产业发展、科技创新以及社会发展大势紧密融合，体现了科普创作服务于国民经济建设的宗旨，可作为领导干部和公务员的决策参考、可为企业家和相关产业科研人员提供研发启迪、可使学生及普通读者获得具有现实应用意义的新知。①

中国制造2025具有鲜明的时代特征。“互联网+”时代，信息技术与各项实体技术深度融合，工业行业的重重围墙不断被突破，“互联网+”以巨大的资源聚合力和创新驱动力推动着全球工业格局重塑。“互联网+”以其特有的跨界融合、资源聚合和整合传播力，深刻地改变了人们理解和体验现代科技文明的方式和习惯。以“开放、共享、协作、参与”的互联网精神扎实有效开展工业技术科普，切实构筑我国工业强国建设的公民科学素质根基，迫在眉睫。②

中国制造2025的核心是创新驱动。习近平总书记多次对中国制造转型升级做出重要论述。李克强总理从政府层面扎实推进中国制造2025，努力推动形成我国经济发展的新动能。2017年6月12日新华社发表标题为《习近平

① 佚名.科普爱好者的“盛宴”“战略性新兴产业科普读本”丛书亮相[N/OL].人民网－上海频道[2014-08-12]. http://sh.people.com.cn/n/2014/0812/c134768-21965506.html

② 张义忠.“互联网+”时代亟须工业科普[N].中国科学报，2015-09-28.

重新定义中国制造》的评论员文章，再次将世界的目光吸引到“中国制造”上来③。文章中归纳出，中国制造，当以创新为灵魂，当以品质为生命，当以人才为根本。现在，在比较挑剔的外国消费者眼里，中国产品的质量也已今非昔比，但我们也应清醒地认识到，中国制造走以质取胜的发展道路仅仅开了个头，人们还多用老眼光来看“中国造”。改变人们的“老眼光”，既要立足于行，使“质量第一”成为从企业到消费者普遍参与的社会行动；也要大力宣传，展现我们在制造业方面“强”的部分，激发人们的自豪和认同。横向对比，“德国制造”之所以长盛不衰，与其拥有大量一流技术工人、发达的职业技术教育分不开。从我国现实看，制约中国制造转型升级的一个瓶颈就是人才短板。建设制造强国，需要培养和造就一支数量充足、结构合理、素质优良、充满活力的制造业人才队伍，为实现中国制造“三步走”战略目标奠定坚实人才基础。相比技术的研发、产品的创新，这一过程更加需要定力和耐心，也更加呼唤企业界、教育界和政府部门等各方的共同努力，其基础在于改变人们对于制造业“傻大笨粗”的老印象、从事制造业“低人一等”的老观念，吸引更多的优秀人才到制造行业中创新创业，就业乐业。《中国制造 2025 大众读本》的策划，正是基于这个信念，从“工业技术普及”的角度，采用科普图书生动活泼的笔触，为产业现状、工业技术倾注各领域专业人士的情感，用带有温度的呈现形式展现出我国制造业的现状和未来。内容架构上，从纵向（历史）的角度展现各领域产业行业的传承与发展，从横向（国际）的角度展现各领域产业行业所取得的成绩以及与世界先进水平的差距。

《中国制造 2025 大众读本》丛书，与国家政策、产业发展、科技创新以及社会发展大势紧密融合，体现科普创作服务国民经济建设的宗旨。丛书共分十册，总论《中国制造 2025 曙光：智能·绿色·融合·创新》结合 2015 年国务院印发的《中国制造 2025》文本，全面剖析我国制造业的新阶段、新形势和新环境，准确分析面临的挑战和任务。其余九册分别围绕新一代信息技术产业、高档数控机床和机器人、航空航天装备、海洋工程装备及高技术

③ 辛识平. 习近平重新定义中国制造 [N]. 新华社 [2017-06-12]. http://news.xinhuanet.com/2017-06/12/c_1121130716.htm

船舶、先进轨道交通装备、节能与新能源汽车、农机装备、新材料、生物医药与高性能医疗器械等《中国制造 2025》要突破发展的九大重点领域（《中国制造 2025》提及的是十大领域，其中电力装备对应的分册暂不出版）进行科普解读，系统介绍每个领域产业行业的发展历程、发展路径、技术方向、发展目标以及和社会经济发展的关联。编写中，突出“掌握规律—技术发明—产业应用”的发展脉络和思想，体现所涉及技术、产品知识产权的“自主”和“创新”。内容选取，参照又不拘泥于国家制造强国建设战略咨询委员会发布的《〈中国制造 2025〉重点领域技术路线图》，既阐明我国制造业“大而不强”的现状态势以及“从大变强”的意愿和做法，帮助读者“认清家底儿”，又重点展现我们在制造业方面“强且领跑”的部分，激发读者的认同和自信。

本丛书编写团队，由我担任总主编，工信部中国智造与工业 4.0 研究所原所长王喜文博士和山东省科学院自动化研究所所长朱运海博士具体协调组织，作者以九三学社中央科技委委员为主，既有工信部、科技部下属科研院所以及山东省科学院的青年才俊，又有北京市交通委、中国中车的技术大拿，还有中国科协的首席科学传播专家，更有泰山学者、山东省科学技术最高奖获得者，他们的专业性和对于科技传播和科普创作的热忱，决定了本丛书是一套既有科技含量又有温度的工业技术科普读物。

希望本书有益于深化大众对《中国制造 2025》的全面认识。

（中国科学院院士，中国科学院上海技术物理研究所研究员，
华东师范大学教授，九三学社中央科普工作委员会主任 **褚君浩**）

序　言

“十二五”规划明确了战略新兴产业是国家未来重点扶持的对象，其中新一代信息技术被确立为七大战略性新兴产业之一，将被重点推进。新一代信息化和新一代工业化的高层次深度结合，将以信息化带动工业化、以工业化促进信息化，开拓包括技术融合、产品融合、业务融合和产业衍生的新型工业化道路，助力中国制造向中国创造转变，中国速度向中国质量转变，制造大国向制造强国转变，实现智力密集型、环境友好型和资源集约型产业的高质量发展，构建中国制造新生态。

新一代科技革命与产业变革以数字化网络化智能化为特征，其核心是将以云计算、物联网、大数据为代表的新一代信息技术与现代制造业深度融合，以推动产业转型升级。发展新一代信息技术产业的主要内容包括加快建设宽带、泛在、融合、安全的信息网络基础设施，推动新一代移动通信、下一代互联网核心设备和智能终端的研发及产业化，加快推进三网融合，促进物联网、云计算的研发和示范应用。着力发展集成电路、新型显示、高端软件、高端服务器等核心基础产业。提升软件服务、网络增值服务等信息服务能力，加快重要基础设施智能化改造。大力发展数字虚拟等技术，促进文化创意产业发展。

当前，我国经济社会发展进入“新常态”，世界范围新一轮科技和产业革命推动中国经济发展的方式从要素驱动转向创新驱动、从依赖规模扩张转向提高质量和效益。有中国特色的精益生产管理创新，成为打造制造业升级版的必经之路。本书作为工业技术科普读物《中国制造 2025 大众读本》丛书的重要组成部分，以“科普中国制造 2025，宣讲制造强国战略”为主题，将众多有关新一代信息技术的前沿科技内容融合在一起，理论和实践相结合，用很鲜活的语言和有温度的笔触，将复杂的高新技术和枯燥的产业政策讲得深入浅出，图文并茂，既有技术分析，也有实施案例；既讲规模现状，又谈前景展望；围绕产业行业，更有政策解读。通过本书，可以使读者全面感受新一代信息技术的真正魅力，有助于加深读者对于新一代信息技术知识、产业和行业等的认识和了解。

（天津大学教授，博士生导师，中国机械工程学会常务理事

暨工业工程分会执行理事长　**齐二石**）

前　言

新一代信息技术产业是我国制造强国建设第一个十年纲领性文件《中国制造 2025》提出的十大重点发展领域之一，本书是工业技术科普读物《中国制造 2025 大众读本》丛书的一个分册。

新一代信息技术聚焦在下一代通信网络、物联网、三网融合、新型平板显示、高性能集成电路和高端软件等范畴，包含多个产业及核心技术在内的产业集群，涵盖技术多、应用范围广，与传统行业结合空间大，在经济发展和产业结构调整中的带动作用将远远超出行业范畴。新一代信息技术产业以互联网等信息技术优势加强异地协同制造，以数据驱动制造业智能化转型，破解制造业空心化发展难题，是大国核心竞争力中的关键性产业领域，对于提升国家整体的综合实力竞争有重要的作用。

随着新一轮工业革命的到来，云计算、大数据、物联网等新一代信息技术在未来制造业中的作用愈发重要，推动新一代信息技术产业向技术高端化、企业品牌化、应用泛在化、区域协同化发展，为加快构建高精尖经济结构提供有力支撑。全面推广工业化与信息化融合管理体系，增强工业软件等信息技术服务基础能力，支持企业加快数字化、网络化、智能化改造，积极培育网络化协同、个性化定制、在线增值服务、分享制造等“互联网＋制造业”新模式。

新一代信息技术将对整个经济起到积极的推动作用。制造业升级要靠技术、管理创新“双轮驱动”，大规模、大范围地推动精益管理的创新与实践。放弃“大而全”的工业体系，运用新一代信息技术，构建“高精尖”经济结构，实现经济发展从“量”到“质”的重大转变。全书主要包括下一代通信网络、物联网、三网融合、新型平板显示、高性能集成电路、人工智能、大数据和以云计算为代表的高端软件等主要内容。

本书由天津大学经管学部沈江和南开大学商学院徐曼编著，感谢天津大学朱盼盼、李侠男、王艺曈、齐振亚为本书付出的辛勤工作！在编写本书过程中，得到了很多行业同仁和同事的鼎力相助，本书的责任编辑魏海增对书稿提出了许多中肯且可行的审读意见和修改建议，在此一并表示衷心的感谢！

由于编者学识及精力水平有限，加之信息技术的发展速度迅猛，书中难免会有不当甚至错误，敬请读者批评指正，并反馈给我们，以便再版时订正！

编著者

2018 年 1 月

目 录

集成电路

打开“芯”世界的大门

集成电路探微

集成电路（Integrated Circuit，IC）是一种微型电子器件或部件，采用一定的工艺，把电路中所需的晶体管、电阻、电容和电感等元件及布线互连一起，制作在一小块或几小块半导体晶片或介质基片上，然后封装在一个管壳内，成为具有所需电路功能的微型结构。其中所有元件在结构上已组成一个整体，使电子元件向着微小型化、低功耗、智能化和高可靠性方面迈进了一大步。集成电路的发明者为杰克·基尔比［基于锗（Ge）的集成电路］和罗伯特·诺伊斯［基于硅（Si）的集成电路］，而当今半导体工业大多数应用的是基于硅的集成电路。

罗伯特·诺伊斯

为什么会产生集成电路？1942年在美国诞生了世界上第一台电子计算机。它是一个占地150 m^2、重达30 t的庞然大物，使用了17 468只电子管、7 200只电阻、10 000只电容、50万条线，耗电量150 kW。显然，占用面积大、无法移动是它最直观和突出的问题。如果能把这些电子元件和连线集成在一小块载体上，该有多好！电子计算机对集成电路的需求应运而生。

从电子管到晶体管

英国雷达研究所的科学家达默在1952年提出：可以把电子线路中的分立元器件集中制作在一块半导体晶片上，一小块晶片就是一个完整电路。这样一来，电子线路的体积就可大大缩小，可靠性大幅提高，这就是初期集成电路的构想。

电子管

电子管是一种最早期的电信号放大器件。封闭在玻璃容器（一般为玻璃管）中的阴极电子发射部分、控制栅极、加速栅极、阳极（屏极）引线被焊在管基上，利用电场对真空中的控制栅极注入电子调制信号，并在阳极获得对信号放大或反馈振荡后的不同参数信号。说起电子管的发明，首先得从爱迪生效应谈起。爱迪生将无法解释的电压作用下，未接触的金属片与灯丝之间存在电流的现象称为“爱迪生效应”。后来，有人证明电流的产生是因为炽热的金属能向周围发射电子造成的。最先预见到这一效应具有实用价值的，则是英国物理学家和电气工程师弗莱明。

此后不久，贫困潦倒的美国发明家德福雷斯特在二极管的灯丝和板极之间巧妙地加了一个栅板，发明了真空三极管。这一小小的改动竟带来了意想不到的结果。它不仅反应更为灵敏、能够发出振动，而且集检波、放大和振荡三种功能于一体。因此，许多人都将三极管的发明看作电子工业真正的诞生起点。但是，由于电子管体积大、功耗大、发热厉害、寿命短、电源利用效率低、结构脆弱而且需要高压电源，它已经被固体器件晶体管取代。

晶体管

作为电子管的替代品，晶体管是由半导体做成的固体电子元件。导电性能介于导体和绝缘体之间的物质，就叫半导体。最常见的半导体材料是锗和硅。半导体是19世纪末才发现的一种材料，当时人们并没有发现半导体的价值，也就没有注重半导体的研究。直到第二次世界大战中，由于雷达技术的发展，半导体器件——微波矿石检波器的应用日趋成熟，在军事上发挥了重要作用，才引起了人们对半导体的兴趣。经过紧张的研究工作，美国物理学家肖克利、巴丁和布拉顿三人捷足先登，合作发明了晶体管—— 一种三个支点的半导体固体元件。因此，晶体管被人们称为“三条腿的魔术师”。他们三人也因其半导体研究及发现晶体管效应而共同获得1956年诺贝尔物理学奖。

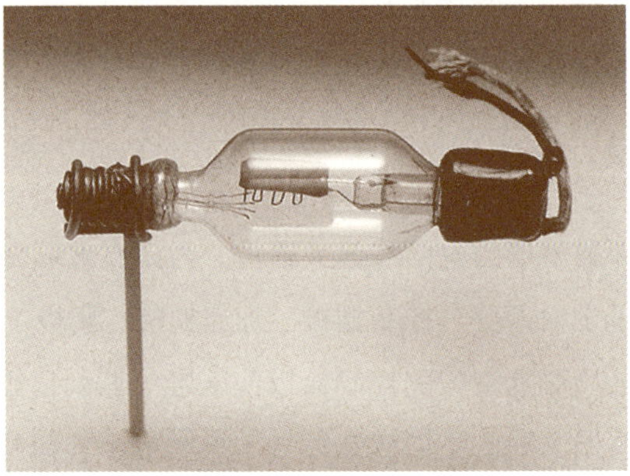

晶体管

同电子管相比，晶体管具有诸多优越性：①晶体管的构件是没有消耗的。无论多么优良的电子管，都将因阴极原子的变化和慢性漏气而逐渐劣化。由于技术上的原因，晶体管制作之初也存在同样的问题。但随着材料制作上的进步以及多方面的改善，晶体管的寿命一般比电子管长100—1 000倍，担得起“永久性器件”的美名。②晶体管消耗电子极少，仅为电子管的十分之一或几十分之一。它不像电子管那样需要加热灯丝以产生自由电子。一台晶体管收音机只要几节干电池就可以半年一年地听下去，对电子管收音机来说这是难以做到的。③晶体管不需预热，一开机就工作。例如，晶体管收音机一开就响，晶体管电视机一开就很快出现画面。电子管设备就做不到这一点。显然，在军事、测量、记录等方面，晶体管是非常有优势的。④晶体管结实可靠，比电子管可靠100倍，耐冲击、耐振动，这都是电子管所无法比拟的。⑤晶体管的体积只有电子管的十分之一到百分之一，放热很少，可用于设计小型、复杂、可靠的电路。此外，晶体管的制造工艺虽然精密，但工序简便，有利于提高元器件的安装密度。正因为性能如此优越，晶体管自诞生后便被广泛地应用于工农业生产、国防建设以及人们日常生活中。1953年，首批电池式的晶体管收音机一投放市场，就受到人们的热烈欢迎。接着，各厂家之间又展开了制造短波晶体管的竞赛。此后不久，不需要交流电源的袖珍晶体管收音机开始在世界各地出售，又引起了一个新的消费热潮。不过，虽然晶体管的功能比电子管大了很多，但由于电子信息技术的发展，晶体管也越来越不适合科技的发展，随之出现的就是能力更强的集成电路了。

集成电路

集成电路就是在一块极小的硅单晶片上，利用半导体工艺制作上许多晶体二极管、三极管及电阻、电容等元件，并连接成具有完成特定电子技术功能的电子电路。从外观上看，它已成为一个不可分割的完整器件。集成电路在体积、重量、耗电、寿命、可靠性及电性能方面远远优于晶体管元件组成的电路，并且已广泛应用于仪器仪表、电视机、录像机等电子设备中。在 20 世纪 50 年代，许多工程师都想到了这种集成电路的概念，美国仙童公司联合创始人罗伯特·诺伊斯就是其中之一。在基尔比研制出第一块可使用的集成电路后，诺伊斯就提出了一种“半导体设备与铅结构”模型。1960 年，仙童公司制造出第一块可以实际使用的单片集成电路，使得诺伊斯的方案最终成为集成电路大规模生产中的实用技术。因此，基尔比和诺伊斯都被授予“美国国家科学奖章”，被公认为是集成电路共同发明者。

随着电子技术的继续发展，超大规模集成电路逐渐出现。1967 年，出现了大规模集成电路，集成度迅速提高；1977 年，超大规模集成电路面世，1 个硅晶片中已经可以集成 15 万个以上的晶体管；1988 年，16M DRAM 问世，1 cm^2 大小的硅片上集成有 3 500 万个晶体管，标志着进入超大规模集成电路（VLSI）阶段；1997 年，采用 0.25 μm 工艺的 300 MHz 奔腾Ⅱ问世，让计算机的发展如虎添翼，发展速度让人惊叹。至此，超大规模集成电路的发展又到了一个新的高度。2009 年，Intel 酷睿 i 系列全新推出，创纪录地采用了领先的 32 nm 工艺。而短短几年，全球领先的芯片制程又从 32 nm 一路走到 10 nm 量产。如此之快的发展速度遵循和验证了半导体行业的发展标准——摩尔定律。

摩尔定律

1958 年，第一个半导体集成电路问世，由此为集成电路产业带来了革命性的变化，从而加快了各类技术的发展进程。1965 年，与罗伯特·诺伊斯一起创办英特尔公司的戈登·摩尔（Gordon Moore）提出了一个观点：集成电路上可容纳的晶体管数目，大约每年便会增加一倍，而集成电路的性能也将提升一倍。1975 年，摩尔在 IEEE 国际电子组件大会上提交了一篇论文，根据当时的实际情况对这个观点进行了修正，把“每年增加一倍”改为“每两年增加一倍”。加利福尼亚理工学院著名物理学家米德（Carver Mead）后来将其称为摩尔定律，认为“它更是一种个人预言，而非仅仅是定律”。大体而言，若在相同面积的晶圆下生产同样规格的 IC，随着制程技术的进步，每隔一年半，IC 产出量就可增加一倍，换算为成本，即每隔一年半成本可降低五成，平均每年成本可降低三成多。随着摩尔定律的延伸，IC 技术每隔一年半就会推进一个世代。

几十年来，集成电路的演进似乎的确遵循着这种规律。但近年来，集成电路已经走进纳米时代。一般认为，当器件尺寸小到 5 nm 时，器件中载流子的行为将要用量子力学的理论进行解释，因此现今的半导体元件物理知识几乎失效。集成电路工艺换代的速度已经从前 30 年的每 18—24 个月前进一代放缓到现在的 24—30 个月前进一代，同时也面临更大的困境。

2016 年 2 月，全球半导体行业正式认可一个已经被讨论许久的问题：从 20 世纪 60 年代以来一直在推动 IT 行业发展的摩尔定律正在走向终结。全球半导体行业发布的行业研究规划蓝图史无前例地不以摩尔定律为中心，因为它是对工艺换代规律（工艺代密度）的一种观察，并不能准确地说明工艺技术的进步步伐。

因此，无论是从延续摩尔定律还是超越摩尔定律（后 CMOS）上看，集成电路技术仍然在持续进步。目前业内认为摩尔定律在放缓的看法也是基于现行的硅基 CMOS 技术，随着材料的突破和器件架构的持续创新，用摩尔定律在未来相当长的一段时间内还可以预见集成电路的发展。

从沙砾到芯片的蜕变

当你沉浸于手机游戏的惬意时，当你赞叹网络购物的便利时，当你享受智能导航带来的驾驭快感时，你是否想过，这一切都归功于“沙粒”出身的“大人物”——集成电路！

晶圆片

沙粒是制造集成电路的原材料，但是沙粒要想实现华丽变身，首先要脱氧，脱氧后的沙子（尤其是石英）最多包含25%的硅元素，并且以二氧化硅的形式存在。它要被放在高温炉中煅烧，形成纯度98%的粗硅。粗硅经过提纯和熔化，变成单晶硅，此时硅纯度达到了99.9 999%。它们被称作“成才宝贝”。这些宝贝被拉成硅棒，常见的尺寸有4英寸（1英寸 = 2.54 cm）、6英寸、8英寸、12英寸。有点像一根根香肠，这些硅棒会被切割成一块块薄饼，就是晶圆。晶圆就是制造芯片的原材料，这些饼干最终被分为一个个小单元，成为一个个小芯片，一个8英寸的晶圆可以被切割成2 000—3 000个芯片。

不过，在成为芯片前，晶圆要被清洗，清除表面的微粒、金属和有机污染物。然后是光刻环节，通俗地说就是把设计好的芯片电路放到晶圆上，辅助材料是光刻胶。这是一项高端技术，一般在晶圆旋转过程中被浇上去，因为这样可以使得光刻胶在晶圆表面铺得又薄又平。经过刻蚀机的雕琢和离子注入的布线，芯片内的电路铺设完毕。可不要小看这个薄薄的小芯片，它很像未来派的多层高速公路系统，可能含有20多层复杂的电路，比普通的高速公路复杂多了。晶圆铺设线路完成后，参考电路图案和晶圆内每一个芯片进行对比测试。然后晶圆被切割成几千个芯片。最后是封装，把衬底、切割下的芯片还有散热片堆叠在一起封装。从沙粒到芯片，每一个过程都有很多科技成果的应用，也有很多高科技企业的参与。

集成电路设计

随着技术的发展，集成电路的科技含量越来越高。人们不遗余力地探索各种技术手段来提高集成电路的性能，下面介绍一些正在研究和初步应用中的集成电路设计技术。

CPU：众核技术

众核（ManyCore）处理器比多核（MultiCore）处理器的处理内核数量还要多，计算能力更强大。如果从维基百科上搜索ManyCore，你会得到这样的介绍：当前的软件结构可以在当前的多核结构上得到较好的扩展，但如果超过8个处理器核，当前软件结构的扩展能力将会很差。超过8个处理器核的设计就被称为众核处理器。

MIC众核处理器

受能耗、性能等诸多因素的影响，目前几乎不可能再制造出更大更快的单核处理器。现在处理器制造厂商纷纷采用片上多处理器（Chip MultiProcessor，CMP）结构，并成功推出了各自的多核产品，甚至开发出了众核芯片的原型。商业上的成功不仅证明多核/众核结构是完全可行的，也向人们展示了它巨大的发展潜力，即完全可以在单个芯片内集成数量更多的处理器内核，成为性能更加强大的众核处理器。但是，多核/众核体系结构在提供丰富计算资源的同时也带来了新的挑战，例如如何设计实现高效率、低能耗的运行时系统已成为一个重要课题。高德纳（Gartner）在 2010 年列出了未来 25 年 IT 市场面临的七大挑战，众核时代的并行计算位居第二。

CPU：超低功耗技术

集成电路的功耗可以分为静态功耗和动态功耗。静态功耗是指在集成电路不工作时发生的功率损耗，尽管电路在静止状态下产生功率损耗较小，但由于系统中电路数量庞大而不容忽视。动态功耗是指电路在工作过程中由信号的变化引起的，与系统的供电电压、频率等有关。在长时间处于运行中的系统中动态功耗占主要部分，静态功耗可以忽略。

能耗最小化已成为系统设计过程中最重要也是最具有挑战性的问题。该挑战来自以下因素：一是越来越多的手持设备系统利用电池供电，需要通过降低功耗来延长电池寿命；二是随着半导体工业的迅速发展，在提高系统集成度和时钟频率的同时也导致了系统功耗的急剧上升，带来了热量释放问题；三是随着能量价格上浮、绿色电器深入人心，以及人们对环境问题关心程度的提高，也进一步增强了系统低功耗设计的重要性。

低功耗集成电路的实现是一项综合工程，需要同时考虑器件、电路和系统的功耗优化，需要在性能和功耗之间进行折中。现在主要的超低功耗技术有：①在集成电路工作期间采用尽可能低的工作电压，通过电压的有效控制减少电路集成技术在运行期间所造成的热量散发，从而防止芯片过热；②对非工作核实行休眠的栅控功耗技术，减少芯片的运作所需要承受的功；③通过动态供电及频率技术对集成电路芯片进行有效的控制节能；④采用高新材料形成有效的多阀值 CMOS/ 功率门控制技术，对动态阀值进行数据监控，可以有效地减少无用功，有效地减少器件泄漏电流。但是，随着集成电路进入纳米尺度，适于低功耗应用的 CMOS 技术平台由于 MOSFET 泄漏导致的电流增大、寄生效应严重等问题愈发突出，进而使得许多低功耗技术成为了“治标”的解决方案，难以从根本上解决集成电路发展中遇到的“功耗限制”问题，一定程度上影响了纳米尺度集成电路的可持续发展。

美国弗吉尼亚联邦大学的科学家已经开发出一种或许是世界上能耗最低的集成电路。这种电路所需的能量极少，甚至没有必要为其安装电池，从周围环境获取的微量能量就足够维持其运行。研究人员称，该技术有望在植入式医疗设备、浮标和环境检测等领域发挥重要作用。并且由于选用了一些特殊材料，整个电路所需的能量只有 0.4 阿焦耳（1 阿焦耳 = 10^{-18} J），比传统晶体管要小 4 个数量级。由于这种设计可创造超低功耗、高密度、非易失性的存储器和逻辑芯片，因此在很多领域都有着潜在的应用前景，如在植入式医疗设备中使用时，可省去电池模块，从患者身体运动中即可获取能量；同样可以用在海上浮标的计算机中，海浪将是其源源不断的能量来源；也适用于制造来检测建筑或桥梁状态的传感器，建筑或桥梁的自然振动或来往车辆都能为其提供能量。

CPU：三维集成电路

如今集成电路发展已经进入了瓶颈期，普通的二维集成电路已经无法满足摩尔定律，于是科学家们就像搭积木一样，在二维芯片的基础上，搭出了三维集成电路，解决了随着集成度不断提高每个芯片上的小元件多到难以装下的问题。若以常规思维增加芯片面积，就会让小元件之间的电路线变得更长，结果运行速度慢，占用空间大，耗能产热又高，芯片就会发展成一个“刚出锅的大饼”。三维集成的新技术思路可谓是解决了集成电路发展的燃眉之急，先在硅片表面黏一层小元件，再在此硅片上涂上一层绝缘层，在此绝缘层上再搭上多晶硅，用再结晶技术使这层多晶硅变成单晶硅，就可以在这层单晶硅上黏小元件。依次往上做，如同“搭积木”一样，搭好了三维立体多层结构的集成电路。

三维集成电路有什么优点呢？第一，提高了芯片的集成度；第二，穿透硅通孔技术（TSV）结构，能够减少功耗，提高运行速度；第三，减小了尺寸，降低设计、制造的成本。那么，既然三维芯片优点这么多，为什么制造厂商还不用三维集成电路呢？因为，当今仍有技术难关没有攻破。比如，虽然每个小元件及电路线的功率降低了，但随着集成化的提高，总功率也剧增，热功率也必然增大，加之芯片使用的材料导热性不佳，使得运行的三维集成电路就像是个电炉子。并且“搭积木”的做法很难做到企业化生产，质量问题严重。

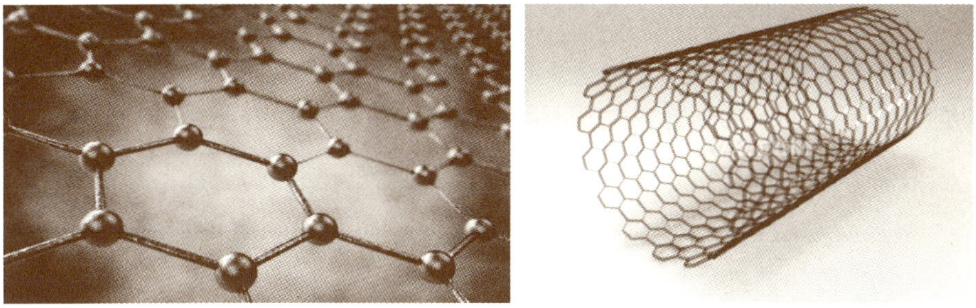

石墨烯和纳米碳管

然而随着科技的进步，三维集成电路迎来了好消息。2010年，诺贝尔物理学奖授予了英国曼彻斯特大学科学家安德烈·盖姆和康斯坦丁·诺沃肖罗夫，奖励他们对于二维空间材料石墨烯的研究。石墨烯（碳元素异构）是一种新型材料，厚度小，强度高。对于三维集成电路来说，最重要的是，它具有和铜一样良好的导电性，并且在导热方面更是在材料界独占鳌头。石墨烯和碳纳米管在导电和导热方面的优越性能保证了它们正好可以接替铜作为新一代芯片内互连线的材料，这就使得三维集成电路的研究渐渐出现在公众的视野中。

计算：动态可重构系统

动态重构（Reconfigurable Computing，RC）系统指对于时序变化的数字逻辑系统，其时序逻辑的发生，不是通过调用芯片内不同区域、不同逻辑资源组合而成，而是对具有专门缓存逻辑资源的FPGA，进行局部的和全局的芯片逻辑动态重构而快速实现。也就是指在系统实时运行中对FPGA的逻辑功能实时进行动态配置，能够只对其内部需要修改的逻辑单元进行重新配置，没有被修改的逻辑单元将不受影响，正常工作。可重构计算的优点是硬件设计的实现基于软件的灵活性，并且保持了传统的基于硬件方法的执行速度，其体系结构可变的特点很好地适应了实际应用中的多元化需求。

计算：FPGA动态可重构技术

FPGA（Field-Programmable Gate Array）动态可重构技术的提出晚于动态重构系统，是指基于静态存储器（SRAM）编程和专门结构FPGA，在一定的控制逻辑的驱动下，不仅能实现系统重新配置电路功能，还能对芯片逻辑功能实现系统高速动态变换。大多数 FPGA 都是基于 SRAM 查找表结构，它们一般只适用于静态重构，向 SRAM 一次下载全部配置数据而设定 FPGA 的逻辑功能。根据 FPGA 的配置方式等不同，全部重构时间为几毫秒到几秒不等。

存储器：EDRAM

增强动态随机存取存储器（Enhanced Dynamic Random Access Memory，EDRAM）是一种动态随机存取内存（动态或者电刷新的 RAM），其在大量的 DRAM 中包括了一小部分的静态 RAM（SRAM），因此许多内存存取将会比 SRAM 更快。EDRAM 有时当作 L1 和 L2 型内存并同加强同步动态 DRAM，被称为高速缓冲 DRAM。在 EDRAM 中载入 SRAM 部分的数据可以在 15 ns（$1\ ns = 10^{-9}\ s$）内被微处理器访问到。如果数据不在 SRAM 中，其可以在 35 ns 内从 EDRAM 的 DRAM 部分访问到。

集成电路制造

器件：FinFET（鳍式场效应晶体管）技术

鳍式场效应晶体管（Fin Field-Effect Transistor，FinFET）是一种新的互补式金氧半导体（CMOS）晶体管。Fin 是鱼鳍的意思，FinFET 命名是由于晶体管的形状与鱼具有相似性。该项技术的发明人是加州大学伯克利分校的胡正明（Chenming Hu）教授，他在 2000 年凭借 FinFET 的发明获得美国国防部高级研究项目局最杰出技术成就奖（DARPA Most Outstanding Technical Accomplishment Award）。

FinFET 源自于传统标准的晶体管——场效应晶体管（Field-Effect Transistor；FET）的一项创新设计。在传统晶体管结构中，控制电流通过的闸门，只能在闸门的一侧控制电路的接通与断开，属于平面的架构。在 FinFET 的架构中，闸门成类似鱼鳍的叉状 3D 架构，可于电路的两侧控制电路的接通与断开。这种设计可以大幅改善电路控制并减小漏电流（leakage），也可以大幅缩短晶体管的闸长。目前闸长已可小于 25 nm，未来预期可以进一步缩小至 9 nm，约是人类头发直径的万分之一。由于导体技术上的突破，未来芯片设计人员有望将超级计算机设计成只有指甲般大小。

光刻：EUV（极紫外光刻）技术

极紫外光刻（Extreme Ultraviolet Lithography）常称作 EUV 光刻，它是以波长为 10^{-14} nm 的极紫外光作为光源的光刻技术，可使曝光波长一下子降到 13.5 nm。它能够把光刻技术扩展到 32 nm 以下的特征尺寸。

光刻技术是现代集成电路设计上最大的瓶颈。现 CPU 使用的 45 nm、32 nm 工艺都是由 193 nm 液浸式光刻系统来实现的，因受到波长的影响使得技术上有所突破是十分困难的。但如采用 EUV 光刻技术就会很好地解决此问题，很可能会给该领域带来一次飞跃。加之涉及生产成本问题，由于 193 nm 光刻是目前能力最强且最成熟的技术，能够满足精确度和成本要求，其工艺的延伸性非常强，很难被取代。在 2011 年国际固态电路会议（ISSCC）上也提到，在光刻技术方面，处于 22/20 nm 节点的几家芯片厂商也将继续使用基于 193 nm 液浸式光刻系统的双重成像（double patterning）技术。

一粒沙里见世界

夜空中最亮的星：北斗导航芯片

北斗芯片

北斗芯片是包含 RF 射频芯片、基带芯片及微处理器的芯片组，相关设备通过北斗芯片，可以接受由北斗卫星发射的信号，从而完成定位导航的功能。2014 年 8 月，中国航天科工信息技术研究院西安航天华迅公司成功研发出第四代高性能北斗 /GPS 导航芯片。该芯片定位精度为 2.5 m，俘获灵敏度、跟踪灵敏度等各项性能指标达到国际领先水平。

北斗四代芯片及其实施和运营很快在陕西省公安系统警务用车卫星定位管理系统项目中发挥作用。该项目是我国公安系统警务用车管理领域首个省级北斗应用项目，累计安装北斗定位车载终端超过 1 万台，为公安勤务各类车辆实时提供高精度、高可靠的北斗卫星导航定位信息（位置、速度、方向和时间）、CAN 总线的数据采集与诊断以及与指挥中心的通信，实现了快速准确的状态上报和执行调动任务，并且部分重要车辆上的用户终端具有北斗短报文通信能力，满足了特殊环境或重要事件发生时，与其他具有短报文通信能力的车辆或指挥中心应急通信的需求。此前北斗系统厘米级定位是依靠地面增强接收站实现的，只限于局部地区可用，而本次的升级版导航芯片在北斗导航覆盖区域都能实现精度 2.5 m 的定位。

安全卫士：金融 IC 卡芯片

金融 IC 卡又称芯片银行卡，是以芯片作为介质的银行卡，采用集成电路技术遵循国家金融行业标准制成的金融工具。磁条卡存在存储空间有限，无运算处理能力，不支持脱机、非接触处理，磁条信息易被复制、安全低、耐用性和灵活性较差等特点，与银行磁条卡相比，金融 IC 卡具有以下优势：一是安全性高。金融 IC 卡采用中央处理器（CPU）芯片，技术含量高，几乎没有被复制的可能，能有效防范伪卡交易。二是使用便捷。金融 IC 卡采用统一标准和先进技术，可实现联机（远程）、脱机（现场）交易，插卡、非接触（快速）支付，还可用于移动支付。三是可靠性强，使用寿命长。金融 IC 卡具有防磁、防静电、防机械损坏和防化学破坏等能力，信息保存年限长，读写次数在数万次。四是存储空间大。金融 IC 卡存储空间大，支持一卡多用，是磁条卡存储容量的几十倍。五是应用前景广泛，功能全。金融 IC 卡能广泛应用于金融、电信、交通、社保、税收、医疗等方面，几乎涵盖所有公共事业领域。

生活智慧星：新型电力载波芯片

电力载波通信（Power line Communication，PLC）是电力系统特有的通信方式，是指利用现有电力线，通过载波方式将模拟或数字信号进行高速传输的技术。最大特点是不需要重新架设网络，只要有电线就能进行数据传递。

在家庭智能系统中，以 PC 机为核心的家庭智能系统受人热捧。该系统的观念就是，随着电脑的普及，可以将所有家用电器需要处理的数据都交给 PC 机来完成。这样就需要在家电与 PC 机间构建一个数据传送网络，大家都看好无线，但是在家庭这个环境中，“墙多”这一特征严重影响着无线传输的质量，特别是在别墅和跃层式住宅中，这一缺陷更加明显。如果架设专用有线网络，除了增加成本以外，在以后的日常生活中要更改家电的位置也显得十分困难，这就给无须重新架线的电力载波通信带来了机遇。

智能家居

智能家居控制网可用电力线载波技术来实现，原理是将电力线载波技术集成后嵌入各电器中去，并利用家庭现有的电力线作为载波通信媒介，实现智能设备之间的通信与控制。智能家居控制网中智能电器的互联互动，将为住户带来高品质的生活体验和生活享受：随时查询所有电器状态；任一开关集中控制家中所有智能电器设备；组开组关某些指定电器，如场景灯等；随时掌握家庭安防情况，如防盗、火警、探测燃气泄漏等；通过互联网或电话对家中电器进行远程控制。

智能家居

凭君传语报平安：通信芯片

芯片技术的发展使通信设备越来越小巧方便，功能强大，通信芯片具有以下特征：小巧玲珑、快如闪电、功能多样、功耗不断降低。为了缩小通信芯片的体积，科学家们正在研制一系列的采用非硅材料制造的芯片，例如砷化镓（GaAs）芯片、锗（Ge）芯片以及硅锗（SiGe）芯片等。这些非硅通信芯片的体积更小巧，能够用来制造轻、薄、短、小的通信设备。

麒麟 960 芯片

在 21 世纪初的几年内，随着微细化工艺技术的不断发展，在更多地采用 0.25 μmCMOS 工艺之后，集成度得到进一步的提高，而电压和功耗进一步降低，从而将用于协议处理的 CPU 内核电路也全部集中制作在一枚小小的芯片上。使通信芯片实现微型化的另一种有效的途径，是在半导体通信芯片制造工艺中采用更先进的光刻技术，让光透过掩膜形成一个影像，利用透镜使这个影像缩小，并且巧妙地利用这种投影光，把芯片电路的轮廓投射到涂有一层硅的光刻胶上面，通过对透镜的改进，缩短光的波长，并且改进光阻材料，就可以把芯片电路蚀刻得更加细致入微，更加精确，从而制造出集成度更高、体积更小的通信芯片，使用这种芯片的移动通信设备将变得更加便携。

第五代移动通信正在崛起，发展的通信技术对新一代的手机 IC 芯片提出了更高的要求，要求手机 IC 芯片具有更强大的数据存储和数据处理能力，必须拥有更广阔的存储空间，用来存储从网上下载的各种数据信息。此外，还要求新一代手机中被处理的信息不再仅仅是语音和指令，而是更复杂的多媒体信息。因此，新一代手机采用了嵌入式 flash（快闪）存储技术、高性能的 DSP 和降低电池电压等各种手段。

“芯”跳不止：医疗电子设备芯片

近年来，随着现代计算机技术和其他高新技术的迅速发展和广泛应用，现代医学技术取得了前所未有的进步和发展。值得一提的是，芯片技术的快速发展及其在医学领域中的应用，把医学研究和应用领域带入了一个崭新的天地。专家预言，随着计算机芯片技术的深入发展和广泛应用，芯片技术将不断从电子领域转向生物医学领域和其他技术领域。例如，研究人员发明了处理 DNA 的微型仪器，边长仅几厘米，却能够完成 DNA 测序需要的所有步骤，可用于筛选遗传疾病。可以断言，微型芯片虽然起源于电子学，但在生物医学领域却有着光明的前景和未来。

药物输送芯片

美国科学家目前正在开展一项别出心裁的芯片输送药物研究，这一研究有望为解除病人打针吃药带来的痛苦提供新的选择。美国麻省理工学院研制的新型“智能”药片，可将药物安放于硅芯片上众多的微型“储藏室”内。将硅芯片移植到皮下，其中的药物可通过预先编程控制，在预定的时间精确地释放出特定剂量的药物。研究人员已成功地研制出 17 μm^2 的新型芯片样品，包含 34 个针孔大小的“储藏室”，每个“储藏室”可放入 25 nL 的化学物质。这些化学物质可以是固态、液态或凝胶状，由金薄膜封闭在金字塔形的微型“储藏室”中。金薄膜在施加极小的电压后会消解，使其中的药物被释放出来。研究人员指出，将来有可能研制出遥控、生物传感器激活等其他方式，来控制芯片“储藏室”释放药物。另外，他们还希望将芯片大小缩小，使芯片中微型“储藏室”的数量提高到上千个，这样便会使得芯片的控制和移植变得更加方便。虽然这种“智能药片”研究目前尚处于摸索阶段，但专家认为，初步实验的结果证明这一新型药物输送方式是可行的，下一步的工作主要是改进工艺制造。

人体芯片

英国雷丁大学控制论教授沃里克正在以自己为研究对象进行一次全新的控制论试验，前不久成功地将芯片植入自己手臂内，进而成为世界上第一个体内携带芯片的人。在人体内植入芯片的技术可望使残疾人更好地照料自己的生活。沃里克教授称，他的试验目的正是为了展示该技术的各种可能性，同时也提醒人们关注类似技术有可能带来的负面效应。

芯片应用技术的进步离不开芯片制造技术的发展。目前普遍使用的台式计算机芯片最多集成有 750 万个晶体管，时速最高为 45 MHz。芯片的集成度是以两个晶体管之间的距离（称为线宽）来衡量的。线宽越小，技术越先进。目前最先进的制造技术线宽在 0.18—0.25 μm 之间，而得克萨斯仪器公司的这种新技术可使线宽达到 0.1 μm。采用这种技术制造的新型芯片性能更高、能耗更低、体积更小，特别适用于制造新型医疗设备，如植入耳内的微型助听器。

芯片的医学应用正在改变着传统医疗设备和医疗手段。用高新技术芯片制造的新型电脑能够通过国际互联网络进行远程医疗服务。高技术芯片在虚拟现实的仪器中能够使得医生进一步了解病人的各种信息和实施虚拟手术，使得手术精度和准确性大大提高。科学家还设想，将来研制出一种可以植入体内的智能芯片，这种芯片能够与医疗中心的信息网络相互联通。届时，不论病人在何时何地，都能将自己的身体状况和健康信息传送到医疗中心，医疗中心也可以通过先进的通信方式和手段，控制嵌入在人体内的智能芯片，对人体进行适当的控制和治疗。

破解“阿喀琉斯之踵”

我国集成电路产业的“阿喀琉斯之踵”

作为国际成熟产业，我国集成电路产业年均增长率远高于传统行业乃至全球同业，成为全球半导体产业发展最快的地区之一。经过几十年的发展，我国集成电路产业具备了一定的发展基础与潜力，当然也存在着诸多问题。

产业链协同性差

一方面，我国集成电路设计企业的产品主要在海外或由外资企业代工。以中芯国际为例，0.18 μm — 65 nm 生产工艺芯片代工业务，占据了中芯国际收入的 84%，而 45 nm — 40 nm 生产工艺芯片代工业务仅占比 11%，28 nm 工艺鲜有盈利。另一方面，集成电路制造企业的主要业务也在海外。先进加工制造技术、产能规模、IP 数量、服务质量的不足，导致高端芯片设计与制造工艺结合的不紧密，芯片代工企业无法承接国内先进芯片产能。

内需市场发挥不足

当前，我国集成电路设计环节与快速变化的市场需求结合不紧密，难以进入整机领域中高端市场，与国内在下游终端领域创新优势和市场的需求优势不相符合。一方面，移动智能终端产品形态趋于多样化发展，集成电路在功能和技术参数等方面不断突破创新，都向集成电路设计提出了新的需求。而我国目前在智能终端的高端芯片领域还处于劣势。另一方面，市场话语权把握不足，有碍集成电路的国产化。我国大陆集成电路市场份额约占全球市场的 57%，是全球最大的集成电路市场。但市场量与市场话语权不同，从集成电路实际消费看，我国大陆集成电路市场的很多话语权并不掌握在大陆企业手中，很多进口的芯片是用于跨国公司在国内的整机组装，返销国外。量大面广的芯片产品，如 CPU、存储器等，被国外企业牢牢垄断，个性化消费的兴起也难以支撑芯片销售“上规模”，仅凭市场驱动难以实现芯片的国产化。

高端人才匮乏

集成电路是高新技术产业，我国集成电路产业起步较晚，基础薄弱，因此对人才提出了很高的需求。我国在集成电路领域真正的人才培养是从 2000 年以后才开始的，现在有了一定的储备，高校和职业学校的相关专业也知道了如何培养产业所需的人才。产业所需的工程师和一般管理人员可以通过社会资源满足需求。教育部已经制定了示范性微电子学院的建设方案，首期支持 10 所高校与集成电路骨干企业、产业化基地和地方政府等，加强合作进行共建。然而，集成电路产业最需要的是高端人才，是在技术上有水平有专长、在管理上有经验有魄力的领军人物。高端人才需要引进和培养并重，而我国目前恰在高端人才方面储备不足，用好并留住高端人才是关键。

破除“芯”危机

那么，该如何处理上述三点问题呢?

提高资金利用率

一是建议在财政资金安排方面重点向战略性新兴领域倾斜，加大对集成电路等核心产业的支持力度，提高供给侧生产能力。落实和完善使用首台（套）重大技术装备等鼓励政策，研究制定需求侧激励措施，以供给侧刺激需求侧，以需求侧拉动供给侧，将国内市场需求有效转化为国内企业成长的动力。二是在专项建设基金等重点国家重点项目组织实施过程中，结合其适合投资金额大、回报周期长项目的特点，重点向集成电路领域倾斜，充分发挥集成电路对经济“1 ∶ 10 ∶ 100”的带动作用，推动工业转型升级，严防向低水平、重复建设领域进入，从根本上缓解并扭转经济下行的局面。三是构建多元化资金使用体系，针对支持目标企业的不同类型和不同发展阶段，综合采取资本金投资、项目资助、贷款贴息等方式，全方位、多层次地给予支持，提高财政资金利用率。

完善资本对接

一是选择具体产业，如集成电路等高新技术产业为试点，适当倾斜金融政策，吸引跨国集成电路企业在境内上市，进一步激发国内金融市场对于集成电路行业的投资热情，撬动更多的社会资本流入行业，形成顺畅的融资链条。二是支持符合条件的集成电路企业发行企业债券等融资工具，进一步拓宽融资渠道，完善国家基金、地方基金及社会投资的退出机制。三是推动形成高效的产业资本与金融资本对接机制，研究对集成电路重点企业上市给予“绿色通道”，适当放宽集成电路企业上市融资的条件，为并购的优质海外标的能够在国内快速起飞营造有利的金融环境。

创新人才培养及引进

一是围绕资源配置、师资力量、招生计划等多方面，进一步加强微电子学专业建设。探索高校、研究机构与企业形成有效、完善的合作路径，推动企业资源与教育资源深度融合，创新人才培养模式，紧密结合产业发展需求定制化培养国际化、复合型、实用性人才。二是在现有高端人才引进政策实施过程中，适当向集成电路领域倾斜。研究出台针对海外领军人才和团队的优先引进策略。完善鼓励创新创造的分配激励机制，落实科技人员科研成果转化的股权、期权激励和奖励等收益分配政策。引导地方政府和企业创新集成电路人才鼓励政策，为其提供更好地工作生活环境。三是实施“集成电路人才创新创业计划”，结合“大众创新，万众创业”双创工作，设立集成电路人才创新创业基金，构建集成电路产业创新创业促进平台，为集成电路领域营造良好的创新创业环境。调动政产学研用等多方资源，形成合力，打通创新链条，形成协同创新网络体系以及可持续发展的创新动力，抢占智能指导领域颠覆性创新的先机，加速推动信息产业新兴增长点的形成。

高性能计算机

低调英雄：高性能计算机

Alpha Go 的背后

2016 年 3 月，谷歌的 Alpha Go 在与李世石九段的人机大战中以 4 ：1 胜出而名声大噪。2017 年伊始，围棋网上对战平台中出现的神秘高手 Master（Alpha Go 的最新版本）已经取得了 60 连胜，将柯洁、常昊、古力、朴廷桓等当今一流高手一网打尽。Alpha Go 是一款围棋人工智能程序，由谷歌（Google）旗下 Deep Mind 公司的戴维·西尔弗、艾佳·黄和戴密斯·哈萨比斯与他们的团队开发，这个程序利用“价值网络”去计算局面，用“策略网络”去选择下子。人工智能程序多层神经网络，跟那些 Google 图片搜索引擎识别图片在结构上是相似的。它们从多层启发式二维过滤器开始，去处理围棋棋盘的定位，就像图片分类器网络处理图片一样。经过过滤，13 个完全连接的神经网络层产生对它们看到的局面判断，而后做分类和逻辑推理，并通过反复训练来检查结果，再去校对调整参数，去让下次执行更好。这个处理器有大量的随机性元素，所以人们是不可能精确知道网络是如何“思考”的，但更多的训练后能让它进化到更好。

然而很少人知道它背后有一台默默运行着的峰值有 0.28 Pflops 的高性能计算机。毫无疑问，Alpha Go 最为核心的技能莫过于“深度学习”能力，见得多学得快，虽然脑袋有些“一根筋”，但极为擅长逻辑推理，这正是 Alpha Go 可怕的地方。当然，仅有这些能力还是不够的。如果说“深度学习、逻辑推理”等能力形成了 Alpha Go 的“大脑”，那么承载这个大脑的高性能计算机就可以称为 Alpha Go 的“身体”，两者缺一不可。人要想跑得快，除了正确的跑步和呼吸方法，还需要持久锻炼的身体，大多时候，方法固然重要，但起决定作用的还是身体的强健程度。试想一下，如果把 Alpha Go 的“大脑”系统部署在一台单核 PC 上，恐怕李世石九段还是能够笑到最后的。作为“身体”的高性能计算机在“人机大战”中发挥了极其重要的作用，它和“大脑”相辅相成，没有强大的计算能力作为基础，李世石才懒得和机器玩。“人机大战”捧红了 AI（人工智能），同时也让高性能计算回归大众的视线。

什么是高性能计算

高性能计算（High Performance Computing，HPC）是指使用高端处理器的高端服务器（处理器可以是多个、多种类型，如 CPU、GPU 等），或者是由多个这样的服务器构成的集群（单个这样的服务器称为一个节点），节点之间以高速互联网络，如天河网络、InfiniBand 或 Myrinet 连接的计算系统来进行计算的统称。作为解决国家挑战性问题的重要手段，以及解决制约国家经济发展瓶颈问题的重要工具，高性能计算有非常重要的战略意义，且是国家综合国力的体现。

并行计算

目前任何高性能计算都离不开并行计算，高性能计算机几乎全是并行计算机。并行计算（Parallel Computing）是指在并行计算机上，将一个应用分解成多个子任务，分配给并行计算机上不同的处理器，各个处理器之间相互协同，并行地执行子任务，从而达到加快求解速度，或者提高求解应用问题规模的目的。其中包括数据并行和任务并行。数据并行（Data Parallelism）指对于给定的操作，每个数据元素如果独立于数据集中其他元素，则可同时被处理。如果存在相关性，显然不能够同时处理而只能串行执行。任务并行（Task Parallelism）是并行计算程序设计模型的一种，在这个模型中，每一个线程执行一个分配到的任务，而这些线程则被分配（通常是操作系统内核）到该并行计算体系的各个计算节点中去。

浮点运算

每秒钟浮点运算的速度（Flops）已经成为衡量高性能计算机性能的重要

指标。浮点运算就是实数运算，简单说就是小数 的加减乘除运算，因为计算机只能存储整数，CPU 也只能处理整数。所以，小数就要用类似科学计数法的方式来表示。如 1.234 在计算机里面，可以理解成用 1234 和 −3 两个整数来表示：1234×10^{-3}，这类数就叫浮点数。由于计算机中的实数是有精度限制的，而且 CPU 在处理这类数的运算时需要比整数运算复杂得多的电路设计，且速度比整数运算小很多。例如枪战游戏的时候，当一粒子弹击中墙壁时，墙上剥落下一块墙皮，同样的场面在一台电脑上的表现可能会非常呆板、做作；而在另外一台电脑上就会非常生动形象，甚至与在现实中看到的所差无几。这就是浮点运算能力的差异导致的。

TOP500

在国际上，自 1993 年起每年都会按 Linpack（是一个求解 100 个线形方程的计算机程序，被用于对高性能计算机进行基准测试）的测试性能公布世界范围内已安装的前 500 台高性能计算机排行，它为高性能计算机研制生产、市场发展、应用交流和趋势分析预测的重要参考。

神威・太湖之光

2016 年 6 月 20 日，TOP500 组织在法兰克福世界超算大会（ISC）上，“神威・太湖之光”超级计算机系统登顶榜单之首，成为世界上首台运算速度超过十亿亿次的超级计算机。神威・太湖之光超级计算机系统的峰值性能 125.436 Pflops，世界第一；持续性能 93.015 Pflops，世界第一；性能功耗比 6 051 Mflops/W，还是世界第一。它由 40 个运算机柜和 8 个网络机柜组成。每个运算机柜比家用的双门冰箱略大，打开柜门，4 块由 32 块运算插件组成的超节点分布其中。每个插件由 4 个运算节点板组成，一个运算节点板又含 2 块“申威 26010”高性能处理器。一台机柜就有 1 024 块处理器，整台“神威・太湖之光”共有 40 960 块处理器。值得一提的是，“神威・太湖之光”是国内第一台全部采用国产处理器构建的世界第一的超级计算机，虽然处理器工艺还是落后 Intel 两三代，但是凭借架构的优势，太湖之光依然达到了顶级的运算能力。

神威·太湖之光

Titan

Titan是美国能源部Oak Ridge国家实验室（ORNL）于2012年发布的超级计算机，它由老牌HPC公司克雷公司承建，是由原来置放于橡树岭国家实验室的美洲虎（Jaguar）经过多次升级改装而成的。这个超级计算机大如篮球场，水冷式电路可以进行每秒20千万亿次浮点运算。该运算能力是前一辈超级计算机Jaguar的十倍，是普通计算机的20万亿倍。目前在TOP500排行中位居神威·太湖之光和天河二号之后，名列第三。值得一提的是，该计算机的部分部件原本是打算应用在游戏型计算机上的。2013年3月份，英伟达发布了消费级市场最强单芯片显卡——GeForce GTX Titan，使用和泰坦超级电脑上使用的Tesla K20X运算卡相同的“GK110”显示核心。这种关系也是这款显卡的最大卖点，主要针对民间对游戏图形和科学运算都有需要的发烧级玩家。

高性能计算机四阶段

随着信息化社会的飞速发展，人类对信息处理能力的要求越来越高，不仅石油勘探、气象预报、航天国防、科学研究等需求高性能计算机，并且金融、政府信息化、教育、企业、网络游戏等更广泛的领域对高性能计算的需求迅猛增长。通过 GPU 加速高性能计算可能将从大型计算机发展为台式机以及桌边型计算机上。但是追溯其发展历史，前辈们还是经过很长时间的技术探索革新的。

初始阶段：计算机

自 1946 年世界上第一台电子数字计算机 ENIAC 问世以来，已经过 70 多年的发展历程。计算机的发明源于解决计算问题，如 ENIAC 即用于计算火炮弹道，因此命名为“计算机（computer）”。但经过 70 多年的发展，计算机直接用于“计算”的越来越少，绝大多数用于控制、管理、通信、文字处理、信息处理、图像处理、视频处理等（然而完成这些非“计算”功能，仍然依靠计算机核心的计算功能）。尽管如此，但“计算”始终是计算机的重要应用领域。每一发展阶段，最大、最强的计算机，在技术上、应用上都是计算机技术发展的开拓者，并都被用于解算最大、最难的计算问题，推动了科学技术及计算机技术的创新发展。

发展阶段：大型机

高性能计算机的发展，可以追溯到 20 世纪 60 — 70 年代，那时这类计算机称为“大型机（mainframe）”，代表性的王牌机器如 IBM360、IMB370、CDC6 600、CDC6700 等。它们的计算速度达每秒百万至千万次。这类机器至今仍占有一定的地位，如基于 IBM360 发展至今的 IBM 的 Z 系列机，是当今金融保险业的主力机器。

成熟阶段：超级计算机

20 世纪 70 — 80 年代，一种新的超大型机出现了，被称为“超级计算机（supercomputer）”，中国当时译称“巨型机”。它们的计算速度达每秒 1 亿次以上。著名的机器有：美国 NASA 的 ILLIAC-IV 机、美国 CDC 公司的 STAR100 机、美国 TI 公司的 ASC 机。这些机器都没有批量生产，没有形成产业。1978 年美国 CRAY 公司推出 CRAY-1 向量超级计算机，获得巨大成功，开始批生产，广泛应用，形成产业。中国 1983 年研制成功的银河亿次巨型机 YH-1，是向量机，每秒运算 1 亿次，是中国第一台超级计算机。1992 年研制成功的 YH–2 是对称多向量处理器的每秒运算 10 亿次并行超级计算机。它们的硬件系统（包括CPU）和系统软件（包括OS）都是我们自主设计研制的。

再发展阶段：高性能计算机

自 20 世纪 90 年代开始，一种新型的大规模并行超级计算机出现了，被称为“高性能计算机 HPC”。计算机的核心计算部件是 CPU（中央处理器），它是最复杂、最庞大、最难做的计算机部件。过去研制计算机，都要自己设计制作 CPU，一个 CPU 往往要装几个大机柜。随着 20 世纪 90 年代微电子的发展，已可在单块芯片上制作出一个 CPU。Intel、AMD 公司逐渐发展成为商用 CPU 芯片的垄断供货商，研制计算机要自己设计制作 CPU 的时代过去了。新一代的超级计算机 HPC 即基于商用的 CPU 芯片来做（一般不再自己设计研制 CPU），其惊人的高指标依靠大量 CPU 大规模并行计算来获得。CPU 及计算机各种主要部件均由专业的 IC 公司设计制作供货。大规模 CPU 的机内互联网络，也有专业公司设计制作供货，如著名的 InfiniBand 公司。自 Linux 问世后，源代码公开、免费使用的开源软件兴起，也给圈外人进入提供了机会和通道。“商用 CPU + 商用互联网络 + 开源软件”，使 HPC 的准入门槛变得很低，可以 DIT（自行攒机），成本也低，大大推进了 HPC 的普及和使用，推动了信息化的发展。今天，几乎所有的计算机制造商都提供价廉物美的 HPC 机——Cluster 机。但是，追求全系统高效方便解算一个超大科技工程问题的高端高性能计算机（High End–HPC），仍需专门设计制作，是制高点技术，国际竞争十分剧烈。

庖丁解“机”

如果把高性能计算机比作牛的话，那么计算结构就是牛的躯干，处理器芯片就是心脏，异构并行就是中枢神经，互联技术就是血液，存储就是肌肉。

下面将详细介绍高性能计算机的这五个方面。

计算结构：机群系统

20 世纪 80 年代，人们认为计算机性能的提高主要是由于生产出了更快更有效的处理器。这种观点受到了并行处理概念的挑战。并行计算的根本意义是将两台或多台计算机连接起来，共同解决一些计算问题。技术的发展使得计算机（PC 机或工作站）网络成为并行处理的理想工具，从而导致了低价商品化超级计算的出现。机群系统正是顺应了这一趋势，并逐渐成为高性能并行计算的主要硬件平台。

机群系统是利用高速通用网络将一组高性能工作站或高档 PC 机，按某种结构连接起来，在并行程序设计以及可视化人机交互集成开发环境支持下，统一调度，协调处理，实现高效并行处理的系统。从结构和结点间的通信方式来看，它属于分布存储系统，主要利用消息传递方式实现各主机之间的通信，由建立在一般操作系统之上的并行编程环境完成系统的资源管理及相互协作，同时也屏蔽工作站及网络的异构性。对程序员和用户来说，机群系统是一个整体的并行系统。机群系统中的主机和网络可以是同构的，也可以是异构的。

机群系统主要由以下重要部件组成：多个高性能计算机（工作站、PC 或 SMP）；优秀的操作系统（分层或基于微内核）；高性能网络 / 开关（如千兆位以太网或 Myrinet）；网络接口卡（NIC）；快速通信协议和服务（如活动消息和快速消息）；机群中间件 [单一映象系统（SSI）和系统可用性基础]；并行编程环境和工具 [如编译器、PVM（并行虚拟机）、MPI（消息传递接口）]；应用程序。网络接口硬件担当着通信处理器的任务，负责在节点间通过网络 / 开关传送和接收数据包。通信软件提供了快速而可靠的节点间以及与外界数据通信的手段。机群各节点可以像集成的计算资源一样共同工作，或者说机群各节点像一台计算机一样工作。机群中间件负责为独立但互联的计算机对外提供统一的系统映象（单一系统映象）和易用性。编程环境可以为开发应用功能程序提供可移植、有效和易用的工具。

处理器芯片：众核处理器

芯片上可集成的晶体管数目还在随着半导体工艺的发展日益增多，但是由于功耗和散热的问题，处理器体系结构逐渐转向多核以及众核发展。2009年11月，Tilera公司推出处理器核心数量多达100个的微处理器TILE-Gx100。2010年的超级计算机大会上，英特尔也表示目前其48核单芯片云计算机处理器内小核个数可以扩大20倍以上。伯克利大学的观点认为片内千核即将成为现实，而众核芯片的设计也成为工业界和学术界炙手可热的课题。

众核处理器

多核处理器也叫多微处理器核心，是指在一枚处理器中集成两个或多个完整的计算引擎（内核）。这些核心可以分别独立运行程序指令，利用并行计算能力，加快程序的运行速度，提供多任务处理能力，因此性能大幅超过单核处理器。众核处理器比多核处理器中的内核数量还要多，计算能力更强大。当一个芯片集成的核心数达到几十、几百甚至几千时，多核则变成众核，而众核的区别不仅在于核心数量上多于多核，而且多核的核心是每颗完全相同的X86处理器核心，而众核则是X86处理器内专门为某类工作设计的核心以达至加速。

片上网络

在多核/众核系统中，随着内核数量的增加，基于传统共享总线的互联结构受到扩展能力的制约，无法满足处理器内核间的高速通信需求，因此人们开发出了片上网络。片上网络（Network on Chip，NoC）是片上系统（System on Chip，SoC）的一种新的通信方法，是多核技术的主要组成部分。NoC的系统能更好地适应在未来复杂多核SoC设计中使用的全局异步局部同步的时钟机制。

众核处理器容错

高性能计算机的容错都采用层次化设计，其中处理器作为系统的核心器件，其容错能力对整个系统有至关重要的影响。目前，众核处理器因其具有高计算密度、高能效比的优势，被认为是构成未来高性能计算系统的主要技术路线。但从可靠性的角度看，众核处理器的问题却非常突出。一方面，未来高性能计算系统集成的众核处理器数量将达到十万量级，单芯片集成的核心数量将达到上千个，亿量级核心并行运行带来很大的出错风险；另一方面，随着半导体工艺特征尺寸逐渐缩小、晶体管密度增加、工作电压降低、单芯片功耗大幅上升等因素综合影响，未来众核处理器更易受到噪声影响，运行发生软错误的概率呈上升趋势。面向高性能计算的处理器对性能和计算结果的可信性有极高要求，同时，由于高性能计算系统规模庞大，必须严格控制因容错技术而增加的成本和开销。这些指标必须在容错机制设计过程中综合考虑。

异构并行：CPU/GPU 异构并行

当前，高性能计算机体系结构正处于变革期，各种新型体系结构不断涌现。其中异构体系结构是构建大规模并行计算系统的重要手段。使用 GPU 加速卡来构建异构系统成为一种主流的方式。而无论从应用的角度，还是从体系结构的角度看，如何充分有效的利用异构计算机系统实施并行都是一个有挑战的工作。采用通用多核微处理器与定制加速协处理器相结合的异构混合体系结构也成为构造千万亿次计算机系统的可行途径。

CPU/GPU 异构并行架构

本异构并行架构是基于计算资源的，在硬件架构上，GPU 和 CPU 共同完成图形计算和通用计算，两者过 PCI-E 总线进行通信。并且 CPU 和 GPU 各自拥有自己的存储系统，之间通过全局数组映射数据储存空间，利用 DMA 和 RDMA 操作实现数据的传递。这里 CPU 多采用目前使用广泛的单核或多核处理器；GPU 采用支持 CUDA 架构的 NVIDIA 显卡。异构并行架构即异构结点，采用三层架构模型，由系统硬件层、模块层和平台层构成。该架构中模块层在系统硬件的基础上，利用 CUDA 等并行架构软件预先定义应用程序编程接口，实现细节管理；平台层利用模块层实现任务管理和资源调度，最终为用户提供超级计算环境，加速用户提交的数据计算。

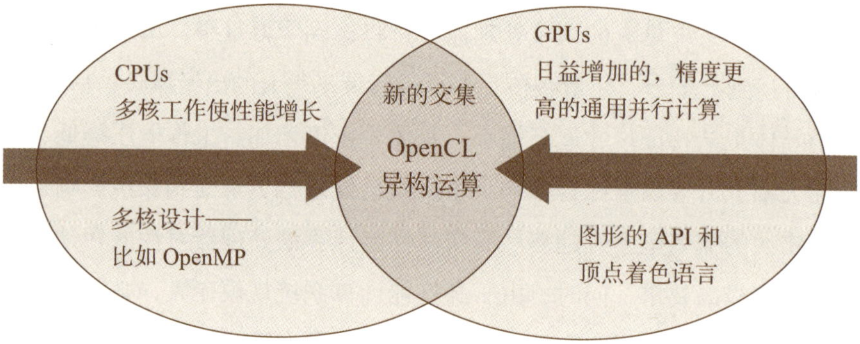

CPU 与 GPU 的交集（异构运算）

CPU/GPU 异构协同平台

在众多异构混合平台中，基于 CPU/GPU 异构协同的计算平台具有很大的发展潜力。正由于 GPU 所具有的强劲计算能力、高性能 / 价格比和高性能 / 能耗比，在当今追求绿色高性能计算的时代，其计算优势受到越来越多的关注。除专业图形应用外，GPU 已用于大量的通用计算问题，并形成了 GPU 通用计算研究领域，即 GPGPU（General-purpose computing on graphics processing units），又称 GP2U。GPU 和 CPU 在设计思路上存在很大差异：CPU 为优化串行代码而设计，将大量的晶体管作为控制和缓存等非计算功能，注重低延迟地快速实现某个操作；GPU 则将大量的晶体管用作 ALu 计算单元，适合高计算强度（计算 / 访存比）的应用。在协同并行计算时，CPU 和 GPU 各取所长，快速、高效协同地完成高性能计算任务。另外，除管理 GPU 计算任务外，CPU 也承担一部分科学计算任务。以天河一号巨型机为例，其计算结点采用 Intel Xeon E5540/E5450 通用 CPU 和 AMD ATI Radeon HD4870 × 2 加速 GPU，计算阵列的峰值性能为 214.96 万亿次，加速阵列的峰值性能为 942.08 万亿次。如果不发挥 CPU 的计算能力，则相当于损失了一台 200 万亿次的高性能计算机。因此，需要充分挖掘 CPU 和 GPU 的计算潜能，使其达到高效协同的计算效果。

CPU/GPU 异构编程

当前，基于 CPU/GPU 架构的异构系统已经在高性能科学计算领域广泛使用。为了充分利用 CPU/GPU 的计算能力，需要分别对 CPU 和 GPU 进行编程。目前，主流的编程方式是采用 MPI + CUDA 的混合编程模型，节点内使用 CUDA 对分配给节点任务进行并行化，节点之间使用 MPI 进行通信。在当今 GPU 增强型计算集群中，CPU 的计算能力不容小觑。在这样的系统中，CPU 的计算能力以及相对高的利用率使得它可以获得与 GPU 相同量级的计算性能。在天河 -1A 超级计算机中，每个节点的 CPU 数量和 GPU 数量之比为 12 ∶ 1，CPU 的双精度浮点计算性能为 140 Gflops，相当于一个 M2050 GPU 峰值计算性能的 27.2%。为了充分利用 CPU 的计算能力，通常采用 OpenMP 编程模型并使用多核 CPU 的计算能力对程序进行加速。

互联技术：系统的内部互联网络

互联网络是高性能计算机中连接处理器、存储器、I/O 设备的重要组成部分，承担着不同处理结点间的同步和通信，是影响整个高性能计算机可靠性和可扩展性的重要因素。计算节点数目的不断增长和对可靠性的迫切需求，使得为高性能计算机设计高可靠性的互联网络变得非常重要。虽然计算节点和 I/O 节点的连接目前普遍采用的千兆以太网，I/O 节点和存储阵列之间存储区域网络以 Fabre Channel 为主，然而一些新的网络技术如万兆以太网、Infiniband 逐渐成为主流。

万兆以太网

以太网采用 CSMA/CD 机制，即带碰撞检测的载波监听多重访问。千兆以太网接口基本应用在点到点线路，不再共享带宽，载波监听和多重访问已不再重要。千兆以太网与传统低速以太网最大的相似之处在于采用相同的以太网帧结构。万兆以太网技术仍然保留了以太网帧结构，就可以和以前的网络协议兼容。通过不同的编码方式或波分复用提供 10 Gbps 传输速度。TOP500 的系统中有 52% 的网络选择了千兆以太网，是由于其性价比较好，兼容性好，未来随着万兆以太网的每端口价格降低，一定会被更多的高性能集群系统选择。

Infiniband

Infiniband是一种支持多并发链接的“交换光纤”技术，其最快的QDR链接可以达到10 Gbps的运行速度。这种架构在一个链接时的速度是1 Gbps，四个链接时的速度是4 Gbps，12个链接时的速度可以达到12 Gbps。Infiniband技术主要被应用于服务器与服务器、服务器和存储设备以及服务器和网络之间的通信。TOP500的系统中有45%的网络选择了Infiniband，趋势是越来越多的高性能集群系统选择这种技术。

Myrinet

Myrinet是一项经济高效、高性能的分包通信和交换技术，广泛应用于工作站、PC、服务器、刀片服务器或单板计算机的互联集群。它以一种经济的方式实现高性能以及高可用性。Myri-10G是10千兆位以太网与HPC技术的集成体。将NIC端口连接至10千兆位以太网交换机，即可实现高达每秒9.8千兆位的数据传输速度。将NIC连接至一个10G Myrinet交换机，并提供一种网络功能，支持相同的软件接口，如以太网，以及用于套接字、MPI和DAPI的低时延、内核旁路API。Myri-10G能与10千兆位的以太网合用，以链接IP网络（栅格）和内存。Myrinet2000网络接口卡（NIC）可以使固件从运行中的主机上卸载协议。固件直接与主机进程作用（OS旁路），实现低时延通信功能，直接与网络作用，可发送、接收并缓冲数据包。

存储器：大容量非易失存储

存储器（Memory）是现代信息技术中用于保存信息的记忆设备。其概念很广，有很多层次。在数字系统中，只要能保存二进制数据的都可以叫存储器；在集成电路中，一个没有实物形式的具有存储功能的电路也叫存储器，如RAM、FIFO等；在计算机系统中，具有实物形式的存储设备也叫存储器，如内存条、TF卡等。计算机中全部信息，包括输入的原始数据、计算机程序、中间运行结果和最终运行结果都保存在存储器中。它根据控制器指定的位置存入和取出信息。有了存储器，计算机才有记忆功能，才能保证正常工作。计算机中的存储器按用途分为主存储器（内存）和辅助存储器（外存），也有分为外部存储器和内部存储器的分类方法。外存通常是磁性介质或光盘等，能长期保存信息。内存指主板上的存储部件，用来存放当前正在执行的数据和程序，但仅用于暂时存放程序和数据，关闭电源或断电，数据会丢失。

Nand–flash

Nand–flash 内存是 flash 内存的一种，其内部采用非线性宏单元模式，为固态大容量内存的实现提供了廉价有效的解决方案。Nand–flash 存储器具有容量较大，改写速度快等优点，适用于大量数据的存储，因而在业界得到了越来越广泛的应用，如嵌入式产品中包括数码相机、MP3 随身听记忆卡、体积小巧的 U 盘等。从技术的角度来看，NAND Flash 闪存介质虽然存在擦写次数寿命的问题，但是配合软件算法、系统级的数据保护技术，NAND Flash 的寿命问题不再是一个棘手的问题，而更多的优势成为该项技术向前推进的重要动力。

DRAM

DRAM（Dynamic Random Access Memory）即动态随机存取存储器，是最为常见的系统内存。DRAM 只能将数据保持很短的时间。为了保持数据，DRAM 使用电容存储，所以必须隔一段时间刷新（refresh）一次，如果存储单元没有被刷新，存储的信息就会丢失。DRAM 的结构可谓是简单高效，每一个 bit 只需要一个晶体管另加一个电容。但电容不可避免地存在漏电现象，如果电荷不足会导致数据出错，因此电容必须被周期性的刷新（预充电），这也是 DRAM 的一大特点。而且电容的充放电需要一个过程，刷新频率不可能无限提升（频障），这就导致 DRAM 的频率很容易达到上限，即便有先进工艺的支持也收效甚微。随着科技的进步，以及人们对超频的使用意愿，这些频障也在慢慢解决。

SSD

固态硬盘（Solid State Drive，SSD）是用固态电子存储芯片阵列而制成的硬盘，由控制单元和存储单元（FLASH 芯片、DRAM 芯片）组成。和传统磁盘相比，SSD 在性能方面再一次逼近 CPU，使得计算机体系结构中的性能剪刀差变得越来越小。但是和 DRAM 内存技术相比，SSD 还存在一定的性能差距。CPU 在访问 Cache（SRAM）的时候，存在 ns 级别的访问延迟；访问内存（DRAM）的时候，存在 10 ns 级别的访问延迟；但是，在访问 SSD 的时候，会存在 10 μs 级别的访问延迟。虽然比磁盘的 ms 级别访问延迟降低了一个数量级，但是 SSD 和 DRAM 访问延迟仍存在一个数量级的性能差距。如何减小这个性能差距是业界需要考虑的一个问题。

NVDIMM

基于非易失性内存（NVDIMM）的新一代内存条规格已经研制成功，其中集成了 DRAM 和非易失性存储芯片，能够在完全断电的时候完整保存内存数据，并支持主内存在持久高速高性能计算上的应用。NVDIMM 正好弥补了 SSD 和 DRAM 之间的性能差距。NVDIMM 这项技术将 NAND Flash、DRAM 和超级电容技术进行了结合，充分利用了 DRAM 的高性能、NAND Flash 的高效数据持久化以及超级电容的高能效。从技术的角度来看，NVDIMM 似乎没有太多的创新，其技术思路是：当内存（DRAM）突然断电时，在超级电容的电源续航能力的作用下，NVDIMM 上的处理单元将 DRAM 中的数据迁移到 NAND Flash 中，这样就可以保证即使在突然断电的情况下，也可保证数据的不丢失，从而达到了内存数据非易失的目的。

高性能圆“五”曲

天文：NASA 的黑洞模拟

要说宇宙中最神秘的天体，很多人或许会选择黑洞。黑洞的形成对我们来说简直无法想象，但多亏有 NASA 的超级计算机模拟，我们可以亲眼见证中子星相撞之后的黑洞的形成过程。

Pleiades

Pleiades 位于加利福尼亚 Ames 研究中心 NASA Advanced Supercomputing。目前 Pleiades 已成为天气预报模拟、厄尔尼诺现象引起的气候变化、理解星系合并或者航天器下一代研究工作的关键。美国国家航空航天局于 2012 年升级了自身的旗舰超级计算机 Pleiades，以便于科学家和工程师等所在相关机构应对高挑战性的任务，如高速和密集的数字运算的需求。在最新的 TOP500 世界超级计算机排行榜中 Pleiades 位列第 15 位，其峰值性能 4.97 Pflops，持续性能 4.09 Pflops。

通过 NASA 的模拟看到，中子星相撞的过程可谓相当壮观。相撞时较小的中子星外壳开始破裂，由此引发的旋转物质被拉入另一个中子星中，后者很快在强大的压力下分解。灰色小球代表着“事件视界”，也就是黑洞的边界，这是从黑洞中发出的光所能到达的最远距离。事实上，整个碰撞过程会在几毫秒内结束。利用高性能计算机建立的模拟使科学家更加方便、快捷地得到天体甚至宇宙的演化过程，使人类了解宇宙自大爆炸以来至今及今后某一时间段内所有发生的事情。

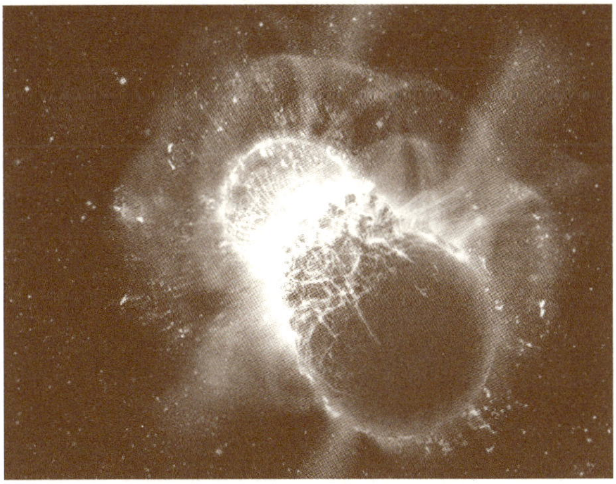

高性能计算机模拟中子星相撞

气象：更准确的天气预报

2005 年 8 月，“卡特琳娜”飓风造成了最少 750 亿美元的经济损失，成为美国史上破坏最大的飓风，也是自 1928 年“奥奇丘比”（Okeechobee）飓风以来死亡人数最多的飓风，至少造成 1 836 人丧生。

“卡特琳娜”席卷新奥尔良

Luna 和 Surge

“卢娜”（Luna）和“瑟奇”（Surge）是美国国家海洋和大气管理局（National Oceanic and Atmospheric Administration，NOAA）的两个超级计算机系统，由 Cray 公司制造，分别位于弗吉尼亚州的雷斯顿和佛罗里达州的奥兰多。2016 年 1 月 11 日，美国国家海洋和大气管理局完成了天气气候超级计算机运行系统（Weather and Climate Operational Supercomputer System）的升级，处理地球观测数据资料的速度达每秒千万亿次，可为天气、水和气候预测模式提供运算支持，将确保美国在大气和水资源预测科学和服务领域居于世界领先地位。现在，Luna 和 Surge 的峰值性能同为 2.04 Pflops，持续性能同为 1.64 Pflops，并列 TOP500 第 51 名。

随着高性能计算技术的发展，我们可以将短期天气 / 飓风预测扩展到可靠的长期的季节性和年度性预测。这使得我们可以学习飓风在目前或者全球变暖的气候条件下的气候特性，同时改进对飓风的跨年度变化的了解。高性能计算也将使得多广度多组件的包括非流体静力学的云层解析大气模型、漩涡解析海洋模型、超高分辨率绿地模型在内的地球系统更加可行。而且，这个系统可以跟化学、生物学组件融合在一起。在模型改进的同时，需要一套先进的高分辨率的数据同化系统来表示初始的飓风，这样才能进一步改进预测性能。

医疗：攻克埃博拉

“阿尔特弥斯”是希腊神话中主宰人类疾病和健康的神。面对全球埃博拉等恶性传染病的袭击，很多人联想到这是神的惩罚，并希望获得神的救赎。一套以“阿尔特弥斯”命名的超级计算系统在悉尼大学上线，这会为埃博拉病毒的攻克带来希望么？

阿尔特弥斯

面对当今世界的很多传染性恶性疾病，如艾滋病、埃博拉、中东呼吸综合征等，有人不禁联想，这是来自神的警告。在古希腊诸神中，宙斯之女、太阳神阿波罗的胞妹月亮之神阿尔特弥斯同时拥有“死亡之神”和“健康之神”的称号。她与阿波罗一样，拥有带给人们瘟疫、疾病，还有突然死亡的能力。但她也能够为人带来健康、治疗疾病，与为人类带来死亡、瘟疫的作用相互抵消。戴尔打造的超级计算系统“阿尔特弥斯”究竟有多强大呢？她拥有 1 512 个计算核心、接近 10 TB 的快速 DDR4 内存、10 个 Nvidia Tesla K40 显卡单元和 480 TB 的 Lustre 文件存储，如此强大的配置，堪称“超算之神”。

这套由戴尔澳大利亚公司协助创建的超算系统将帮助悉尼大学分子生物学、经济学、机械工程学、物理海洋学等学科的研究者开展研究工作，并提供强劲的研究数据分析能力。借助这台超级计算机，该校所有学科的研究者能够无偿运行高性能计算。澳大利亚国家健康与医疗研究委员会研究员、悉尼大学查尔斯－柏金斯中心的爱德华福尔摩斯教授正在使用“阿尔特弥斯”超级计算机跟踪埃博拉病毒在西非的传播。希望在它的帮助下，福尔摩斯教授和悉尼大学能够找到对抗埃博拉病毒的办法。

在悉尼大学埃博拉病毒的研究过程中，福尔摩斯教授将病毒样本从毗邻塞拉利昂和利比里亚的几内亚患者身上收集来之后，通过对病毒的基因代码进行排序，进而发现埃博拉病毒在传播过程中进行了怎样的变异和适应。福尔摩斯教授称，“我们使用机器对病毒进行编码，然后使用计算机来分析所得的编码。高性能计算的一大优势是能够实时完成这一工作，比我以前所见的计算机至少快了 10 倍。”

同样，计算机分析能够识别病毒传播较活跃的特定人群和医院。“这些人群和医院是需要重点控制的。必须集中更多的疫苗和医疗人员提供给他们，以尽力阻止病毒的蔓延。我们所收集的数据，能让我们了解在哪些地方病毒传播最剧烈。”福尔摩斯教授表示，“阿尔特弥斯”超级计算机还能实时追踪流感的传播，并能辨别病毒的基因突变，以便于应需重新开发疫苗。

无独有偶，香港浸会大学计算机系博士赵开勇、邓斐曾在几年前专门撰文阐述过高性能计算在生物科学领域的应用。随着科学技术的发展，人类在生物科学中不断研究和探索，从分子结构到原子结构，再到纳米结构。采用的手段也从传统的显微镜，到电子显微镜，再到现在的计算显微镜。而基于强大的计算能力之上的计算生物科学，将给我们带来生物科学发展的新契机。模拟病毒感染或光合作用的过程只能由拥有并行计算能力强大的 GPU 去运行。而通过基因蓝图制造蛋白质以及通过模拟的方式来选择生产更好的高分子纳米材料这样的工作，采用 CPU 和采用 GPU 进行运算则更是十几小时和几分钟的巨大差别了。

军事：Sequoia 上的核试验

核试验是为了军事研究和科学研究目的，在预定条件下进行的核爆炸装置或核武器爆炸试验。它是一项规模很大、需要多学科、多部门协同配合和耗费大量人力、物力的科学试验，人类第一次核试验是在美国新墨西哥州的洛斯阿拉莫斯国家实验室完成的。自从 1996 年联合国通过《全面禁止核试验条约》之后，上述物理核试验在各个签署国家已经停止。随着计算机技术的发展，利用计算机技术模拟核试验由于不受条约约束，在签署国之间并没有停止。

美国 Ivy Mike 核试验

Sequoia

“红杉”（Sequoia）超级计算机由美国 IBM 公司生产，属于 IBM 超级计算机中的蓝色基因（Blue Gene）系列。整个超级计算机占地约 318 m^2，在 96 个机柜中聚合了大约 160 万个处理器和超过 1.6 PB 的内存。“红杉”的运算能力超群，持续运算测试达到每秒 16324 万亿次，其峰值运算速度高达每秒 20 132 万亿次，1 h 的运算量相当于 67 亿人不间断手工运算 320 年。如今，“红杉”超级计算机在全球超级计算机 500 强榜单中位列第 4，安装在美国能源部的劳伦斯·利弗莫尔国家实验室，被用于模拟核试验，以延长老化的核武器寿命。IBM 即将推出代号 Summit 的超级计算机，2018 年交付美国能源部橡树岭国家实验室，订单价值 3.25 亿美元。预计 Summit 最终提供的性能为 200 Pflops，对比之下，中国的神威·太湖之光峰值性能是 125.436 Pflops。配置方面，Summit 采用的是 IBM Power9 架构处理器和 NVIDIA Volta GPU 加速（Pacal 下一代），有约 3 400 个节点，每个节点至少 500 GB 相干内存以及 800 GB 非易失性内存。

计算机模拟仿真核试验

计算机模拟仿真核试验指的是利用超级计算机模拟核爆炸，是当今核武国进行核武器实验的主要方案之一。计算机模拟仿真核试验和其他方案包括亚临界核试验、在实验室用特种设备进行物理模拟，并不是完全独立的。例如，亚临界核试验离不开超级计算机。

能源：加速“人造太阳”计划

能源危机

世界经济的现代化，得益于化石能源，如石油、天然气、煤炭与核裂变能的广泛投入应用。因而它是建筑在化石能源基础之上的一种经济。然而，这一经济的资源载体将在21世纪上半叶迅速地接近枯竭。据估计，石油储量在2050年左右即可能枯竭，天然气储备估计将在57—65年内枯竭，煤的储量仅可以供应169年。化石能源与原料链条的中断，必将导致世界经济危机和冲突的加剧，最终葬送现代市场经济。事实上，中东及海湾地区与非洲的战争都是由化石能源的重新配置而引发的。这种军事冲突，今后还将更猛烈、更频繁。总之，能源危机迟早会爆发，它的爆发将具有爆炸性！

核聚变研究

核聚变研究是当今世界科技界为解决人类未来能源问题而开展的重大国际合作计划。与不可再生能源和常规清洁能源不同，聚变能具有资源无限、不污染环境、不产生高放射性核废料等优点，是人类未来能源的主导形式之一，也是目前认识到的可以最终解决人类社会能源问题和环境问题、推动人类社会可持续发展的重要途径之一。

π 系统

2013年10月23日，超级计算机π系统在上海交通大学上线运行，将支持俗称“人造太阳”的惯性约束核聚变项目等高端科研工程。π系统采用了“CPU + GPU + MIC”三重混合计算架构，有25.7万个计算核心，峰值性能达到263万亿次，位列最新全球TOP500榜单第159名。

惯性约束聚变

目前，惯性约束聚变是世界性的科技挑战。在半个世纪以前科学家已经发现，当氘原子和氚原子聚变为一个氦原子核和一个中子时会释放巨大的能量。由于其能量释放机理与太阳一样，该工程俗称“人造太阳”。上海交通大学激光等离子体教育部重点实验室特别研究员、国家“青年千人计划”获得者陈民介绍称，惯性约束聚变反应过程非常复杂。在反应过程中的压力相当于1万亿个标准大气压，氘和氚会被压缩到仅有同质量液体体积的千分之一，但是反应时间最多只有100亿分之一秒。如此极端的反应，现有的实验探测手段很难深入到聚变燃料内部进行测量。而利用超级计算机模拟，可以分步地对各个过程进行模拟，研究其中的物理细节，有利于对实验装置的设计和对实验结果进行分析、理解。核聚变研究对计算力有着无止境的需求，“红杉”“美洲虎”等曾经的全球TOP500榜首的超算系统都曾用于核爆炸模拟研究。更高性能的超级计算机的出现，将大大增加理论模拟的能力，尽可能真实地对惯性聚变中的物理过程进行模拟，从而大大加快研究进程。

迎接E级时代的到来

传统高性能计算的本质就是集中力量办大事，简单来说就是利用大规模的集群来完成一个任务。因此，最终的评价指标就是最短的任务执行时间。随着VLSI工艺的发展，很快将进入E级计算的时代。可以预见的挑战有哪些？互联网经济和大数据的兴起又对传统高性能计算产生什么样的影响？

E级计算的挑战

作为世界大国抢占的重要战略制高点，各主要工业国家都极为重视E级计算技术的研发，将其列入主要科技计划。在新兴技术的市场期待值曲线上，人们对高性能计算技术的期望值已经逼近顶峰。E 级计算对性能的渴求早已经超出了当前处理器的能力，并且在追求性能的同时，对能耗、可用性、成本等指标的追求也日益苛刻。

浮点效率的挑战

有限元/有限差分和分子动力学模拟这两大类的基本数值方法仍将是未来百亿亿级（Exaflops）科学与工程计算的核心应用算法。尽管用于并行计算机性能评价的 Linpack 标准测试测得的并行计算的浮点效率一般可以达到 80% 以上，但是对于真实的科学工程计算，程序达到的浮点效率一般只占到峰值性能的一小部分。特别是对于隐格式计算，这个比例很少超过 20%。而对于加速器增强型的并行计算机，这个浮点效率的问题则更为严重。因为 GPU、MIC 类的加速器芯片虽然大幅提升了峰值浮点计算性能，但是访存带宽却没有同比提升。目前的科学工程应用算法多以访存密集型为主，性能提升由硬件的访存能力决定（对于大规模并行机群，节点之间的通信性能也是性能的另一个重要影响因素）。值得注意的是，由于节点间通信开销的增长，应用浮点性能并不会随着节点规模线性增长。也就是说，过低的浮点效率会导致超级计算机名义上峰值性能的提升，不会带来真实模拟性能的提升。

应用向硬件的协同设计挑战

对于科学与工程应用的最终用户（领域专家）来讲，浮点效率虽然很重要，但是他们的第一关注点还是可接受的精度和稳定性结果，然后是最短计算时间，这也是高性能计算所追求的终极目标。因此，面向体系结构选择合适的数值解法对于取得多方的折中至关重要。除了传统精度、收敛性等指标之外，计算密集度、数据移动复杂性（包括芯片级的访存、节点内计算设备间、节点间的数据通信）等都需要数值专家仔细考量。

CPU–加速器协同程序设计的挑战

加速器增强型超级计算机的编程难度很大。使用天河二号进行大规模高性能计算的编程难点主要为：①通信层次繁多且复杂，涉及节点间、节点内、芯片内三个层次，包括节点间多进程通信、节点内 host–MIC 以及 NAC–MIC

的 PCI-E 设备间通信、单 CPU/MIC 上的核间多线程通信等多种类型。②加速器和 CPU 都需要性能调优，特别是对于原本用 Python 语言编写的科学计算串行代码，不仅需要用 C 语言将其重新并行实现到新的平台上，而且针对新型的加速器 MIC 的性能优化也需要耗费极大的人力和时间，如由原来的 3 000 行串行代码变成 25 000 行将耗费 12 个月。因此，急需用户友好的编程和调优手段来辅助程序开发人员进行高效的程序设计。

Scale up 与 Scale out

随着机器性能的不断提升，互联网经济 / 大数据时代的到来催生的新兴应用及开源软件飞速进步，使得以往很多需要传统高性能计算才能解决的问题有了更多选择，如廉价集群的广泛使用。

Scale up 和 Scale out

Scale up 指纵向扩展或向上扩展，意思是在单节点内提高 CPU 或存储的配置，就是传统意义上的硬件升级。Scale out 指横向扩展或向外扩展，意思是增加更多的节点。随着计算机价格的不断下降和性能持续提升，低成本的商用系统（与传统高性能集群相比）可以被用来执行一些过去只能依靠超级计算机才能处理的高性能计算应用，如地震分析、生物计算。几百个廉价机器可以组合成集群获得超过传统高性能单节点的能力，尤其是现在高性能的互联，如 Myrinet 和 Infiniband 技术直接使得以前对于商用系统不能处理的远程维护和批处理管理变得可行。可以看出，Scale out 概念源头明确，是与传统高性能集群相反的，大约是从 Google 使用廉价集群开始并逐渐流行起来。事实上，硬件框架的构造还是由其上层任务决定的。与这两种框架对应的就是 Scale up/Scale out 任务。传统的计算任务多数是 Scale up 任务，如科学计算、桌面应用、Spec2000 等，随着单机配置的提高，任务完成的时间会缩短。Scale out 任务则是随着互联网时代的到来兴起的，主要存在于数据密集型计算、数据存储服务、云计算、Web 搜索引擎、数据存储等领域，这类应用通常不会随着单机的配置有明显变化。

通过分析不同的任务特点，反过来可以帮助我们理解传统高性能计算和面向大数据的计算的区别，前者是为了集中优势力量（物理上机器集中放置在一个超算中心）完成一个任务，而后者是利用分散的力量（物理上机器分布式存放，数据中心实体可能分散在各地）完成多个任务，这些任务之间独立性强，相关性弱，通信需求极低。

光量子计算机

光量子计算机也是应付 E 级挑战的一大解决方案。目前，我国已经建造出世界上第一台超越早期经典计算机的光量子计算机，自主研发 10 比特超导量子线路样品，成功实现了目前世界上最大数目的超导量子比特的纠缠和完整的测量。

“量子霸权”是美国加州理工学院物理学家约翰·普瑞斯基尔发明的词，它为量子计算机设定了一个初步的标准：目前顶级的超级计算机能够完成 5 到 20 个量子比特的量子计算机所做的事情，但超过 49 个左右量子比特后，量子计算机的能力让超级计算机望尘莫及。量子比特遵循两个基本原理：量子叠加和量子纠缠，能实现计算能力质的飞跃。

量子计算机由量子状态来描述信息，它们拥有更快速的运算方式。比如，2 个量子态（也可以称作“2 个比特”）的量子计算机，每一步可做到 2 的 2 次方——也就是 4 次运算。3 个比特的量子计算机，每一步可以对信息做到 2 的 3 次方——8 次计算。这就是量子叠加，同时处于两种状态的量子能并行处理两个问题，相当于左手和右手同时都能写作业，而每增加一个量子，这样的能力还要继续翻倍。“薛定谔的猫”中的猫就同时存在死和活的叠加状态，量子跟这只猫差不多，再被你看到真相之前，它是多种状态的叠加，一旦介入观测，就会坍缩成一种固定状态。

叠加的状态很神奇，但这只是第一步，量子计算机在实现量子叠加之后还要实现量子纠缠，也就是让量子之间相互作用。这个概念更神奇，爱因斯坦曾经叫它是诡异的超距离作用（spooky action at a distance）。量子纠缠甚至不需要电话、短信或者任何通信介质。如果两个粒子的距离足够近，它们就会纠缠在一起，即便把这两个粒子分开，哪怕天各一方，它们还会保持纠缠的状态。而且只要两个粒子纠缠上了，就算没有手机、邮件以及其他任何沟通方式，只要你对一个粒子进行测量，在遥远的另一方的粒子状态也会受到影响。纠缠是实现量子计算必需的一步，但由于量子的不确定性暂时也很难实现。

新一代互联网与 Web3.0 时代

从“1”数到“3”——Web3.0 初识

揭开 Web3.0 的面纱

假设某天你忽然想看一部话剧，同时又特别想吃东南亚菜，并且准备立即出发，出发前你会怎么做？也许去豆瓣，或者大麦网、格瓦拉售票网，或者直接去 Google 搜索正在上映的话剧，选一部中意的，直接订票。然后再去大众点评，找找话剧院附近有没有东南亚餐厅，看看大家的评价，顺便记下几个招牌菜什么的，以备晚上可以大吃一顿。这么一来，在出门前我们大概需要浏览至少四五个网站来获取出门需要的信息。到了 Web3.0 的时代，以上一套程序或许就能全都省了，直接输入（或用语音说）：“今晚我想看一部话剧，然后吃一顿东南亚菜，我该怎么做？”然后，所有一切事情都交给互联网，它会根据所有在云端开放的信息，以及你的个人习惯与偏好，综合规划出一套最适合你的完美出行方案。

Web3.0 的社会功能

认识 Web3.0 之前，先了解我们现在所处的 Web2.0 时代。在公众熟知的所有互联网热门词汇和专业术语中，Web2.0 恐怕是人们听得最多的一个，但很少有人真正知道什么是

Web2.0。有人称这个词只不过是种市场营销策略，目的是为了获得风险投资人。事实上，当 OReilly 媒体公司的副总裁戴尔·多尔蒂（Dale Dougherty）在第一次提出这个术语时，也没有给它一个清晰的定义。现在普遍认为，Web2.0指的是一个利用Web平台，由用户主导而生成的内容互联网产品模式，是相对于 Web1.0 的新时代，也定义为第二代互联网。

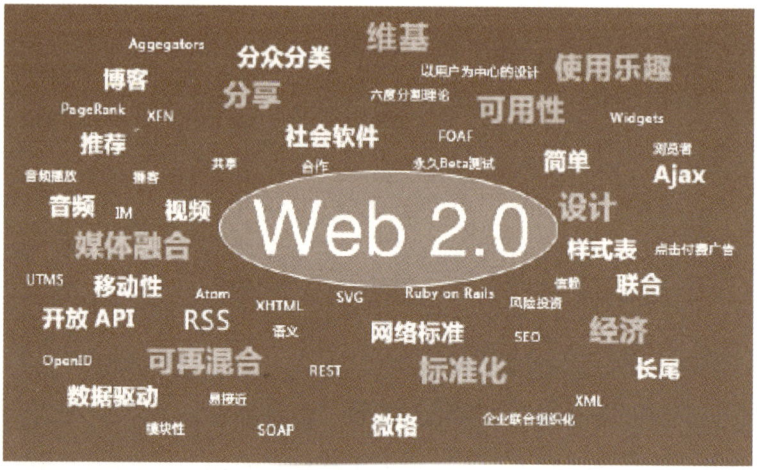

Web2.0 关键词

从 Web1.0 到 Web2.0：网络的联合到互动

假如说 Web1.0 的本质是联合，那么 Web2.0 的本质就是互动，它让网民更多地参与信息产品的创造、传播和分享，而这个过程是有价值的。Web2.0 与 Web1.0 最大的区别就是用户的地位不一样了，在 Web2.0 之中用户不再是互联网信息被动的接收者，而是作为一个主动者参与互联网的发展之中，用户不再是一个单纯的浏览者，而是成了互联网这块大网的编织者、使用者与传播者。由 Web1.0 单纯通过网络浏览器浏览 html 网页模式向内容更丰富、联系性更强、工具性更强的 Web2.0 互联网模式发展，已经成为互联网发展趋势。Web2.0 的精髓就是以人为本，提升用户使用互联网的体验，由此互联网内容的缔造者也由专业人士向普通用户拓展。

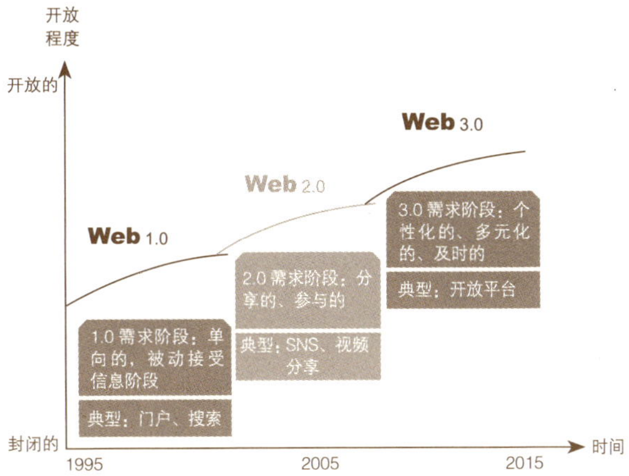

Web1.0 到 Web3.0 发展历程

从 Web2.0 到 Web3.0：实现用户的价值

Web2.0 的缺点是没有体现出网民劳动的价值，很脆弱，缺乏商业价值。Web3.0 是在 Web2.0 的基础上发展起来的，能够更好地体现网民的劳动价值，并且能够实现价值均衡分配的互联网方式。同时，Web3.0 与 Web1.0、Web2.0 有不同的分享机制。Web2.0 的一个重要理论是六度分隔理论，“在人脉网络中，要结识任何一位陌生的朋友，中间最多只要通过六个朋友就可以达到目的。”而 Web3.0 倡导的理论是利益共享理论，在一个利益结点上，任何人都可以通过某种关联实现共享。Web3.0 之前的个体地位“唯中心论”，要么以用户为中心，要么以个人为中心。而 Web3.0 的提法是完全的去中心，无中心概念。只有利益圈和利益链的概念，也就是只有起点或者甚至没有起点，你只要是参与进来，你就可以处于每个利益的节点，实现利益共享。

Web3.0 概念

Web3.0 是由业内人员制造出来的概念词语，是以服务为内容的第三代互联网系统。业内专家诠释，即 Web3.0 = 互联网 + 通信服务，即通过互联网与通信的融合，用户可以用所有智能终端（固定电话、移动电话、PC、IPTV、其他智能终端）轻松享受看得见、听得到、用得好的即时交互的信息服务。Web3.0 提供的服务与目前互联网服务的核心差异在于：Web3.0 是基于个性化、订阅式、主动推送式的即时服务，而目前的互联网服务是围绕着搜索引擎的非即时服务。总体而言，Web3.0 更多的不是仅仅一种技术上的革新，而且是互联网发展中由技术创新走向用户理念创新的关键一步。

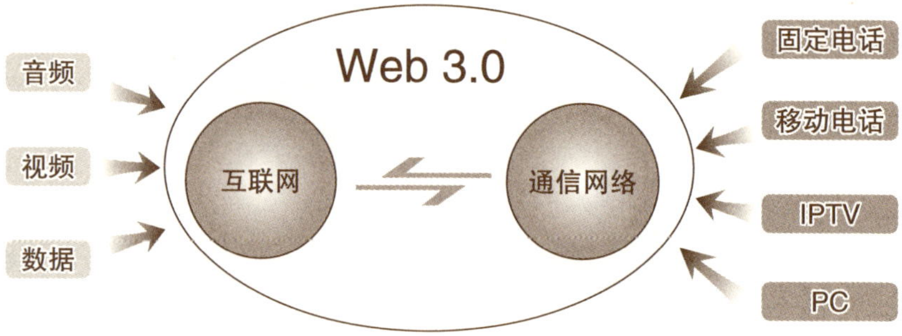

Web3.0 互联网 + 通信网络

Web3.0 的核心

Web3.0 让搜索工作变得更快捷、更轻松，不用再进行烦琐的多种搜索，比如像开篇提到的例子，当用户输入"今晚我想看一部话剧，然后吃一顿东南亚菜，我该怎么做？"Web3.0 浏览器就会马上分析您的问题，然后在互联网搜索可能的答案，最后将搜索结果整理好提交给您。许多专家认为，Web3.0 浏览器还可以充当计算机用户的私人助理。当您在网络上进行搜索时，浏览器将了解到您有哪些兴趣。您越是经常使用网络，您的浏览器就会对您越了解，到了最后，您也许只要说"我应该去哪里吃午餐？"您的浏览器就可以查阅您的喜好记录，结合您所在的位置，给您列出一个可选餐厅的目录。

Web3.0 的优势

相较于 Web2.0，Web3.0 最重要的改变之一就是"参与"，用户可以完全个性化地订制信息服务，主导信息服务需求和服务模式并获得即时互动的用户体验。无论身处何处，无论使用任何智能终端，都能随时得到一手资讯，用户可以时刻把握市场趋势，了解行情动态，直至进行商务交易。Web3.0 用户可以在互联网上（不是在 Web2.0 网站系统内）拥有自己的数据，并能在不同网站上使用。Web3.0 技术将互联网与通信服务融合起来，打破用户的终端局限，真正将互联网变成人们日常使用的工具，信息服务无处不在。

从 Web1.0 到 Web2.0 再到 Web3.0，是网络从无到有，再到扩及全球的发展，也是网络的使用从精英化、扁平化到全民化和平面立体化的变迁，更是网络的关涉面从人类生活的局部到全景式的人类生活场景的拓展。Web3.0 时代，网络无处不在，人类无时不在网络之中，网络与人类生活须臾不可分离；网络不再是人类生活的外在方面，它将与人类生活融为一体，网络真正成为人类的生活空间。从这个意义上说，Web3.0 时代将是“网络时代”终结的时代。

Web3.0 地位与作用

Web1.0 就好像是个图书馆，可以为人们提供信息，但是人们无法添加或更改信息；而 Web2.0 则更像是个朋友圈或社交圈，也可以为人们提供信息，但同时人们也可以通过它进行交流，并获得更丰富的体验。虽然现在还有很多人刚开始学习如何使用 Web2.0，但已经有人在构想下一代网络模式了——Web3.0。互联网的发展总是让人瞠目结舌，Web3.0 的时代将会把我们的世界变成什么样子？

改变网络行为方式

Web1.0 时代，大家上新浪看新闻，去天涯灌水。Web2.0 时代，上中国博客网写博客，上土豆网发布个人播客作品。Web3.0 时代，你不一定要在电脑面前上网才算是参与，你有可能买了一只小布偶，而事实上，你已经领养了某个游戏的一只宠物。也有可能因为这只宠物而获得某个抽奖机会。Web3.0 的思维可以体现在任何地方，网上网下都将联系起来，只要你愿意，可以把这种思维用在你所处的任何一个利益的节点上，从你开始往外拓展，形成一个链、一个圈。

实现人人互联社会

前 Web 概念中，互联网被称为“工具”“玩具”，而在 Web3.0 中，它就不仅仅限于工具的层面，而且成为一个利益原点、一个纽带，连接参与不同利益链的不同的个体。你可能不是因为要看新闻要上网，你可能因为要兑换一个奖品而上网。而企业可能不是因为发布产品信息而上网，却是因为要线下的某个销售活动而上网。

创造虚拟与现实的融合

之前人们会习惯地称互联网为虚拟世界，而我们平时接触的人事是现实世界，而在 Web3.0 概念中，淡化甚至消除这种区别，没有所谓的虚拟世界和现实世界，就像你不会把打电话看成在虚拟世界里与人沟通一样。甚至可以这么理解，互联网最终也是现实的，像你手头用的很多东西一样真实。

Web3.0 特征

无论如何定义，Web3.0 都具备一个本质属性，或者可以说是根本的目标——互联网服务，同时也为我们所享受的网络服务带来翻天覆地的改变。而进一步了解和讨论 Web3.0，自然归结到以下属性：数据、用户、设备以及安全。而 Web3.0 时代究竟被赋予了怎样的特征？

互联网内容更加自由高效的聚合

与 Web2.0 时代使用互联网是为了把人与人联系起来不同，在 Web3.0 时代使用互联网是为了把信息与信息联系起来。以广泛应用的 Mashup 为例，当用户有特定的互联网业务需求时，不再需要像过去那样所有功能从头到尾完全由自己实现，互联网用户可以按照自己的特定需求来组合公开的 Mashup 应用程序，使得内容信息的特征性和针对性更加明显，便于运用。例如 Google 公开了自己的 Google Maps API，这就是一种 Mashup 资源，Web 开发人员可以在地图中包含所有类型的数据来支持一些具体的地图应用。

Web3.0 将人与人、信息与信息相结合

互联网服务更具普适性

Web3.0 时代，网络服务将能够智能地与各类用户终端兼容，种类繁多的终端能够让用户随时随地享受互联网服务带来的种种便利。在 Web2.0 时代，虽然用户体验已经大大提高，但提高也仅仅局限于个人电脑终端。为了更好地应对层出不穷的新移动终端，开发与应用都需要新的技术层面和理念层面的支持。而 Web3.0 将打破这一僵局，使得各种终端的用户群体都可以享受到在互联网上分享数据和应用的便捷和惬意。

用户体验的个性化定制

Web3.0 延续了 Web2.0 的以人为本，将用户的偏好作为设计的主要考虑因素。Web3.0 在对于用户原创内容（User Generated Content，简称 UGC）筛选性过滤的基础上，引入偏好信息处理与个性化引擎技术，对互联网用户的搜索习惯进行整理、挖掘，得出最佳的设计方案，帮助互联网用户快速、准确地搜索到自己感兴趣的信息内容，避免了大量信息带来的搜索疲劳。个性化搜索引擎以有效的用户偏好信息为基础，从而分析用户的偏好，再将结论归类到一起，反馈给用户，从而更好地满足用户搜索、浏览的需要。

数字内容的有序性和安全性

Web2.0 模式下的 SNS——网络社交平台，只是简单地将人与人通过互联网这一平台连接起来，并不能确保注册信息的可靠性和有效性，导致本身信息的外泄和零乱、不可靠信息的泛滥，背离了人们想利用互联网来扩展人际交往的初衷。在 Web3.0 模式下，这一问题将通过对用户的真实信息的核查与认证这一方式来解决。高可信度的信息发布源为以后交际圈的扩展提供了可靠的保障，与此同时，人们在交际时也可以更迅速地找到自己需要的人才，并且可以完全信任这些可信度高的用户提供的信息，利用这些进一步扩展对自己有利的交际圈。

Web3.0 开启新一代互联网之路

简单来说，Web 时代是用来概括互联网发展过程中出现的，而 Web3.0 就是新一代互联网时代的概括，也可以说是新一代互联网出现的新现象和新特征描述的标签（代名词）。新一代互联网是指不同于现在互联网的新一代网络。从速度看，它要比现在的互联网快 1 000 倍以上。正在使用的第一代互联网基于 IPv4 协议，它可以提供的 IP 地址为 40 多亿个，随着网络的飞速发展，IPv4 地址已分配殆尽。新一代互联网使用的是 IPv6 地址协议，它采用 128 位编码方式，使得互联网地址资源非常充足。此外，新一代互联网还解决了现有互联网无法知道每一个数据来源的不足，就让网络更具有安全性。这样的话，所有网络上的各种行为都是可控的，是可知的，互联网的可信度大大提高。新一代互联网主要特征见下表。

新一代互联网技术主要特征

特征	解释
更大的地址空间	采用 IPv6 协议，使新一代互联网具有非常巨大地址空间，网络规模将更大，接入网络的终端种类和数量更多，网络应用更广泛
更快	提供更高的传输速度，特别是端到端的传输速度应该达到 10 Mbps 到 100 Mbps，用以支持更高性能的新一代互联网应用
更安全	在以开放、简单和共享为宗旨的技术优势基础上，可进行网络对象识别、身份认证和访问授权，具有数据加密和完整性，从网络体系结构上保证网络信息的真实和可追溯，进而提供安全可信的网络服务
更及时	改变目前互联网“尽力而为”的网络服务质量控制策略，提供可控制和有保障的网络服务质量控制，支持组播、大规模视频和实时交互等新一代互联网应用
更方便	采用先进的无线移动通信技术，实现一个“无处不在、无时不在”的移动互联网和无线通信应用
更可管理	克服目前互联网难以精细管理的特点，从网络体系结构上提供精细的网络管理元素和手段，实现有序的管理、有效的运营、及时的维护
更有效	克服目前互联网基础网络运营商“搭台”但是亏损、网络信息内容提供商“唱戏”而且盈利的不合理经济模式，创立合理、公平、和谐的多方盈利模式

随着全球技术变革不断加快，经济和社会的不断发展，互联网发展及其

应用水平不断提高，领域不断拓展。随着互联网 IP 地址的枯竭，以及对互联网安全性和管理、维护、运营的更高要求，新一代互联网建设逐步开始受到重视。中国已建成全球最大的新一代互联网示范网络，以 IPv6 路由器为代表的关键技术及设备产业化初成规模，为中国参与全球新一代互联网产业竞争奠定了坚实基础。在中国经济和产业面临转型的今天，中国在新一代互联网关键技术及产业上的突破，必将为中国的经济和产业转型产生重要而深远的意义，为后续发展提供重要的推动力。

一“网”打尽技术通

互联网协议技术

你每天使用互联网，但你是否想过它是如何实现的？全世界几十亿台电脑，连接在一起，两两通信。上海的某一块网卡送出信号，洛杉矶的另一块网卡居然就收到了，二者实际上根本不知道对方的物理位置，你不觉得这是很神奇的事情吗？互联网的核心是一系列协议，总称为“互联网协议”（Internet Protocol Suite）。它们对电脑如何连接和组网做出了详尽的规定。理解了这些协议，就理解了互联网的原理。现行的互联网协议主要有以下几种。

IPv6 协议

被称为新一代互联网协议，是由 IETF 设计的用来代替现行的 IPv4 协议的一种新的 IP 协议。一般而言，IPv6 并不与 IPv4 兼容，但是它与一些辅助性的协议则是兼容的，有时也要做一些小改动。IPv6 协议简化报头，并且定义了多种扩展报头，使 IPv6 变得极其灵活，能提供对多种应用强有力的支撑，把现有的 IP 地址长度扩大了 4 倍，采用了层次化的地址结构，自动将 IP 地址分配给用户，安全系数更高，提供了认证和加密两种机制，服务质量提高，对移动通信提供更好的支撑。

ICMP 协议

它是一种面向无链接的协议，用于传输出错报告控制信息。它是一个非常重要的协议，对于网络安全具有极其重要的意义。ICMP 提供一致易懂的出错报告信息，发送的出错报文返回到发送原数据的设备，因为只有发送设备才是出错报文的逻辑接受者。发送设备随后可根据 ICMP 报文确定发生错误的类型，并确定如何才能更好地重发失败的数据包。但是 ICMP 唯一的功能是报告问题而不是纠正错误，纠正错误的任务由发送方完成。

NDP 协议

它是用来发现邻接点相关信息的协议，包括邻接设备的设备名称、软 / 硬件版本、连接端口等。当邻居发现协议（NDP）有新的节点加入时，可以通过参照与该新加入节点存在直接信任关系的节点对该节点的信任值，为新加入节点赋予一个初始的信任值，以后通过该新加入节点的行为更新对其的直接信任值。支持 NDP 设备都维护 NDP 邻居信息表，邻居信息表中的每一表项都是可以老化的，一旦老化时间到，NDP 自动删除相应的邻居表项。同时，用户可以清除当前的 NDP 信息以重新收集邻接信息。

互联网路由器技术

随着互联网的发展和规模的膨胀，对路由器的功能需求也在不断发展。由于互联网长期遵循端到端的设计原则，使得路由器在网络中仅作为分组交换设备存在，与端系统无关。路由器体系机构和相关技术研究也一直集中在如何提供更大容量的交换能力、更高的端口密度以及更好的质量服务保证方面。路由器技术正在一步步向智能化迈进，在通信网络中的作用更加重要，实现业务灵活性和高性能的有机结合。目前扩展路由器功能主要有可编程、虚拟化和可重构三个途径。

可编程技术

要求路由器具有开放的控制接口，管理员可通过外部配置控制网络设备的处理行为。典型的如 2008 年美国斯坦福大学提出的目的在于支持校园网内网络技术创新的 openflow 技术，主要思想就是在交换机内部定义一个标准流表，可通过对流表配置定义交换机的处理行为。目前，openflow 交换技术已经在数据中心网络、无线接入网络研究中得到应用。

虚拟化技术

它源于 20 世纪 90 年代出现的可编程交换机思想，即通过对硬件交换平台资源的划分，在一个物理的交换机上虚拟出多个逻辑的交换机，以支持在一个物理网络上构建多套逻辑网络。但如何实现逻辑交换机之间的资源划分和硬隔离十分困难，目前许多厂家推出逻辑路由器只是在转发表生成和查找上隔离，还难以做到真正的转发交换和缓冲资源的隔离。因此，路由器的虚拟化更多集中在如何通过数据平台获得控制平面的虚拟化来提高路由器的可靠性。

可重构路由器技术

在相同的平台上，对路由器的各种资源进行重构组合，从而实现对路由器服务功能的灵活重组，产生支持不同业务或者相同业务的不同指标的路由器。在可重构路由器的研究中，基于构件的可重构路由器开发能够有效降低开发成本、加快开发进度，成为人们研究的焦点。可重构路由器可根据不断变化的功能需求动态加载不同的处理构件，不但能满足各种新出现的互联网处理需求，而且可以降低设备功耗、延长使用周期和减少电子垃圾，更加节能环保。

互联网过渡技术

过去 30 多年中，伴随着互联网的快速发展，IPv4 协议取得了巨大成功，随着网络规模的急剧增长，IPv4 出现了一系列严重的问题，包括地址分配殆尽、路由可扩展性问题等。新提出的 IPv6 协议则融合和涵盖了多种先进的网络技术并具有良好的扩展性，已经成为下一代互联网中的主流网络层协议。一种新的协议从诞生到广泛应用需要一个过程，尤其是对于当前 Internet 上广泛存在的 IPv4 用户群、FG 应用与设备，IPv6 的部署不得不考虑如何实现 IPv4 到 IPv6 的平滑过渡。由于 IPv4 协议和 IPv6 协议的语法、语义和时序不同，不能兼容，IPv4 互联网向 IPv6 互联网过渡已经成为世界性技术难题。

翻译技术

基本操作是对 IPv4 和 IPv6 的报文的翻译，涉及网络层、传输层和应用层，包括地址转换、相应协议字段翻译，以及必要的应用层翻译（针对应用层报文中出现 IP 地址和端口的情况进行转换）。此外，为协调 IPv4 和 IPv6 协议本身的一些区别，保证跨协议的语义正确性，还需要特殊处理分片重组与路径 MTU 检测。而在控制层面，需要维护地址转换规则，保证正确寻址，并根据地址转换规则，向两侧 IPv4 与 IPv6 网络分别发布相应的路由。按照地址转换方式的不同，网络侧的翻译技术还可分为无状态翻译和有状态翻译两类。

隧道技术

这里所说的隧道类似于点到点的连接，这种方式能够使来自许多信息源的网络业务在同一个基础设施中通过不同的隧道进行传输。隧道技术使用点对点通信协议代替了交换连接，通过路由网络来连接数据地址。通过对报文的封装，使得两个同构网络能够在一个异构网络的两边桥接起来，从而实现相互通信。隧道技术只需在网络的边缘路由器上配置封装表就可实现对分组的透明传输，是无状态且轻量级的。隧道技术允许授权移动用户或已授权的用户在任何时间、任何地点访问企业网络。

互联网安全技术

虽然 IPv6 协议本身考虑了对网络安全的更好支持，但 IPv6 协议也带来了一些新的安全问题。可信任互联网是构建安全可信的下一代互联网的关键技术，而真实的 IP 源地址验证体系结构是可信任的下一代互联网的技术基础。保障新一代互联网的网络和信息安全是发展新一代互联网的重要前提，新一代互联网将成为国家未来信息基础设施的重要组成部分，关系到国家安全和社会经济建设健康发展，因此，维护新一代互联网网络和信息安全对于维护国家安全和经济发展至关重要。

防毒墙

集成了强大的网络防杀病毒机制，网络层状态包过滤、敏感信息的加密传输和详尽灵活的日志审计等多种安全技术于一身的硬件平台。防毒墙在毁灭性病毒和蠕虫病毒进入网络前即在网络边缘进行全面扫描，同时它也可以作为企业整体网络防病毒的一个组成部分，建立网络边缘（网关）、客户端和服务器三层病毒扫描架构的立体网络防病毒体系。防毒墙适用于各种复杂的网络拓扑环境，通过实施安全策略可以在网络环境中的内外网之间建立一道功能强大的防火墙体系，不但可以保护内部资源不受外部网络的侵犯，同时可以阻止内部用户对外部不良资源的滥用。

IPS 入侵防御系统

安全威胁正在飞速增长，尤其混合威胁的风险，如黑客攻击、蠕虫病毒、木马后门、僵尸网络等。网络入侵防御系统提供主动的、实时的防护，其设计目标旨在准确监测网络异常流量，自动对各类攻击性的流量尤其是应用层的威胁进行实时阻断，而不是简单地在监测到恶意流量的同时或之后才发出警告。IPS 是通过直接串联到网络链路中实现这一功能的，即 IPS 接收到外部数据流量时，如果检测到攻击企图，就会自动地将攻击包丢掉或采取措施将攻击源阻断，而不把攻击流量放进内部网络。

统一威胁管理设备

统一威胁管理（UTM）是由硬件、软件和网络技术组成的具有专门用途的设备，它主要提供一项或多项安全功能，将多种安全特性集成于一个硬设备里，构成一个标准的统一管理平台。UTM 设备将防病毒和入侵检测功能融合于防火墙之中，成为防御混合型攻击的利剑。混合型的攻击可能攻破单点型的安全方案，但却很可能在统一安全方案面前败下阵来。UTM 设备能为用户定制安全策略，提供灵活性。用户既可以使用 UTM 的全部功能，也可酌情使用最需要的某一特定功能。随着性能的提高，大型企业和服务提供商也可以使用 UTM 作为优化的整体解决方案的一部分，可扩展性好，蕴藏的增长潜力可观。

移动互联网技术

近年来，随着高性能的平板电脑、智能电话、智能终端的迅猛发展，以及 4G、LTE 和 Wi-Fi 等无线通信技术的飞跃发展，互联网用户表现出越来越明显的移动性，移动互联网逐渐成为网络研究和发展的热点和趋势。目前移动终端接入互联网的数量大规模增长，而大量终端聚集到同一区域时，密集的热点布设会导致同频干扰等问题，严重降低网络性能。适当数量的布设又很难满足用户需求，不能动态调整有限的频谱、硬件资源，造成服务质量低下和资源的浪费。矛盾日益尖锐，成为移动互联研究和发展中不得不面对的重要问题。

Wi-Fi 无线网络

它是一种允许电子设备连接到一个无线局域网的技术，是当今使用最广的一种无线网络传输技术。实际上就是把有线网络信号转换成无线信号，通常采用开放频点（2.4 GHz 和 5 GHz 两个频点），具有速度快、成本低、部署简单以及易维护等优点，但也正由于开放频点的特性，同时也具有易受干扰、有效吞吐量低、传输距离短及室外覆盖效果差等缺点。

通用分组无线服务技术（GPRS）

GPRS 是 GSM 移动电话用户可用的移动数据业务，属于第二代移动通信中的数据传输技术。GPRS 可说是 GSM 的延续。GPRS 通用无线分组业务，是一种基于 GSM 系统的无线分组交换技术，提供端到端的、广域的无线 IP 连接。GPRS 和以往连续在频道传输的方式不同，是以封包（Packet）式来传输，使用者所负担的费用是以其传输资料单位计算，并非使用其整个频道，理论上较为便宜。通俗地讲，GPRS 是一项高速数据处理的技术，方法是以“分组”的形式传送资料到用户手上。

SmartAir 技术

它是目前通信业界唯一的单天线模式千兆级无线高速传输技术，实现到达 1 Gbps 的传输速率，范围是 20 m 之内，可穿透空心墙，并且延迟小于 1 ms。SmartAir 技术具有高带宽、低成本、低功耗、低延时、低辐射等显著优势，适合无线高清视频，多媒体网络和手持设备的高速互联。SmartAir 可以实现和 USB3.0 匹配的高速传输，用单天线和单芯片便可实现千兆传输。作为新媒体和传统媒体融合的一个突破口，高清电视、平板电脑、智能手机“三屏合一”的需求代表了未来家庭无线互联的趋势。

Web3.0 改变世界

互联网 + 制造业

制造业是国民经济的主体，是实施“互联网 +”行动的主战场。我国是制造业大国，也是互联网大国，推动制造业与互联网融合，有利于形成叠加效应、聚合效应、倍增效应，加快新旧发展动能和生产体系转换，前景广阔、潜力巨大。最近我国出现了一系列的跨行业合作，这表明，随着智能化时代的发展，传统制造企业已经在深化互联网应用，实现产品的革新与业务的转型。

纵向集成：企业内的协同制造

对于一个制造业企业来说，其内部的信息是以制造为核心的，包括生产管理、物流管理、质量管理、设备管理、人员及工时管理等和生产相关的各个要素。传统的制造管理以单个车间 / 工厂为管理单位，管理的重点是生产，管理的范围是制造业内部。随着企业的发展，靠人工导入导出信息已经不能满足制造业信息化的需求，这就要求不同的生产元素管理之间协同，以避免制造过程中的信息孤岛。因此，对各个系统之间的接口和兼容性的需求越来越高，即各个系统之间的内部协同越来越重要。互联网 + 制造业的纵向集成主要体现在工厂内的科学管理上，从侧重于产品的设计和制造过程，走到了产品全生命周期的集成过程，建立有效的纵向的生产体系。

互联网 + 制造业

横向集成：企业间的协同制造

工业 4.0 中的横向集成代表生产系统的结合，这是一个全产业链的集成。随着企业的发展，企业拥有更多的生产基地及多个工厂，工厂之间往往需要互相调度，合理地利用人力、设备、物料等资源。这就要求不同工厂之间能够做到网络协同，确保实时的信息传递与共享。同时，在全球化与互联网时代，协同不仅仅是组织内部的协作，而且往往要涉及产业链上、下游组织之间的协作。一方面，通过网络协同，消费者和制造业企业共同进行产品设计与研发，满足个性化定制需求；另一方面，通过网络协同，配置原材料、资本、设备等生产资源，组织动态的生产制造，缩短产品研发周期，满足差异化市场需求。

端到端集成：互联网让工艺流程并行化

端到端集成是指贯穿整个价值链的工程化信息系统集成，以保障大规模个性化定制的实施。端到端集成以价值链为导向，实现端到端的生产流程，实现信息世界和物理世界的有效整合。工业 4.0 中的各个环节通过应用互联网技术，将数字信息与物理现实社会之间的联系可视化，将生产工艺与管理流程全面融合，实现“互联网 +”协同制造。端到端集成就是充分利用了互联网的特性，从工艺流程角度来审视智能制造，主要体现在并行制造上。这样一来，可以一边设计研发、一边采购原材料零部件、一边组织生产制造、一边开展市场营销，从而降低了运营成本，提升了生产效率，缩短了产品生产周期，也减少了能源使用。

互联网 + 制造业的模式无疑给制造业带来了新的生命力。2014 年，上汽和阿里巴巴携手打造互联网汽车；百度和宝马签署协议发展高度自动化驾驶技术；东风和华为签署战略协议，将在汽车电子、智能汽车、信息化建设等领域展开深度合作。360 和酷派成立合资公司，将侧重于以互联网为主要销售渠道的移动终端产品；小米入股美的，深耕智能家居产业链；魅族搭台海尔，构建智能家居生态圈以及阿里入股海尔物流等。一系列的跨行业合作表明，随着智能化时代的发展，传统制造正在迈向产品的革新与业务的转型。

互联网 + 社会网络

网络社交是指人与人之间的关系网络化，在网上表现为各种社会化网络软件。自媒体是指私人化、平民化、普泛化、自主化的传播者，以现代化、电子化的手段，向不特定的大多数或者特定的单个人传递规范性及非规范性信息的新媒体的总称。以前，大多数人都只能被动接收某些信息，发布信息的人大多是记者、专家、行业精英等，企业只能通过特定渠道进行产品营销、企业形象推广等工作。对于大多数个人来说，很少有表达自己观点的渠道。自媒体诞生之后，每个人都有向大众传播信息的机会。

Facebook

它是当今世界上分布最广、用户最多的网络社交工具，于 2004 年 2 月 4 日上线，主要创始人是马克·扎克伯格。同时，Facebook 也是在全球首个只做开放平台的互联网企业。目前，Facebook 除了发布照片和更新状态等功能外，还可为那些向购买应用的用户收取费用的开发者处理支付业务，或者以汇款和电子货币的形式提供金融服务。Facebook 于 2012 年 4 月 9 日宣布以 10 亿美元的价格收购照片共享应用服务商 Instagram 公司。2016 年 4 月 13 日的 F8 开发者大会上，Facebook 宣布未来十年的战略着眼点是人工智能 AI、虚拟现实 VR、增强现实 AR、无人机网络技术等迈向未来的新技术。

Facebook

Twitter

它一家美国社交网络及微博客服务的网站，是全球互联网上访问量最大的十个网站之一。Twitter 是一个广受欢迎的社交网络及微博客服务的网站，允许用户将自己的最新动态和想法以移动电话中的短信息形式发布，这些消息也被称作"推文（Tweet）"，是微博客的典型应用，因此 Twitter 被形容为"互联网的短信服务"。与 Facebook 的本质是关系不同，Twitter 的本质是传播。Facebook 更多的是基于相识的人而建立起来的关系网络，而在 Twitter 上，你可以更多地关注一些陌生人，并不在乎你们之间有多少互动。可以理解为 Facebook 是人人网与微信的集合，而 Twitter 与微博更加类似。

微博平台

微博即微型博客（MicroBlog）的简称，也是博客的一种，是一种通过关注机制分享简短实时信息的广播式的社交网络平台。微博是一个基于用户关系信息分享、传播以及获取的平台。用户可以通过 WEB、WAP 等各种客户端组建个人社区，以不超过 140 字的文字和图片更新信息，并实现即时分享。微博作为一种分享和交流平台，更注重时效性和随意性。在现在的网红营销时代，新一代网红不仅凭借着较高的颜值，更是凭借着过人的才华，通过微博自媒体平台输出原创内容，实现在短时间内收获大量粉丝关注和获利的粉丝经济。

微信平台

微信（WeChat）是腾讯公司于 2011 年 1 月 21 日推出的为智能终端提供

即时通信服务的免费应用程序，微信支持跨通信运营商、跨操作系统平台通过网络快速发送免费语音短信、视频、图片和文字，同时也可以使用通过共享流媒体内容的资料。微信自媒体无论是本质还是形式，已经具备了真正自媒体的所有特征。微信从一个比较单纯的即时通信应用变成了一个功能越来越多的社交平台，从重社交轻内容走向了社交与内容齐飞的局面，已表现出未来发展的五大发展重点：电商、支付、生活服务、理财、游戏。

微信与微博

“互联网 + 社交网络”的模式不仅给人们提供了更多的信息，而且也提供了广泛的人际交流机会，提供了一种拓宽社会关系新的交互性空间。在多元价值观念的激荡中，网友们通过学习、交往和借鉴，达到沟通、理解或共识。在网络特殊的交往环境中，人们会随着网络信息的流动将自己融入“无限”的网络群体中，社会接触范围成倍增大，有助于人们建立新型的社会关系，拓展自己的社会化视野。网络生活正日益成为人们生活方式的重要组成部分，网络社交已成为现代人类的新型交往方式。这种全新的交往方式正对人类社会传统的交往产生了深刻影响，改变了人们的思维方式、行为方式与生活方式。

互联网 + 游戏娱乐

网络游戏娱乐，指以互联网为传输媒介，以游戏运营商服务器和用户计算机为处理终端，以游戏客户端软件为信息交互窗口的旨在实现娱乐、休闲、交流和取得虚拟成就的具有可持续性的个体性多人在线游戏。游戏娱乐的诞生让人类的生活更丰富，从而促进全球人类社会的进步。同时，网络娱乐也丰富了人类的精神世界和物质世界，让人类的生活的品质更高，让人类的生活更快乐。

游戏直播平台

自 2013 年起，国内开始出现大量的游戏直播平台。其本质是用户生产内容，通过主播直播游戏内容，辅之弹幕系统沟通，能够做到和观众进行实时双向交流，是一种新载体上的新模式。近几年，由于 MOBA 类型游戏的兴起，为游戏直播带来了新高潮。游戏直播平台的出现将制作和播出渠道做了一个好的分割，对于游戏行业来说是一个实现良性循环的关键点。继斗鱼 TV 的火爆之后，又出现了战旗 TV、火猫 TV、龙珠直播等直播平台，甚至连 YY 都将自己的游戏频道独立出来，不惜花千万购买域名成立了虎牙直播。随着国外知名直播平台 Twitch 被亚马孙以 9.7 亿美元收购之后，各大直播平台也是眼冒金光，展开了一系列的用户争夺战，各种挖主播各种烧钱战火连天。甚至连王思聪都想在这个蛋糕上分上一块，自己当 CEO，成立了熊猫 TV。

游戏直播平台举例

移动游戏行业

整个游戏产业的迅猛发展为手机游戏的火爆提供了广阔的发展平台基础。中国游戏的市场规模正在以较高的速度飞快地增长着。手机游戏正处于井喷发展阶段，随着智能手机渗透率的提高、游戏产品品质的改进和用户付费习惯的改善，手机游戏市场将会是数百亿的市场规模。《梦幻西游》手游上线 52 天，注册用户 2 000 万，同时在线人数超过 200 万，长期位于苹果 iOS 畅销榜前列。《热血传奇》推出当天就成为苹果 iOS 畅销榜前三，当周登顶。这款手游的日流水已经达到 4 000 万元以上，每个月在腾讯平台可以贡献 6 亿至 7 亿元的收入。手游的质量越来越高是行业发展的必然趋势。以前只能在 PC（个人电脑）上实现的玩法和效果，现在都可以在移动端呈现，这就使业内原有的研发资源得以充分释放，进而不断提升手游的质量。另外，随着手游市场竞争的激烈以及优胜劣汰的作用，促使从业者不断升级游戏品质，以应对市场和玩家越来越高的需求。

互联网 + 旅游出行

“互联网 + 旅游”是兴起于 20 世纪末、流行于 21 世纪的旅游新概念。网络公司在投资商的支持下，在互联网上建立一系列专门服务于旅游者的综合网站，旅游者通过访问这些旅游网站，收集全国各地的旅游信息，制订自己出游的旅游线路，预订各种交通票证、住宿房位、娱乐项目，并在网站的帮助下完成“吃、住、行、游、购、娱”的旅游活动，此时一次真正意义上的“网络旅游”便诞生了。简言之，“互联网 + 旅游”是一种凭借互联网技术为核心的电子商务网，该网是旅游服务商与旅游消费者之间交流沟通的渠道和中介。

旅游智慧服务

互联网旅行通过旅游数据监控和分析，挖掘旅游热点和游客兴趣点，策划对应的旅游产品，制定对应的营销主题，从而推动旅游行业的产品创新和营销创新。同时，还充分利用新媒体传播特性，吸引游客主动参与旅游的传播和营销，逐步形成自媒体营销平台。推动传统的旅游消费方式向现代的旅游消费方式转变，并引导游客产生新的旅游习惯，创造新的旅游文化。比如，支付宝芝麻信用分可以办签证算是提升旅游服务体验的一大亮点，以往要一大堆证明，而现在这些步骤不用你跑腿了，通过用户行为的大数据分析，在不知不觉间你的互联网行为信用给你的旅行与生活带来了极大的便利。

景区一卡通

面对当前计算机技术、网络通信技术和数据库技术更新换代极为迅速的局面，一卡通要采用先进、成熟而稳定的技术，射频卡应用在消费管理系统在实际应用中已经非常成熟、稳定、可靠，并能抵抗环境的各种干扰，管理应用会随社会及环境的发展而不断完善、增加甚至改变，所以系统要开放灵活，便于管理及扩充，才能实现旅游单位全面管理。“景区一卡通”基于J2EE 技术和 TOMCAT 技术之上，提供了大量的基础性核心功能模块，能够提供统一的界面风格、统一的日志格式、统一的异常信息，可提高用户的满意度，提高整个应用系统的可维护性。

电子导游

随着人们物质生活水平的提高，文化生活的品位档次已成为人们对生活质量高低进行判断的重要标准。旅游景区不仅是提供给人们休闲娱乐，更是人们感受爱国主义高尚情操、享受高品位文化生活的极好场所，只有真正地了解了事物的渊源，才能更深刻地体会到其中的内涵。这就需要公园景区为游客提供规范、详尽的多语种讲解，电子导游无疑是一位极佳的电子导游员。通过电子导游对公园景区及陈列历史文物等内容以图文并茂的方式展现给游

某景区电子导游

客，使游客在观赏景物和展品的过程中内涵得以延伸，更加生动。

互联网 + 金融业

互联网金融行业（ITFIN）是指传统金融机构与互联网企业利用互联网技术和信息通信技术实现资金融通、支付、投资和信息中介服务的新型金融业服务模式。Web3.0 时代的互联网金融不是互联网和金融业的简单结合，而是在实现安全、移动等网络技术水平上，被用户熟悉接受后（尤其是对电子商务的接受），自然而然为适应新的需求而产生的新模式及新业务，是 Web3.0 引发的传统金融行业与互联网技术相结合的颠覆性金融创新。在互联网金融的新兴领域中，最热门的话题莫过于移动支付、虚拟货币、数字货币中的佼佼者比特币以及其应用支持——区块链技术。

移动支付

随着手机和网络的普及，现在人们已经越来越多地使用移动支付了。移动支付是指支付方为了购买实物或非实物形式的产品、缴纳费用或接受服务，以手机、PDA 等移动终端为工具，通过移动通信网络，实现资金由支付方转移到受付方的支付方式。与传统支付方式相比，移动支付不仅可以给用户带来新鲜的感受，而且有支付灵活便捷、交易时间成本低、有利于调整价值链和优化产业资源布局等优点。不过，移动支付方式暂时还不能彻底代替传统支付方式，只是传统支付方式的补充和功能的增强。

生活中的移动支付

虚拟货币

虚拟货币是指在网络虚拟环境中产生，由非金融私人公司发行或没有发行主体的、以电子信号形式存在的、能购买虚拟商品或服务的充当一般等价物的近似货币。国内外出现了很多种虚拟货币，可划分为服务币、游戏币和类货币。近年来，世界各国开始逐渐认可并积极推进虚拟数字货币。在我国，中国人民银行从 2014 年起就成立了专门的研究团队，对虚拟货币的相关问题进行了深入研究，已取得了阶段性成果。目前，虚拟货币已经开始逐渐为全世界所接受，但它的许多功能还没有完善。

比特币

广泛应用的比特币

比特币是一种 P2P 形式的数字货币。点对点的传输意味着一个去中心化的支付系统。与大多数货币不同，比特币不依靠特定货币机构发行，它依据特定算法，通过大量的计算产生，比特币用整个 P2P 网络中众多节点构成的分布式数据库来确认并记录所有的交易行为，使用密码学的设计来确保货币流通各个环节安全性。P2P 的去中心化特性与算法本身可以确保无法通过大量制造比特币来人为操控币值。基于密码学的设计可以使比特币只能被真实的拥有者转移或支付。这同样确保了货币所有权与流通交易的匿名性。

区块链

区块链（Blockchain）是比特币的一个重要概念，本质上是一个去中心化的数据库，同时是比特币的底层技术。区块链是一串使用密码学方法相关联产生的数据块，每一个数据块中包含了一次比特币网络交易的信息，用于验证其信息的有效性（防伪）和生成下一个区块。区块链在网络上是公开的，可以在每一个离线比特币钱包数据中查询。比特币钱包的功能依赖于与区块链的确认，一次有效检验称为一次确认。通常一次交易要获得数个确认才能进行。轻量级比特币钱包使用在线确认，即不会下载区块链数据到设备存储中。

中国金融业的改革是全球瞩目的大事，尤其是利率市场化、汇率市场化和金融管制的放松。而全球主要经济体每一次重要的体制变革，往往伴随着重大的金融创新。中国的金融改革，正值互联网金融潮流兴起，在传统金融部门和互联网金融的推动下，中国的金融效率、交易结构，甚至整体金融架构都将发生深刻变革。当前，在 POS 创富理财领域，以往不被重视的大量中小微企业的需求，正被拥有大量数据信息和数据分析处理能力的第三方支付机构深度聚焦。随着移动支付产品推出，这种更便携、更智慧、更具针对性的支付体验必将广泛惠及中小微商户。业内专家认为，支付创新企业将金融支付彻底带入“基层”，也预示着中小微企业将成为互联网金融发展中最大的赢家，这对于中国经济可持续健康稳定发展也将有着重要且深远的意义。

Web3.0 发展机遇与挑战

Web3.0 产业发展方向

从 Web1.0 到 Web3.0，技术变革与用户体验紧密相连，在清晰定位和细分市场的基础上实现盈利模式多元化，按需而生的应用拉动营销，用户口碑也会拉动营销。用户的应用体验与分享，对网站流量和产品营销也会具有决定性作用；至于盈利模式，可以说目前互联网上的主要盈利模式还是广告。Web3.0 不是将 Web2.0 取代，其目的都是通过交易获取利润，只是不同时代交易的交互模式可能发生改变。

受众中心

让网民成为新经济腾飞的发动机和助推器，Web3.0 经济将突破“网站”与“网站”间的隔阂，打造个人化的互联网平台。这个平台要契合受众的实际需求，不但是网上的需求，还要线下、生活中的需求，让受众回归中心本位，使 Web3.0 成为网民的生活要素。工作、娱乐、商务等日常行为可以跨平台、跨媒介的无缝连接，使得科技能力最大化发挥效果、社会发展状况充分利用、社会需求极大扩张。

释放购买力

Web3.0 将纠正 Web2.0 的营销方向，单个受众的购买力可能很小，但是如果这个购买力拥有普适性，那么乘上我国广大的网民基数，结果可想而知。Web3.0 的策略将是“小额支付、快捷支付、频繁支付、习惯支付”，就像我们会充话费一样，因为单次花费不多，但是有这个需求的数量，而且充值方便，因此最后人们就形成了习惯性消费行为。Web3.0 的跨媒介平台特性将支撑受众购买力释放。

创造客户

以受众调查为基础，以科技创新为依托，“让不可能变成可能”，Web2.0 跟在受众后面跑，只能依赖现有的受众形态，发展受制约。Web3.0 将在丰富的受众人口统计学特征中，通过科学的调查分析，创造服务、创造客户。同时充分利用互联网多媒体平台，跨媒介平台、跨载体平台、跨时空平台，调动整合各媒体的优势，在多个圆的交集中更容易找到利益点，并找到客户需求。

各归其位

网络新经济的参与者——受众、网站、广告商、代理商、内容提供商、基础设施运营商、相关从业者，在 Web2.0 时代往往角色不清，功能紊乱，造成互相扯皮、法律纠纷、违法行为等负面问题。在 Web3.0 时代，由于利益相关方都有共同的诉求，都是以受众为中心，在合作中能够目标统一，职责明确，各司其职，形成一个和谐的利益群体。由于共同的利益诉求，一方违约，将遭到全部利益方的攻击，因此整个网络的自治性将大大增强，安全性也会远高于 Web2.0。

不识庐山真面目，只缘身在此山中。当我们跳出思维的桎梏，展望新技术新思维带来的成果的时候，我们将发现其实每个人都能够成为历史的创造者，至少是参与者。互联网参与者要能够少一些浮躁，不要热衷于炒作概念，不要把眼光局限在鼻尖前的小小利益，要把眼光放得长远。在我国网络经济发展潜力巨大的今日，如何利用好这样的发展大环境、抓住飞跃机遇，是摆在每一位网络从业者眼前的问题和挑战。Web3.0 也许现在还只是“概念”，还只是“空中楼阁”，但它不是 Web2.0 那样的泡沫，而是蓝图、是指针，是未来的高楼大厦、是明天的宏伟辉煌。

展望 Web3.0 的未来

尽管 Web3.0 还处于理论阶段，没有人能猜测在它之后的新一代网络将会变成什么样子，但大部分互联网专家对于 Web3.0 的基本特征都持有相同看法。他们认为 Web3.0 可以为用户提供内容更丰富、相关度更高的用户体验。还有人认为在 Web3.0 时代，每个用户都会拥有一个基于个人浏览历史记录的网络档案，Web3.0 将根据这个档案为每个用户量身定制一套浏览体验。也就是说，如果两个兴趣爱好完全不同的人通过同一项搜索服务输入相同的关键词，他们得到的搜索结果也会截然不同，因为他们拥有完全不同的网络档案。

Web3.0 从 2D 到 3D

未来网络将发展成一个三维环境，我们将看到的不是什么“Web3.0”而是“Web3D”。Web3D 可以把虚拟现实元素和大型多人在线角色扮演游戏（MMORPG）中的网络世界结合起来，变成一个极其真实的三维数字空间。人们可以以第一人称的视角或者隐藏在虚拟化身之下在网络中畅游。

Web3.0 从分析到思考

成为社会的大脑未来网络的建立将基于分布式计算的发展，并最终实现真正的人工智能。这样的网络具有思考能力，可以给上千台计算机分配工作并查询内容更广博的知识本体。实际上，整个网络就是一个巨大的“脑”，它能分析数据并根据现有信息做出推断。未来网络的载体将不再局限于计算机和手机，从手表、电视机到服装，几乎所有东西都可以与网络连接。

Web3.0 从多元到共享

未来的网络将与其他形式的娱乐融合，直至各种媒体形式之间的界限完全消除。广播节目、电视节目和电影都将以网络作为传播系统。用户可以与网络保持稳定连接，反之亦然。软件代理商将通过电子产品观察更多地了解每个用户。到那时，如何在个人隐私和个性化网络浏览体验中取得平衡将可能成为人们争论的焦点。

而今，Web2.0 时代即将谢幕，Web3.0 时代将粉墨登场。在这新一轮的周期中，网络发展的重心将再次转移到后端。程序员将进一步完善互联网的基本架构，使其能够支持 Web3.0 浏览器的高级功能。到这个周期结束之时，也许我们还将迎来 Web4.0 时代。到了那时，发展的重点又将回到前端，同时会有成千上万的基于 Web3.0 的新程序被开发出来。无论 Web3.0 最终如何，都是我们对互联网未来的期待，当它实现的时候，我们的生活都会更加智能，面对 Web3.0 强有力的诱惑，每个人都心向往之，但同时也需要在技术层面完善，从而在实现 Web3.0 的路上前进得铿锵有力。目前互联网也将面临一场革命，迎来新的互联网时代，这也是对实现 Web3.0 更有利的支撑，网络运行速度更快、更安全、更方便，一个全新的世界值得我们期待。

新型智能终端

智能终端崛起

未来智能生活的一天

在未来的一个普通的清晨，随着第一缕阳光从窗边照射进来，你被手腕处轻轻的震动摇醒，是你的智能手环在叫醒熟睡的你。在享用早餐的同时，汽车智能管家启动汽车，通过自动识别车内外温度，调节到感觉最舒适的温度，静静等待你的驾驶。进入温度适宜的座驾去上班，对着你的贴身小秘书喊一句“地图”，可以查看一下上班的路况，让地图为你推荐一条方便、快捷又不会堵车的路线。人每天都匆匆忙忙，却从来没有停下来看看走过的路，没关系，电子地图已经帮你记录下来，你走过的路线将永久为您保存，闲暇的时候可以看看自己过去的行程。到了单位，系统在读取你的面部信息之后自动考勤。数十辆 AGV 自动导向车穿梭于工厂中，你在监控室里就将生产线管理得井井有条。同时，在无处不在的传感器的帮助下，工厂随时处于安全的生产环境中。快要下班的时候，短信提示你有一个快递未签收，你可以从容地到达快递自取终端的位置，将快递取出来。劳碌了一天之后，下班途中用手机启动空调、热水器，并可以在集成终端上查看温度，这样就不会浪费电能。回到灯火通明的家，倍感温暖，冲一个舒服的热水澡，躺在床上读一本小说，当困意来袭时，智能灯光自动渐渐暗下来，一个美好的夜晚从现在开始。

小终端，大智慧

“智能终端”即“移动智能终端”的简称，在 2000 年之后由英文 Smart

Phone 及 Smart Device 翻译而来。智能终端是指具有终端处理器、安装开放式操作系统，使用有线或无线网络技术实现互联网接入，通过下载、安装应用软件和数字内容为用户提供服务，具备高速接入能力和丰富的人机交互界面的移动终端。生活中常见的智能终端包括智能手机、平板电脑、车载智能终端、智能电视、智能家居、可穿戴设备等。可见，智能终端逐渐成为生活中不可或缺的产品，现代社会正向全面智能化的方向发展。

智能终端体系结构

智能终端体系结构分为硬件结构和软件结构。从硬件上看，智能终端普遍采用的还是计算机经典的体系结构——冯·诺依曼结构，即由运算器［Calculator，也叫算术逻辑部件（ALU）］、控制器（Controller）、存储器（Memory）、输入设备（Input Device）和输出设备（Output Device）组成，其中运算器和控制器构成了计算机的核心部件——中央处理器（Center Process Unit，简称 CPU）。在智能终端的软件结构中，系统软件主要是操作系统和中间件。应用软件则提供用户直接使用的功能，满足用户需求。

智能终端特征

智能终端通常具备四大特征：一是具备高速接入网络的能力，4G/Wi-Fi 等无线接入技术的发展，使无线高速数据传输成为可能，移动智能终端可方便地接入到互联网；二是具备开放的、可扩展的操作系统平台，能够在用户使用过程中灵活地安装和卸载来自第三方的各种应用程序和数字内容，从而使终端的功能可以得到灵活扩展；三是具备较强的处理能力，当前的移动智能终端在硬件上已具有快速的处理速度，可以实现复杂的处理功能；四是拥有丰富的人机交互方式，触摸屏、语音识别、传感输入等交互技术使得终端的操作和应用更加便捷和智能。从这四大基础特征出发，智能终端产品已从智能手机、平板电脑延伸至智能电视、可穿戴设备、车载电子等泛终端领域。

智能终端智能性

随着网络技术朝着越来越宽带化的方向发展，真正的移动信息时代正在来临。移动终端机设备正在从简单的通话工具变成一个综合信息处理平台，进入智能化发展阶段，其智能性主要体现在四个方面：其一是具备开放的操作系统平台，支持应用程序的灵活开发、安装及运行；其二是具备 PC 级的处理能力，可支持桌面互联网主流应用的移动化迁移；其三是具备高速数据网络接入能力；其四是具备丰富的人机交互界面，即在 3D 等未来显示技术和语音识别、图像识别等多模态交互技术的发展下，以人为核心的更智能的交互方式。

发展之路，步步为“赢”

自 2007 年开始，终端智能化快速发展，从根本上改变了终端作为移动网络末梢的传统定位，移动智能终端转变为互联网业务的关键入口和主要创新平台，成为互联网资源与环境交互资源的最重要枢纽，其操作系统和芯片更成为当今整个 ICT 产业的战略制高点。移动智能终端引发的颠覆性变革揭开了移动互联网发展的序幕，开启了一个新的技术产业周期。随着移动智能终端的持续发展，其影响力将比肩收音机、电视和 PC 端互联网，成为人类历史上第四个渗透广泛、普及迅速、影响巨大、深入至人类社会生活方方面面的终端产品。

世界首部智能手机

世界首部智能手机

1993 年，一台里程碑式的手机问世，它就是由 IBM 公司与 Bellsouth 公司合作制造的 IBM Simon 手机。这是世界上公认的第一部智能手机，集手提电话、个人数码助理、传呼机、传真机、日历行程表、世界时钟、计算器、记事本、电子邮件、游戏等功能于一身，最大的特点就是没有物理按键，输入完全靠触摸屏操作，还可以使用全键盘进行输入。它是世界上第一款使用触摸屏的智能手机，在当时造成了不小的轰动，为以后的智能手机处理器奠定了基础，有着里程碑的意义。

新型智能终端的兴起

对于伴随移动互联网而来的新世界，智能手机、平板电脑浪潮只是吹响了第一声号角。随着以智能手机、平板电脑为代表的移动智能终端产业进入平稳发展期，智能化升级浪潮正逐步向汽车、家居、机器人等行业延伸，可穿戴设备、智能汽车、智能家居等新型智能终端产品大量涌现。以谷歌、苹果、百度为代表的国内外IT巨头也纷纷布局智能汽车、可穿戴设备、智能家电等领域，在助力传统工业制造智能化升级的同时，也在与传统制造业展开角逐。

4G的到来

随着4G业务的不断普及和商用，移动智能终端在产品形态及商业模式等方面有着非常广阔的发展空间，智能终端行业将是受益者之一。目前，工信部颁发了国内首批4G手机入网许可，华为、中兴、三星、索尼各有一款手机入选，这四款手机均可支持中国移动TD-LTE网络。4G商用步伐的不断推进在一定程度上推动移动智能终端的发展，目前各大品牌的高端产品在海外4G网络建设中已经形成规模市场，实现了对4G通信网络的支持。从硬件环节来看，除了支持4G网络的核心芯片产品目前尚待完善以外，整体移动智能终端产品已无使用障碍，一旦国内4G网络建设形成规模，相应的移动智能终端随时能投入市场推广。

作为移动应用服务的重要承载体，移动智能终端的产品界定和种类将随着宽带数据业务的普及和用户获取宽带信息方式的变化进一步扩展。比如当下，当人们正习惯于用智能手机定位、交友、导航、阅读、游戏与视频聊天时，智能穿戴式设备悄然而至，并开始受到业界的广泛关注，各大应用开发者都在觊觎这一市场的潜力。未来，将移动通信和高性能计算等技术有机结合并应用于日常生活用品中，会成为移动智能终端的重要发展趋势之一。在移动互联网产业链下，移动智能终端的重要性越发凸显。移动智能终端的这种链接性，促使移动互联网产业链各方都渐渐将其视为必争之地。

智能终端行业地位

智能终端的发展引领了信息产业几乎所有关键要素的发展创新，网络、应用服务、终端、产业、商业模式等均发生了颠覆性变革，智能终端引发的颠覆性变革揭开了移动互联网产业发展的序幕，开启了一个新的技术产业周期。随着移动智能终端的持续发展，智能终端业已成为整个产业竞争的战略制高点和核心平台，成为渗透广泛、普及迅速、影响巨大、深入至人类社会生活方方面面的终端产品。

智能终端是移动互联网发展的驱动力

随着移动智能终端的普及和 4G 在全球范围内的覆盖，世界快速进入移动互联网时代，移动互联网获得了前所未有的发展。未来的 5G 也将使得移动互联网的应用范围变得更加广阔，而移动智能终端的快速发展正成为移动互联网发展的强大动力。移动互联网所改变的绝不仅仅是接入手段，也绝不仅仅是桌面互联网的简单复制，而是一种新的能力、新的思维和新的模式，并将不断催生新的产业形态、业务形态和商业模式。

智能终端是物联网应用的基础

传统的网络通信是人与人的沟通，而物联网则是将数量庞大的各种传感器、监控设备通过智能终端接入网络，通过网络实现远程感知和监控，是物与物通过互联网进行通信。要将数量庞大的信息传感设备，与互联网结合起来从而形成的一个巨大网络，依靠传统的有线互联网显然不切实际。物联网只有通过智能终端设备，通过移动互联网才能实现连接。因此物联网的发展，从基础上就离不开移动互联网和移动智能终端。

智能终端推动云计算应用普及

市场规模不断扩大，移动互联网和物联网应用日益广泛，对智能终端的性能（尤其是计算能力和存储能力）提出了更高的要求。这种情况下，云计算开始与移动互联网、物联网结合，为用户提供更加丰富、功能更强的应用。云计算最大的优势是突破了终端硬件限制，尤其是 CPU 处理能力和存储器的限制，将应用的存储、计算等资源从本地转到了云端。用户端只需一台能够安装客户端的终端，无需有很强的性能就能够实现诸如文件存储、移动导航、语音搜索、定位、手机地图等业务功能，为用户提供更好的体验。

智能终端促进产业融合与应用创新

智能终端的产业链，包含了芯片、操作系统、终端硬件、网络接入、应用软件和内容等环节。智能终端在各行业的应用促进了产业之间的融合，使传统上相对独立的网络运营商、终端制造、软件开发、互联网服务等产业之间界限逐渐模糊，不同产业之间、不同行业之间相互渗透，联系越来越紧密，产业生态圈在不断扩大。终端需要来聚合和承载应用，而应用的开发又是以移动智能终端为平台。而对于移动互联网产业链各方来说，移动智能终端是产业链各方参与者开展跨界竞争和多产业链环节运营的最佳切入点。

智能终端已成为产业巨头实现产业整合、提升影响力的核心关键。智能终端的发展促使网络应用服务和终端软件平台融合深度不断加大，最终实现一体化。为了更好地普及产品、建立高效的产品渠道，终端销售和相关服务也被纳入，由此引发跨产业的融合与重组。智能终端的发展是一场新的产业革命，必将带动整个产业链的发展，推动产业升级。并且，由于智能终端将渗透到信息通信、智能交通、智能家居、智能物业、智能医疗、智能娱乐、远程教育等等人们生活、工作的各个领域，是产业升级的重要抓手，发展潜力将十分巨大，市场潜力不可限量。

新型智能终端技术帝国

近年来，随着移动智能终端概念范畴的不断扩展，高速的无线网络接入能力逐步成为可选项，带动了移动终端及相关技术水平的迅猛腾飞。移动智能终端基础技术架构不断向其他消费电子领域渗透，已逐步涵盖智能手机、平板电脑、电子阅读器、车载导航仪、智能手表、智能眼镜、智能电视甚至照相机、智能家具等横跨 ICT 泛终端领域的通用基础设施。

移动终端的日新月异，与终端设计技术的进步是密不可分的。从移动终端诞生之日起，技术进步带来终端设计进步就从未停止过，终端总是沿着集成度更高、器件更少、功能增强、功耗降低的趋势发展。移动终端涉及系统和应用软件技术、微电子微机电技术、下一代显示和人机交互技术等，其分支十分庞杂，为揭示左右其发展的核心环节，本书紧扣代表智能化特征、具备长足发展潜力的核心技术领域进行介绍。

包罗万象的移动芯片

集成电路（IC）是移动智能终端的核心关键器件，通常称之为芯片（Chip）。一般来说，传统移动终端芯片包含了基带芯片、射频芯片、电源管理芯片和存储芯片，其中基带芯片相当于传统移动终端的 CPU，能够实现传统移动终端核心的通信信号处理功能，射频芯片负责信号的收发，存储芯片负责数据的存储，电源管理芯片负责电力供应，通常与基带芯片同设。在产品形态上，上述各类模块均可以独立形式存在，也可高度集成于一个 SoC（即片上系统）芯片之上。无论是独立芯片还是片上系统，其技术体系都可分为三个层次，分别是处理器 IP 核技术、芯片工艺和材料技术、芯片设计技术。

IP 核技术

目前全球有超过 400 家的处理器 IP 核提供商，但无论是移动通信终端领域还是计算机领域，均出现了一家独大的局面，DEG、SGI、HP 等微处理器核研发企业早已出局，IBM 和 SUN 公司的市场份额持续萎缩。随着移动智能终端崛起而出现的“Google-ARM 模式”对原有的“WINTEL 体系”形成巨大挑战。基于低功耗协议领导者 ARM 公司的 CPU 核嵌入式处理器已占据移动芯片市场总销售量的 75% 以上。而 PC 芯片巨头 Intel 正加紧面向移动计算领域的战略布局，以工艺制程优势缓解功耗压力，在平板电脑领域（Atom）和智能手机领域（Medfield）加大投入。

芯片设计技术

片上系统指的是在单个芯片上集成一个完整的系统，其包括三大核心要素：可复用 IP 核、集成多功能模块、面向应用需求的嵌入式系统。在 SoC 中

移动芯片虚拟图

除南北桥、显卡、网卡外，支持音视频的增强功能模块也开始集成其中，多核架构成为现阶段的发展主流，设计技术也变得更为复杂。从通信芯片的角度来看，随着2G/3G/4G等多网长期共存现状使得多频多模成为通信芯片技术发展的基本要求。从应用处理芯片的角度来看，多核复用成为设计的重点，继四核之后，应用处理芯片的技术升级路径也更加多样化。

随着移动终端智能化发展，移动芯片的重要性日益提升。总体来看，移动终端产业链各环节素质齐备，创新群体数目显著增加，通信运营、互联网与终端制造等企业的市场掌控力度均有实质性提升，并在移动芯片等方面取得了显著进展。当前芯片的发展模式也发生了变化，而且我国已经有了良好的发展基础，因此把握好当前互联网带动的信息产业发展模式的变化机遇，就有可能使我国能够大幅度缩短学习曲线，实质性参与到核心基础技术的研发和产业化当中，从而在移动互联网时代掌握移动芯片这一核心技术，实现信息技术产业从追随到领先的突破和技术产业的转型升级，建立新的竞争优势。

“五代十国”时代的操作系统之争

操作系统是智能终端的软件灵魂，智能终端的软件开发环境、资源管理的效率和软件运行的效率都和操作系统有一定联系。目前在移动终端行业，谷歌Android、苹果iOS、被业界人士形容为两大主流操作系统。随着移动终端与互联网的快速发展，移动操作系统的争夺也逐渐进入“五代十国”时代。

Android操作系统

Android是一种基于Linux的自由及开放源代码的操作系统，主要使用于移动设备，如智能手机和平板电脑。Android操作系统最初由安迪·鲁宾创办，最初主要支持手机。2005 年由 Google 收购注资，开发改良，逐渐扩展到平板电脑及其他领域上。2011 年第一季度，Android 在全球的市场份额首次超过塞班系统，终结了 Symbian（塞班系统）的霸主地位，跃居全球第一。2013 年 09 月 24 日 Android 迎来了 5 岁生日，全世界采用这款系统的设备数量达到 10 亿台。谷歌公司对于 Android 系统的创新模式与 iOS 系统不同，Android 系统的开发升级过程中更多地利用了公司外部（合作企业）的研发资源。同时，最终开发的 Android 系统也会允许所有的移动设备制造商使用，使各个厂商的产品都能配备上 Android 系统，给了开发者更多的机会，是一个开放式创新系统。

iOS 操作系统

iOS 操作系统由苹果公司开发。苹果公司基于 iOS 操作系统构建封闭式生态系统，在终端中深度内置自营业务，并对第三方应用进行开发、测试、上架和使用全程控制，构成了闭合的终端应用销售渠道。苹果公司对 iOS 操作系统的创新模式基本符合了封闭式创新的特征，苹果公司完全依靠公司内部的研发资源来对 iOS 系统进行开发升级，并对 iOS 系统的安装做出了严格的限制，仅可以使用在苹果公司自身的移动设备上。

2007 年 iOS 的发布重新定义了“智能”，引起了整个产业的重大变革，昔日王者 Symbian 迅速衰落，Android 乘乱入局并火速发展，而移动操作系统之争的本质也逐渐变为了各自生态系统之争。从目前的情况来看，iOS 渐现疲态，Android 发展也似乎遇到了瓶颈。同时也有众多的潜在操作系统正准备进入智能终端市场，比如 ChromeOS、FirefoxOS、Tizen 等。随着软硬件技术的进一步发展，未来肯定会出现更加高效的新兴操作系统并应用于智能终端领域。

百花齐放的应用开发技术

智能终端应用形态主要分为 Web 应用和本地应用两类，Web 应用是指运行在浏览器上的应用形态，本地应用是指直接运行在操作系统上的应用形态。

Web 应用采用网页语言开发，具有开发简单、跨平台适配等优点，而本地应用一般采用 Java、C 等语言开发，具有开发能力强、交互性好、效率高等优点。这两种应用形态也不断融合，从而出现了 widget 应用形态，既可采用网页语言开发，同时具备本地应用的使用形式，并且可以跨平台运行。

智能终端应用开发技术作为移动互联网产业链上的关键环节，关键技术的突破对整个产业链健康快速发展具有重要意义。目前，主流的智能终端应用开发技术主要有数据库技术、客户端页面技术、Java 技术以及 NET 技术，都是针对具体操作系统平台提供针对性的开发语言和工具进行开发。

数据库技术

数据库技术是信息系统的核心技术，是一种计算机辅助管理数据的方法，通过研究数据库的结构、存储、设计、管理以及应用的基本理论和实现方法，并利用这些理论来实现对数据库中的数据进行处理、分析和理解，即数据库技术是研究、管理和应用数据库的一门软件科学。近年来，数据库技术和计算机网络技术的发展相互渗透，相互促进，已成为当今计算机领域发展迅速、应用广泛的两大领域。数据库技术不仅应用于事务处理，并且进一步应用到情报检索、人工智能、专家系统、计算机辅助设计等领域。

客户端页面技术

客户端页面技术属于 Web 开发技术中的一类。Web 客户端的主要任务是展现信息内容。客户端页面技术主要包括 HTML 语言、Java Applets、脚本程序、插件技术以及 VRML 技术等。HTML 是 Hypertext Markup Language（超文本标记语言）的缩写，是构成 Web 页面的主要工具。Java Applets 是 Java 小应用程序，使用 Java 语言创建小应用程序，浏览器可以将 Java Applets 从服务器下载到浏览器，并在所在机器上运行。脚本程序可以创建动态页面，大大提高交互性。插件技术可大大丰富浏览器的多媒体信息展示功能。VRML 技术是目前创建三维对象最重要的工具。

Java 技术

Java 是可以撰写跨平台应用软件的面向对象的程序设计语言，是目前最为流行的应用开发技术。是由 Sun Microsystems 公司与 1995 年 5 月推出的

Java 程序设计语言和 Java 平台的总称，不仅吸收了 C++ 语言的各种优点，还摒弃了 C++ 里难以理解的多继承、指针等概念，极好地实现了面向对象理论，允许程序员以优雅的思维方式进行复杂的编程。Java 技术广泛应用于个人 PC、数据中心、游戏控制台、科学超级计算机、移动电话和互联网，同时拥有全球最大的开发者专业社群。在云计算和移动互联网的产业环境下，Java 更具备了显著优势和广阔前景。

NET 技术

NET 框架是一种新的计算平台，简化了在高度分布式 Internet 环境中的应用开发程序。NET 框架具有两个主要组件：公共语言运行库和 NET 框架类库，公共语言库是 NET 框架的基础。NET 系统包括一个相当广泛的产品家族，构建于 XML 语言和 Internet 产业标准之上，为用户提供 Web 服务的开发、管理和应用环境。NET 技术发展非常快，短短几年时间已经发展到能够与 Java 两分天下的程度，并且 NET 技术在原理、使用方式上已经与 Java 大同小异。

原来你就在身边：产业应用

智能穿戴行业——遍布全身的可穿戴产品

穿戴式智能产品是应用穿戴式技术对日常穿戴进行智能化设计、开发出可以穿戴的设备的总称，如眼镜、手套、手表、服饰及鞋等。穿戴式智能设备时代的来临意味着人的智能化延伸，可以更好地感知外部与自身的信息，能够在计算机、网络甚至其他人的辅助下更为高效率地处理信息，实现更为无缝的交流。广义的穿戴式智能设备可分为两类：功能全、尺寸大、可不依赖智能手机实现完整或者部分的功能，例如智能手表或智能眼镜等；专注于某一类应用功能，需要和其他设备如智能手机配合使用，如各类进行体征监测的智能手环、智能首饰等。穿戴式智能设备已经从幻想走进现实，将改变现代人的生活方式。

智能手环

它是新兴起的一个科技领域，可以跟踪用户的日常活动、睡眠情况和饮食习惯等，并可将数据与iOS、Android设备同步，帮助用户了解和改善自己的健康状况。智能手环的体积小，但功能非常强大，具有普通计步器的一般计步、测量距离、卡路里、脂肪等功能，同时还具有睡眠监测、高档防水、蓝牙4.0数据传输、疲劳提醒等特殊功能。智能手环内置低功耗蓝牙4.0模块，可以与手机、平板、PC客户端进行连接，还具备社交网络分享功能，比如用户可以将睡眠质量、饮食情况和锻炼情况以及心情记录等通过绑定微博等社交网络端进行分享。

智能手环

谷歌眼镜

2012年Google正式发布名为“Project Glass”的未来眼镜概念设计。谷歌眼镜本质上属于微型投影仪+摄像头+传感器+存储传输+操控设备的结合体，只要通过眼部动作就能拍照上传、收发短信、查询天气路况等操作。它不会在手机屏幕上提供搜索或导航结果，而是会将地图叠加到用户的视野中。它的工作原理其实很简单，通过眼镜中的微型投影仪先将光投到一块反射屏上，而后通过一块凸透镜折射到人体眼球，实现所谓的“一级放大”，在人眼前形成一个足够大的虚拟屏幕，可以显示简单的文本信息和各种数据。谷歌眼镜看起来就像是一个可佩带式的智能手

谷歌眼镜

机，可以帮助人们拍照、录像、打电话，省去了从口袋中掏出手机的麻烦。

Sony 头盔显示器

Sony 公司开发了一款新型头盔显示器产品 HMZ-T2，它是 Sony 推出的高分辨率 OLED 头戴式显示器“HMZ-T1”的后继产品，承袭前代产品基本规格并加以改良。内建 2 片索尼自制研发的 0.7 英寸（1 英寸 = 2.54 cm）1 280 × 720 OLED 面板，可提供如同在 20 m 外观看 750 英寸大屏幕的感觉，类似大型电影院中间座位的感受。由于采用两片独立的 OLED 面板分别负责左右画面的显示，能提供比一般 3D 屏幕更清晰明亮无残影的 3D 显示效果。和 HMZ-T1 相比，HMZ-T2 重量更轻，重新设计后戴起来也更为舒适，新的耳机输出孔、24p True Cinema 模式（用来观看细腻影片）、Clear 模式（看动作场面）都为 HMZ-T2 增色不少。

Sony 虚拟现实头盔

智能鞋

这款会说话的鞋由 Google 和创意设计机构 YesYesNo 以及 Studio5050 合作完成，是 Google 公司“Art、Copy、Code”项目的一部分，旨在用比较诙谐的语言将运动数据传达给用户并且分享给朋友。它内部装配了加速器、陀螺仪等装置，通过蓝牙与智能手机进行连接，从而可以监测到用户的使用情况。另外，鞋子还配有一个扬声器，将传感器收到的鞋子信息以语音评论的形式播放出来，这些评论或尖酸刻薄或幽默风趣，给人以深刻的印象，堪称谷歌版“留几手”。

BrainLink 智能头箍

它是一个安全可靠，佩戴简易方便的头戴式脑电波传感器，可以通过蓝牙无线连接手机、平板电脑、手提电脑、台式电脑或智能电视等终端设备，配合相应的应用软件就可以实现意念力互动操控。BrainLink 引用了国外先进的脑机接口技术，其独特的外观设计、强大的培训软件深受广大用户的喜爱。它能让手机或平板电脑即时了解到您的大脑状态，例如是否专注、紧张、放松或疲劳等。您也可以通过主动调节自己的专注度和放松度来给予手机平板电脑指令，从而实现神奇的“意念力操控”。

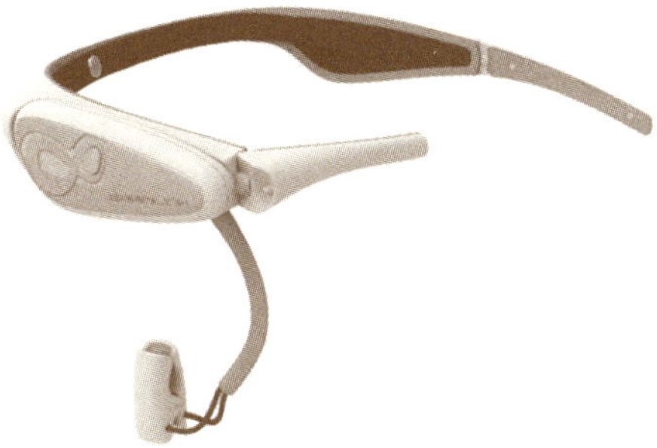

BrainLink 智能头盔

前瞻产业研究院《2016—2021 年中国可穿戴设备行业市场前瞻与投资战略规划分析报告》数据显示，2015 年中国可穿戴智能设备出货量达到 4 250 万台，同比增长 88.1%。用户的追捧、创业的泛滥、厂商的卖力、互联网巨头推波助澜，使得智能硬件市场出现爆发性增长，大众对于可穿戴智能设备的认知度也迅速提高。智能可穿戴设备是将人“物联网化”的重要一环，作为离人最近的智能设备，在担负起用户数据收集的任务同时，将更多会扮演一个控制终端的角色。尽管如此，就目前来看智能可穿戴设备无论是功能技术层面还是用户覆盖都处于较初级的阶段，未来智能生态系统的搭建还有很长的路要走。

制造业——工业制造的“沉默”帮手

随着 4G 时代到来和无线网络的普及，诸多传统制造业在智能终端的冲击下陷入裁员或亏损的泥沼之中。因此，制造业网络化、智能化是一股强大而不可逆转的潮流，越来越多的企业认识到，产业竞争已不仅是产品、人才和管理的竞争。传统制造业也通过各种路径寻求智能化转型。智能终端为促进消费升级和激励万众创新创造了良好条件，也是传统制造业转型的一个至关重要的催化剂。目前，智能终端在制造业上的应用已经有很多，本书主要介绍工业智能传感器、AGV 自动导向车和智能焊接机器人。

工业智能传感器

不管网络化还是数字化，最前端都将是智能化，但所有的这些都将离不开传感器，可以说工业智能化的心脏是新一代高级智能传感器。对制造厂商而言，时间就是金钱。只要制造的产品能够达到规定质量水平，生产线就会尽可能快地持续运行，因此智能传感器的重要性凸显。传感器网络技术还可用于工业领域中危险的工作环境，例如在煤矿、石油钻井、核电厂和组装线布置传感器节点，可以随时监测工作环境的安全状况，为工作人员的安全提供保证，不仅降低了危险程度，还提高了对险情的反应精度和速度。

AGV 自动导向车

Automated Guided Vehicle 简称 AGV，是采用自动或人工方式装载货物，按设定的路线自动行驶或牵引着载货台车至指定地点的工业车辆。运输车装备有电磁或光学等自动导引装置，具有安全保护以及各种移载功能，通过电脑来控制其行进路线以及行为，或利用电磁轨道（electromagnetic path-following system）来设立其行进路线，电磁轨道黏贴于地板上。AGV 在制造业的生产线中大显身手，高效、准确、灵活地完成物料的搬运任务。多台 AGV 组成柔性的物流搬运系统，搬运路线可以随着生产工艺流程的改变而及时调整，使一条生产线上能够制造出十几种产品，大大提高了生产的柔性和企业的竞争力。

AGV 自动导向车

智能焊接机器人

2015 年 11 月 25 日，北京卫星制造厂研制的全向移动自动焊接机器人一经亮相，就引来了众多参观者驻足，作为高度智能化装备的代表，该机器人是国内首台实现工程化应用的全向移动自动焊接机器人。全向移动自动焊接机器人是一套以“智能移动平台 + 柔性焊接机器人 + 激光跟踪与视频监测系统”为核心的智能化柔性制造装备。其中，智能移动平台可以在二维平面内实现任意方向的移动，并能够实现高精度的定位和轨迹控制。通过激光跟踪系统，焊接机器人可在线实时纠正由于焊接变形等造成的焊缝偏差，操作者可通过焊接视频监测系统获取实时焊缝熔池信息，机器与操作者在此实现人机交互，完成智能化焊接的全过程。

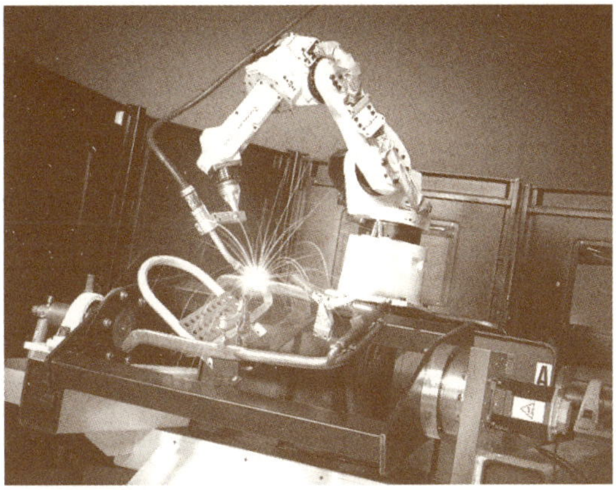

智能焊接机器人

在硬件崛起的浪潮中，抓住科技变革的机遇，迎合消费者需求是传统制造业企业发展的必经之路。在通往智能化的过程中，智能终端的应用是企业发展的驱动力量之一，智能终端正在快速有效地拉动传统制造业的转型升级。在未来的发展中，数字化车间甚至可以借助智能终端参与产品设计、制造、营销等各个环节，从定制下单、工厂接单、模块化装配、订单下线、装车发货等，用户可实现随时随地了解产品进展，使产品生产尽在“掌握”之中。

物流业——跟踪货品的眼睛

现代物流是在传统物流的基础上发展而来的，是以互联网为工具、第三方物流为主的将运输、储存、采购、装卸搬运、包装、流通加工、配送、信息处理等功能有机结合起来实现用户要求的过程。在这个过程中，运输、配送、信息处理成为现代物流的核心业务，合理运输、精准配送和信息快速处理是现代物流获取利润的主要源泉。随着现代物流的飞速发展，科技水平的日新月异，现代物流的发展方向趋向于智能化，这不仅仅是缩减物流成本的手段和获取利润的前提，更是时代前进的要求。

RFID 手持终端

RFID 智能手持终端是一种将 RFID 射频技术与数据终端一体化的无线便携设备。目前主要分为三种频段：低频（LF）、高频（HF）和超高频（UHF），广泛应用于物流管理中的入库清点、物资上架、盘库点仓、物资出库、检索查询等环节。它解决了物流系统物资查找时、费时费力的问题，能够实现快速清点库存，缩短库管人员清点盘库时间。此外，还可应用于银行卡、身份证的读取等。超高频还可实现读写器和 RFID 标签之间几十厘米到几米距离的读取。

亚马孙仓储机器人

亚马孙仓储机器人 Kiva

作为现代物流的终端，仓储成为产品从车间走向市场的重要一步。智能仓储能够缩短仓储进出库的时间、提高入出库准确率、减少劳动力使用等，是企业的一个重要发展方向。2016 年，亚马孙仓库开始成规模地使用了自动化技术，这在很大程度上都应该归功于 Kiva 仓储机器人。雇员和 Kiva 机器人搭配在一起，完成仓库中的搬运工作，让仓储的工作职位更合理，仓库运行得也更有效率。智能仓储机器人的应用，保证了亚马孙货物仓库管理各个环节数据输入的速度和准确性，确保企业及时准确地掌握库存的真实数据，合理保持和控制企业库存，并降低商品的物流成本。

智能快递存取终端

智能快递终端是基于物联网与云计算的，能够将物品（快件）进行识别、暂存、监控和管理的设备。整个智能快递系统的运行有赖于智能快递终端和 PC 服务端。PC 服务器能够对本系统各个快递终端进行统一化管理并对各种信息（如快递终端的信息、快件的信息、用户的信息等）进行整合分析处理。快递员将快件送达指定地点后，只需将其存入快递终端，系统便自动为用户发送一条短信，包括取件地址和验证码，用户在方便的时间到达该终端前输入验证码即可取出快件。

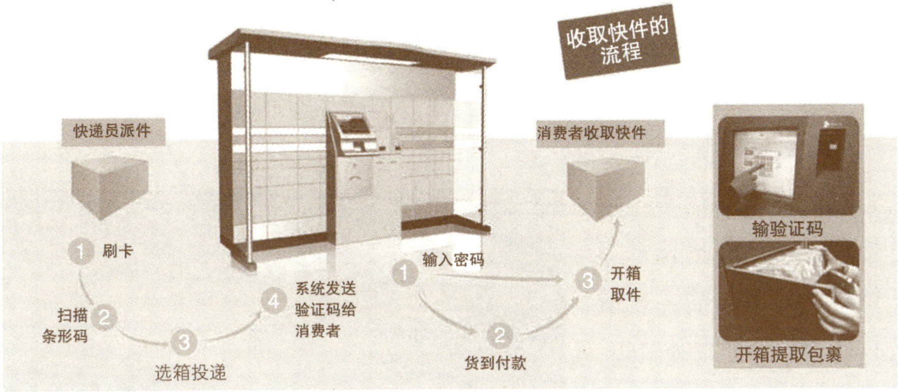

智能快递终端收取快件流程

互联网与电子商务技术的融合给现代人的消费观念和方式带来了巨大的转变，远程交易的达成也给物流产业带来了巨大的发展推力。然而，电子商务产业的不断发展也给物流产业提出了更高的要求，在面对大批量订单的同时也使得物流系统受到了考验。在物流行业不断发展的过程中，智能终端被引用进来，也许不能完美地解决物流的所有问题，但可以肯定的是它将会给人们的生活带来极大的便利。

汽车行业——007的座驾

想象一下这样一幅场景：你坐在爱车里，只动动手指在眼前的汽车界面手动输入或语音输入你希望前往的目的地，接着你只需闲适地做你自己的事，如你可以看看书、玩玩游戏、刷刷微博或者小憩一会。而汽车完全靠自动驾驶，将你送达目的地。如果你的汽车有这样的功能，是不是想想就觉得特别美好呢？

这样的无人驾驶汽车是一种“智能汽车”。所谓“智能汽车”，就是在普通汽车的基础上增加了先进的传感器（雷达、摄像）、控制器、执行器等装置，集环境感知、规划决策、多等级辅助驾驶等功能于一体，它集中运用了计算机、现代传感、信息融合、通信、人工智能及自动控制等技术，通过车载传感系统和信息终端实现与人、车、路等的智能信息交换，使车辆具备智能的环境感知能力，能够自动分析车辆行驶的安全及危险状态，并使车辆按照人的意愿到达目的地，最终实现替代人来操作的目的。

智能驾驶系统

随着传感器技术、信息处理技术、测量技术与计算机技术的发展，智能驾驶系统（辅助驾驶系统、无人驾驶系统）也得到了飞速的发展。智能驾驶系统相当于智能机器人，能代替人驾驶汽车。它主要原理是：通过安装在前后保险杠及两侧的红外线摄像机，对汽车前后左右一定区域内进行不停地扫描和监视。计算机对红外线摄像机传来的信号进行分析计算，并根据道路交通信息管理系统传来的交通信息，代替人的大脑发出指令，指挥执行系统操作汽车。

智能驾驶系统对信息进行处理

汽车新型布线系统

最近，美国国民半导体公司推出了一种新型的试验性汽车布线系统。该系统由若干发射器、接收器和一个电源调整器组成，是为解决现代小型汽车空间限制问题而设计的。各发射器分别与通常的仪表板开关相接。开关闭合和断开时，发射器分别发出两种不同的编码信号，各接收器将信号解码，根据指令接通和断开相应的负载。该系统的电源调整器可以滤去汽车电器系统产生的干扰，以保护发射器和接收器，同时防止假信号。

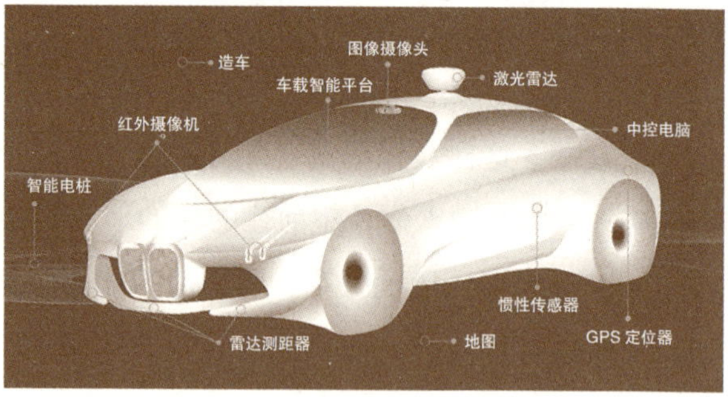

智能汽车结构

汽车智能“黑匣子”

汽车黑匣子又叫汽车智能记录仪，是类似飞机上的黑匣子，用以记录汽车行驶状况的电子装置。汽车智能“黑匣子”能客观地记录机动车发生车祸前驾驶员的操作过程，可以准确记录汽车发生事故之前10 min内的各种数据。这种装置对于分析和处理交通事故有重要的意义，交通事故处理部门安装这种系统后，可随时对穿行在公路上的汽车进行实时监控，一旦发生车祸，距离事故发生地点最近的交通事故处理中心可以在几秒钟之内获取撞车时的驾驶速度、车内乘客伤亡情况等信息。

汽车智能玻璃

智能化汽车玻璃有许多种类，包括防光防雨玻璃、电热融雪玻璃、影像显示玻璃、防碎裂安全玻璃、调光玻璃以及光电遮阳顶篷玻璃等。防光防雨玻璃采用新材料及新表面处理方法制造，雨水落到玻璃上会很快流走且不留水珠，不用刮水器刮水。影像显示智能玻璃可根据需要显示从投影仪传来的仪表板上的图像和数据，便于驾驶员观察，如果与红外线影像显示系统配合，可使驾驶员在雾天看清前方2 km左右的物体。光电遮阳顶篷玻璃则是在轿车行驶或停车时，能自动吸收、积聚、利用太阳能来驱动车内风扇，还可对轿车蓄电池进行连续补充充电。

此外，汽车智能设备还包括智能轮胎、智能钥匙以及智能空调等。智能轮胎内装有计算机芯片，计算机芯片能自动监控并调节轮胎的行驶温度和气压，使轮胎在不同情况下都能保持最佳的运行状态，既提高了安全系数，又节省了开支。智能钥匙能够通过发射红外线信号控制开关车门等。智能空调能根据外界气候条件，按照预先设定的指标对安装在车内的温度、湿度和空气清洁度传感器所传来的信号进行分析、判断，及时自动打开制冷、加热、去湿和空气净化装置，调节出适宜的车内空气环境。

在“互联网+”时代背景下，汽车向智能化发展是大势所趋。对智能汽车的研究已成为汽车行业的一大热点，智能汽车以其无可匹敌的安全性、舒适性、环保性等优势必将成为未来汽车市场的霸主，谁能在智能汽车研究应用领域掌握更先进的技术和手段，必能在未来汽车市场占据极大的份额，从而带动与此相关的通信、材料、电子等产业的发展。未来，马路上的汽车如鱼群一样快速游动而不会相撞，交通模式将升级为智能版。

家居产业——专业的生活管家

智能家居

智能家居系统是利用先进的计算机技术、网络通信技术、综合布线技术、医疗电子技术依照人体工程学原理，融合个性需求，将与家居生活有关的各个子系统如安防、灯光控制、窗帘控制、煤气阀控制、信息家电、场景联动、地板采暖、健康保健、卫生防疫等有机地结合在一起，通过网络化综合智能控制和管理，实现“以人为本”的全新家居生活体验。智能家居最终目的是让家庭更舒适，更方便、更安全、更符合环保。

智能电表

智能电表是智能电网的智能终端，除了具备传统电能表基本用电量的计量功能以外，为了适应智能电网和新能源的使用，还具有双向多种费率计量功能、用户端控制功能、多种数据传输模式的双向数据通信功能、防窃电功能等，代表着未来节能型智能电网最终用户智能化终端的发展方向。在中国，随着国家坚强智能电网建设的进展，作为用户端的智能电表的需求也会大幅度地增长，保守预计将会有 1.7 亿只左右的需求。

智能安全插座

智能安全插座是一种全新理念的安全插座，主要功能是节电、安全，主要用于家用及办公用电器。它将智能 IC 芯片嵌入插座中自动在线检测电流变化从而实现电器待机自动断电，解决“待机能耗”问题。该类型智能插座采用红外线感应的方式来开启电源，不改变人们原有使用电器的习惯，使用更方便，真正做到省电，并且内设防雷电、防高压、防短路、防过载的功能，真正做到安全。

智能窗帘

智能窗帘

智能窗帘是带有一定自我反应、调节、控制功能的电动窗帘，如根据室内环境状况自动调光线强度、空气湿度、平衡室温等。智能窗帘的工作原理就是在传统的窗帘上接入电路，通过蓝牙模块控制电路中的电机的工作状态，而在移动端下载对应的 APP 软件，从而达到遥控的目的。智能窗帘对于简化我们日常生活、到“懒人”生活的状态，具有非常重要的意义。比如，北方的早上气温较低，刚从睡梦中醒来，如果想享受清晨的那一缕阳光，我们不用起床，打开智能窗帘控制 APP，就可以对窗帘的状态进行改变。

智能照明

智能照明是指利用物联网技术、有线 / 无线通信技术、电力载波通信技术以及节能控制等技术组成的分布式照明控制系统，来实现对照明设备的智能化控制。智能照明是智能家居范畴的重要组成部分，离普通消费者的家庭越来越近，从智能灯泡到智能灯座和智能控制盒等已经陆续出现，其中 Philips Hue 灯泡的出现，第一次揭开了普通家庭的智能照明场景变化的神奇面纱，揭开了低耗、环保、调光、配色的智能化家居照明新篇章。

据中国产业调研网发布的《中国智能家居行业现状调研及发展趋势分析报告（2016—2022 年）》显示，尽管智能家居在国内是一个新兴的行业，但它也正以不可抵挡之势迅速崛起。自智能家居走进中国以来，在短短几年的时间里，智能家居生产商由最初的几家公司增加到如今的百余家企业，行业发展之迅速是目前国内任何其他行业所无法比拟的。在未来的至少 20 年时间里，智能家居行业将成为中国的主流行业之一，发展前景非常广阔。

开启新型智能终端产业新时代

智能终端的发展引领了信息产业几乎所有关键要素的发展创新，网络、应用服务、终端、产业、商业模式等均发生了颠覆性变革，智能终端产业已成为整个产业竞争的战略制高点和核心平台，影响深远。一方面，移动智能终端本身就是信息产品类消费的重要组成部分；另一方面，移动智能终端是搭载移动通信服务的重要平台和窗口。随着 4G 网络的逐步商用和普及，“流量消费”将被消费者逐渐接受。因此，发展移动智能终端产业的重要性不言而喻。

问题与挑战

作为促进信息消费的重要切入点，移动智能终端产品量大、覆盖面广，发展潜力巨大，智能终端的重要性越发凸显。移动智能终端需要聚合和承载应用，而应用的开发又以移动智能终端为平台。移动智能终端的这种特性促使移动互联网产业链各方都渐渐将其视为必争之地。随着移动智能终端市场的迅速扩大，其在使用时的各方面问题也日益突出。

安全问题

安全为智能终端提供的是服务，而不是产品本身，因此智能设备厂商在考虑产品上市和成本问题时往往会忽略安全问题。目前行业的智能设备厂商多是传统从业人员转型过来的，作为互联网公司，甚至没有专门的安全管理体系，更谈不上安全响应。目前一些厂商的安全意识更多是迫于“品牌曝光影响销售的压力”，而消费者对于智能设备的安全意识也不清晰。因此，比起技术突破，安全产业更大的发展困境是整个智能终端产业链的从业者和消费者缺少安全意识。智能终端安全技术的发展速度已经与其产业发展速度不匹配。

隐私问题

人们对网络的依赖日益增强，可穿戴设备更强化了这种依赖性，当到处印刻着健康指数、行为习惯、生活偏好和工作履历痕迹的时候，个人隐私泄露的危险大大增加。可以获得的个人数据量越多，其中的隐私信息量就越大。只要拥有了足够多的数据，我们甚至可能发现有关于一个人的一切。互联网将每时每刻都释放出海量数据，无论是围绕企业销售，还是个人的消费习惯、身份特征等，背后都隐藏着大量的经济与政治利益，其所表现出的数据整合与控制力量已经远超以往。

辐射问题

虽然人类早已经进入智能手机时代，但手机的电磁辐射对于人体带来的健康风险仍是一个挥之不去的话题。而在智能穿戴设备时代，电子产品将长时间和消费者“贴身”，电磁辐射以及其他传感器是否带来健康风险同样引发了消费者忧虑。以智能手环为例，它是通过传感器把脉搏压力、温度等身体信息转化为电信号，然后通过电磁波发射给手机等数据终端。然而因为发射距离短，所以信号强度比手机接收和发射的一般信号要弱，辐射相对更弱。但由于智能终端产品都需要网络信号的支持才能完成数据的交互，更多的智能设备使用无疑增加了更多的辐射源，使得智能设备的辐射问题变成公众关注的一大热点。

智能终端的未来

智能化浪潮正由智能终端向智能硬件和机器智能发展，一个智能化新时代即将开启。智能手机的爆发式增长已经过去，将逐步迈入结构调整期。而同时，可穿戴设备等泛智能终端正在改变人机协同方式，成为下一个爆发点。

未来，智能硬件在新工业革命的大背景下，将加速向制造业等传统领域扩展，并将推动整个社会的发展。

智能终端形式多样化，向更多行业渗透

目前移动智能终端主要包括智能手机、平板电脑和智能电视。随着移动芯片技术、传感器技术、软件技术的快速进步以及更多行业的进入，更多的智能设备将会出现，行业范围和规模将进一步扩大，相关技术和市场将获得更大的发展空间。同时，更多的行业将进入智能化升级阶段，通过移动智能终端和云计算，家庭、企业、物流、能源、服务之间将实现信息交换和共享，提高社会经济的运行效率。可穿戴的智能设备、智能汽车等将深刻影响人们的生活方式，相关的行业也将迎来新的发展机遇。

商业模式创新，激发用户的消费需求

移动智能终端是用户通过移动通信服务进行信息消费的重要窗口和平台。而用户通过移动智能终端下载应用程序实质上就是软件服务的信息消费。这表明移动智能终端不仅是“流量消费”平台，也即将成为连接商户与用户的网络消费平台。未来随着4G网络的普及，新的应用软件将不断呈现，可以激发用户消费的欲望。随着网络带宽的不断提升，以移动智能终端为平台进行商业模式创新，将成为终端企业激发用户消费需求的重要途径。

智能终端产业整合，形成行业新布局

智能终端厂商和互联网公司正在以智能终端为切入点进入到移动通信领域，电信运营商也将自有的硬件网络系统和贴近客户和感知客户作为优势，与硬件厂商建立合作协议，达成捆绑式合作协议。三者之间的博弈结果构成了未来智能终端产业布局。智能终端的发展促使网络应用服务和终端软件平台融合深度不断加大，实现全面协同发展，最终实现一体化。同时，为了更好地普及产品，建立高效的产品渠道，终端销售和相关服务也被纳入了进来，由此引发跨产业的融合与重组。

发展我国高端产品，提升品牌综合竞争力

以移动智能终端为契机，推动我国电子制造业从产能优势转向品牌优势，支持本土企业中高端产品研发，提升终端产品附加值。加强引导既有智能终端产品的高端化和规模化，支持有实力的国内企业研发功能强、质量好、服务优的新型智能终端。紧跟国际智能终端的发展趋势，整合国内优势资源。鼓励制造企业与软件企业、信息服务企业深度合作，促使智能终端产品向人性化、超强功能化（硬件、软件）和硬件友好化方面发展，终端能力与用户体验持续提升。

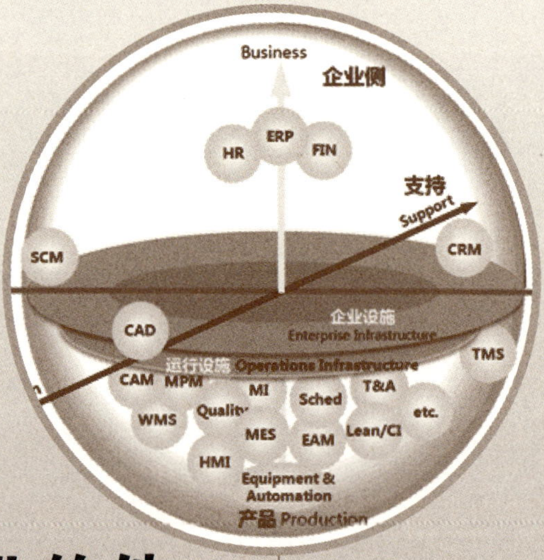
Business
企业侧
HR
ERP
FIN
支持
Support
SCM
CRM
企业设施
Enterprise Infrastructure
CAD
TMS
运行设施 Operations Infrastructure
CAM
MPM
MI
Sched
T&A
WMS
etc.
MES
EAM
Lean/CI
HMI
Equipment &
Automation
产品 Production

操作系统与工业软件

智能制造的基石

操作系统与工业软件是制造业数字化、网络化、智能化的基石，是新一轮工业革命的核心要素。发展实时工业操作系统及高端制造业嵌入式系统、以工业大数据平台与制造业核心软件为代表的基础工业软件、面向先进轨道交通装备、电力装备、农业装备、高档数控机床与机器人、航空航天装备、海洋工程装备与高技术船舶等重点领域的工业应用软件，对我国工业领域自主可控具有重要意义。

操作系统历史发展

操作系统（Operating System，简称 OS）是管理和控制计算机硬件与软件资源的计算机程序，是直接运行在“裸机”上最基本的系统软件，任何其他软件都必须在操作系统的支持下才能运行。操作系统的功能包括管理计算机系统的硬件、软件及数据资源，控制程序运行，改善人机界面，为其他应用软件提供支持，让计算机系统所有资源最大限度地发挥作用，提供各种形式的用户界面，使用户有一个好的工作环境，为其他软件的开发提供必要的服务和相应的接口等。操作系统管理着计算机硬件资源，同时按照应用程序的资源请求，分配资源，如划分 CPU 时间、内存空间的开辟、调用打印机等。操作系统到目前为止经历了三代，并即将进入第四代。

磁盘操作系统

第一代是以 DOS 为代表的磁盘操作系统时代，以磁盘管理的方式来管理内容。它管理的内容是本地化的内容。

文件操作系统

第二代是以 Windows 为代表的文件操作系统时代，以文件管理的方式来管理内容。由操作系统直接管理内容，让用户与内容直接接触，其内容呈现方式也是文件本身。它管理的内容主要是本地化的内容。

应用操作系统

第三代是以安卓和 iOS 为代表的应用操作系统时代，应用成为主要的管理内容的工具。在内容和操作系统之间隔了一层，应用替代了操作系统去实现更方便、更有效管理内容的功能。内容呈现方式也是以应用的方式呈现，用户不再直接接触内容本身。

超级 APP 操作系统

第四代则是即将来临的时代，超级 APP 凌驾于操作系统之上的时代。在应用操作系统时代，APP 已经开始越过操作系统来管理内容了。

操作系统组成部分

操作系统理论研究者有时把操作系统分成包括驱动程序、内核、接口库和外围在内的四大部分。

驱动程序

最底层的、直接控制和监视各类硬件的部分，它们的职责是隐藏硬件的具体细节，并向其他部分提供一个抽象的、通用的接口。

内核

操作系统内核部分，通常运行在最高特权级，负责提供基础性、结构性的功能。

接口库

一系列特殊的程序库，职责在于把系统所提供的基本服务包装成应用程序所能够使用的编程接口（API），是最靠近应用程序的部分。例如，GNUC 运行期库就属于此类，它把各种操作系统的内部编程接口包装成 ANSIC 和 POSIX 编程接口的形式。

外围

指操作系统中除以上三类以外的所有其他部分，通常是用于提供特定高级服务的部件。例如，在微内核结构中，大部分系统服务以及 UNIX/Linux 中各种守护进程都通常被划归此列。

并不是所有的操作系统都严格包括这四大部分。例如，在早期的微软视窗操作系统中，各部分耦合程度很深，难以区分彼此。而在使用外核结构的操作系统中则根本没有驱动程序的概念。

操作系统主要功能

操作系统的主要功能是资源管理、程序控制和人机交互等。计算机系统的资源可分为设备资源和信息资源两大类。设备资源指的是组成计算机的硬件设备，如中央处理器、主存储器、磁盘存储器、打印机、磁带存储器、显示器、键盘输入设备和鼠标等。信息资源指的是存放于计算机内的各种数据，如文件、程序库、知识库、系统软件和应用软件等。操作系统位于底层硬件与用户之间，是二者沟通的桥梁。用户可以通过操作系统的用户界面，输入命令。操作系统则对命令进行解释，驱动硬件设备，实现用户要求。

资源管理

系统的设备资源和信息资源都是操作系统根据用户需求按一定的策略来进行分配和调度的。操作系统的存储管理就负责把内存单元分配给需要内存的程序以便让它执行，在程序执行结束后将它占用的内存单元收回以便再使用。对于提供虚拟存储的计算机系统，操作系统还要与硬件配合做好页面调度工作，根据执行程序的要求分配页面，在执行中将页面调入和调出内存以及回收页面等。

程序控制

一个用户程序的执行自始至终是在操作系统控制下进行的。一个用户将他要解决的问题用某一种程序设计语言编写成程序后连同对它执行的要求输入计算机内，操作系统就根据要求控制这个用户程序的执行直到结束。

人机交互

人机交互功能主要靠可输入输出的外部设备和相应的软件来完成。可供人机交互使用的设备主要有键盘显示、鼠标、各种模式识别设备等，与这些设备相应的软件就是操作系统提供人机交互功能的部分。人机交互部分的主要作用是控制有关设备的运行和理解并执行通过人机交互设备传来的有关的各种命令和要求。

进程管理

进程管理指的是操作系统调整复数进程的功能。当年运用冯·纽曼架构建造电脑时，每个中央处理器最多只能同时执行一个进程。早期的 OS 也不允许任何程序打破这个限制，且 DOS 也只能同时执行一个进程。现代的操作系统，即使只拥有一个 CPU，也可以利用多进程功能同时执行复数进程。

内存管理

操作系统的存储器管理提供查找可用的记忆空间、配置与释放记忆空间以及交换存储器和低速存储设备的内含物等功能。

用户界面

用户界面是系统和用户之间进行交互和信息交换的媒介，实现信息的内部形式与人类可以接受形式之间的转换。

什么是工业软件

工业软件（Industrial Software）是指在工业领域里应用的软件，包括系统、应用、中间件、嵌入式等。一般来讲，工业软件被划分为编程语言、系统软件、应用软件和介于这两者之间的中间件。其中，系统软件为计算机使用提供最基本的功能，但并不针对某一特定应用领域。而应用软件则恰好相反，不同的应用软件根据用户和所服务的领域提供不同的功能。

智能制造的使能器

智能制造的基础是产品和业务数字化，而工业软件是智能制造的使能器。工业软件是专用于工业领域，为提高工业企业研发、制造、生产、服务与管理水平，提升工业产品使用价值的软件。工业软件是信息化和工业化融合的产物，其核心是工业知识，因此工业软件必须依托于工业才能发展壮大。达索系统公司 CATIA、西门子公司的 UGNX 等软件的成功发展历程说明，只有基于高端工业才能诞生和孕育世界一流的工业软件。

工业软件的分类

工业软件可分为业务系统和专业工具两类。其中，业务系统主要基于业务模型，是实现工业产品研发、生产、服务和管理过程中业务流程信息化的软件，诸如工程研制系统、制造管理系统、综合管理系统、客户服务系统等；专业工具主要基于物理原理，是与学科和专业关联性强的基础性工业软件。我国工业软件发展水平与发达国家差距较大，在国际市场上影响力较弱，只是在国内中低端市场取得较高的占有率，而且主要集中在业务系统方面。

工业软件的组成类型

工业软件大体上分为两个类型：嵌入式软件和非嵌入式软件。嵌入式软件是嵌入在控制器、通信、传感装置之中的采集、控制、通信等软件，非嵌入式软件是装在通用计算机或者工业控制计算机之中的设计、编程、工艺、监控、管理等软件。尤其是嵌入式软件，应用在军工电子和工业控制等领域之中，对可靠性、安全性、实时性要求特别高，必须经过严格检查和测评。

工业软件的主要特点

工业软件除具有软件的性质外，还具有鲜明的行业特色，随着自动化产业的不断发展，通过不断积累行业知识，将行业应用知识作为发展自动化产业的关键要素，逐渐成为企业调整经济结构、转变经济增长方式的主要因素。

工业软件的工艺支持

不同行业的工业控制软件，服务对象均不相同，钢铁行业针对的是冶金工业，控制软件很难适用机械行业，反之亦然。一套好的工业控制软件，不仅能够满足当前工艺的需要，而且在控制思想上还有一定的超前意识，在一定时间内不会落后。

行业数据知识库支撑

行业数据知识库，是指对行业控制软件起支撑作用的行业生产过程中经验积累的集合。建设好行业数据知识库，将使行业知识变成行业工业控制软件发展的动力，并推动我国工业控制软件的技术水平更好地完成由低端向高端的转换。

工业 4.0 的基础

工业 4.0 本质是基于“信息物理系统”实现“智能工厂”。在生产设备层面，通过嵌入不同的传感器进行实时感知。宽带网络，通过数据对整个过程进行精确控制；在生产管理层面，通过互联网技术、云计算、大数据、宽带网络、工业软件、管理软件等一系列技术构成服务互联网，实现物理设备的信息感知、网络通信、精确控制和远程协作。

制造流程软件系统

工业 4.0 将各种工业软件充斥到制造流程之中，从供应链管理、产品设计、生产管理、企业管理等四个维度，提升“物理世界”中的工厂 / 车间的生产效率，优化生产工程。工业 4.0 中囊括了 PDM（生产数据管理）、SCM（产业链管理）、PLM（产品生命周期管理）、CAD（计算机辅助设计）等软件系统以及数据处理系统，能够将分散的各种信息汇总分析，从而解决产品生命周期不断缩短、物流交货周期不断加快以及客户定制要求多样化的问题，为制造工艺带来决定性的影响。

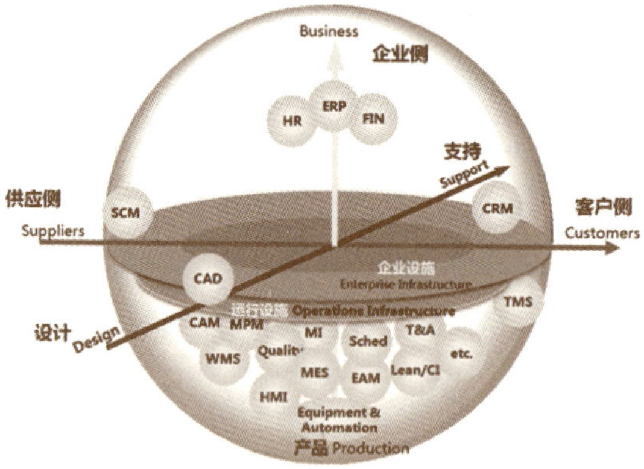

软件在未来制造业中将起到至关重要的作用（ARC）

如果从任意一个纬度来看工业 4.0，都有可能是完全不同的结果。但是，无论从哪个纬度，信息处理的关键点“信息”与物理现象的关键点“网络”之间的连接处都是“工厂 / 车间”。因此，“信息物理系统”作为实体的操作设备，其作用是对于任何纬度的定位都是对等的，其接续性是特定的前提。

工业 4.0 时代，每一个产品将承载其整个供应链和生命周期中所需的各种信息，实现追踪溯源。每一个生产设备将由整个生产价值链所继承，实现自律组织生产。智能工厂灵活决定生产过程，不同的生产设备既能够协作生产，又可以各自快速地对外部变化做出反应。归根到底，这些都是软件技术应用的结果。工业软件技术支撑了绝大部分的生产制造过程。全球正在出现以信息网络、智能制造为代表的新一轮技术创新浪潮。而在这一浪潮中，传统的行业界限将消失，并会产生各种新的领域和业态。创造新价值的过程也因软件系统而发生改变，产业链分工将被重组。这个新型的产业链将使制造业不再仅仅是硬件制造的概念，而将更多地融入软件技术、自动化技术、现代管理技术与新的服务模式。

关键技术

“端到端”的工业软件安全技术

随着两化融合的深入，网络威胁开始蔓延至工业控制领域。然而，工业控制系统作为关键基础设施的“大脑”和“中枢神经”，超过 80% 的涉及国计民生的关键基础设施及智慧城市业务系统，要依靠它来实现自动化作业，一旦被入侵将直接影响工业安全、国家安全。因此，保障工业控制系统的安全至关重要。研究从设备端到云端的控制系统安全、硬件安全、网络通信安全、系统安全、数据安全、信息与系统安全、本质安全等技术。研究开发安全、高可信工业软件系统的安全标准、验证技术与认证体系。

控制系统安全

从2010年“震网”病毒攻击伊朗科工业控制系统，到2016年第一款可在PLC之间传播的“工控蠕虫”问世，不难看出工控入侵技术在不断变化，并表现出了新的特点：网络攻击已经从影响虚拟资产向破坏物理世界转变；通用化、软硬结合、互联互通的技术变化直接带来基础设施攻击面的增大，通过互联网渗透到工控已成为一种重要途径。传统病毒与工控病毒相互交织，以计算机为跳板的攻击在未来可能发展到直接攻击控制系统上；工控入侵很可能从利用未公开漏洞的高难度攻击方式延伸到常规手段组合式攻击，甚至绕过工控底层知识的壁垒。

智能硬件安全

克隆或感染的设备与恶意代码很难有效防止。在PC世界中，个人用户特别是企业容易受恶意代码的攻击，它们针对一个非常低的水平，软件的安全措施常常不能检测到它们。恶意软件破坏引导序列造成设备加载并运行恶意代码，这种攻击不能使用较高级别的基于软件的安全性。通过拦截健身追踪器和路人智能手机之间的蓝牙传输，截获该数据包含用于链接所述佩戴者的设备中未编码的密码。由于许多人使用相同的密码多次登录，黑客手中的这些信息可以造成重要的资产遭受未经授权的访问，如财务账目或保存在云中的个人数据被窃取。

网络通信安全

来自系统内部人员在应用系统层面的误操作、违规操作或故意的破坏性操作是工业控制系统所面临的主要安全风险。针对工业控制网络的信息安全审计系统，可以采用旁路部署，实现工业生产过程“零风险”。基于对工业控制协议（如Modbus TCP、OPC、DNP3、IEC 60870-5-104等）的通信报文进行深度解析（DPI，Deep Packet Inspection），实时检测针对工业协议的网络攻击、用户误操作、用户违规操作、非法设备接入以及蠕虫、病毒等恶意软件的传播并实时报警，同时翔实记录一切网络通信行为，包括指令级的工业控制协议通信记录，为工业控制系统的安全事故调查提供坚实的基础。

系统安全

系统安全是指在系统生命周期内应用系统安全工程和系统安全管理方法，辨识系统中的隐患，并采取有效的控制措施使其危险性最小，从而使系统在规定的性能、时间和成本范围内达到最佳的安全程度。系统安全是人们为解决复杂系统的安全性问题而开发、研究出来的安全理论、方法体系，是系统工程与安全工程结合的完美体现。系统安全的基本原则就是在一个新系统的构思阶段就考虑其安全性的问题，制定并执行安全工作规划（系统安全活动），属于事前分析和预先的防护，与传统的事后分析并积累事故经验的思路截然不同。系统安全活动贯穿于整个系统生命周期，直到系统报废为止。

数据安全

有对立的两方面的含义：一是数据本身的安全，主要是指采用现代密码算法对数据进行主动保护，如数据保密、数据完整性、双向强身份认证等；二是数据防护的安全，主要是采用现代信息存储手段对数据进行主动防护，如通过磁盘阵列、数据备份、异地容灾等手段保证数据的安全。数据安全是一种主动的包含措施，数据本身的安全必须基于可靠的加密算法与安全体系，主要是有对称算法与公开密钥密码体系两种。

嵌入式操作系统技术

嵌入式系统 ES（Embedded System）

ES 是以应用中心，计算机技术为基础，软件硬件可裁减，在功能、可靠性、成本、体积功耗严格要求的专用计算机系统。嵌入式技术广泛应用到当前工业控制、电信网络等领域，方便地用于数据收集、自动装置、仪表检测、集散控制（DCS）方面。嵌入式技术的最大特点是目的性和针对性很强，具有软件代码小、高度自动化、响应速度快等特点。每种嵌入系统的设计具有特殊的应用范围和功能。

嵌入式微控制器

嵌入式微控制器就是将整个计算机系统集成到一块芯片中，其典型代表是单片机。和嵌入式微处理器相比，微控制器的最大特点是单片化，体积大大减小，从而使功耗和成本下降、可靠性提高。微控制器是目前嵌入式系统工业的主流。微控制器的片上外设资源一般比较丰富，适合于控制，因此称为微控制器。为了适应不同的应用需求，一般一个系列的单片机具有多种衍生产品，每种衍生产品的处理器内核都是一样的，不同的是存储器和外设的配置及封装。这样可以最大限度地与应用需求相匹配，从而减小功耗和成本。

嵌入式 DSP 处理器

DSP 处理器是专门用于信号处理方面的处理器，在系统结构和指令算法方面进行了特殊设计，具有很高的编译效率和指令的执行速度。在数字滤波、FFT、谱分析等各种仪器上 DSP 获得了大规模的应用。DSP 的理论算法在 20 世纪 70 年代就已经出现，至 80 年代中期，随着 CMOS 技术的进步与发展，第二代基于 CMOS 工艺的 DSP 芯片应运而生，其存储容量和运算速度都得到成倍提高，成为语音处理、图像硬件处理技术的基础。到 20 世纪 80 年代后期，DSP 的运算速度进一步提高，应用领域也从上述范围扩大到了通信和计算机方面。20 世纪 90 年代后，DSP 发展到了第五代产品，集成度更高，使用范围也更加广阔。

嵌入式片上系统

SoC 追求产品系统最大包容的集成器件，是嵌入式应用领域的热门话题之一。SoC 最大的特点是成功实现了软硬件无缝结合，直接在处理器片内嵌入操作系统的代码模块。而且 SoC 具有极高的综合性，在一个硅片内部运用 VHDL 等硬件描述语言，实现一个复杂的系统。用户不需要再像传统的系统设计那样绘制庞大复杂的电路板，一点点地连接焊制，只需要使用精确的语言，综合时序设计直接在器件库中调用各种通用处理器的标准，然后通过仿真之后就可以直接交付芯片厂商进行生产。由于绝大部分系统构件都是在系统内部，整个系统就特别简洁，不仅减小了系统的体积和功耗，而且提高了系统的可靠性和设计生产效率。

设备端智能化技术

变频传输技术

随着科学的发展，变频器在工业上的使用越来越广泛。变频技术是把直流电逆变成不同频率的交流电的转换技术，可把交流电变成直流电后再逆变成不同频率的交流电，或是把直流电变成交流电后再把交流电变成直流电。这一切都只有频率的变化，而没有电能的变化。变频技术可以应用在输送泵类中，取代因环境所造成的较高故障率的滑差电机调速系统以及控制精度较差的各类阀门控制方式，节能 20%—40%，降低设备磨损，减少备品备件的投资，提高控制精度，延长设备使用寿命。

机器视觉技术

机器视觉技术是一门涉及人工智能、神经生物学、心理物理学、计算机科学、图像处理、模式识别等诸多领域的交叉学科。机器视觉主要用计算机来模拟人的视觉功能，从客观事物的图像中提取信息，进行处理并加以理解，最终用于实际检测、测量和控制。机器视觉技术最大的特点是速度快、信息量大、功能多。机器视觉系统在质量检测各个方面得到了广泛的应用，例如，采用激光扫描与 CCD 探测系统的大型工件平行度、垂直度测量仪，它以稳定的准直激光束为测量基线，配以回转轴系，旋转五角标棱镜扫出互相平行或垂直的基准平面，将其与被测大型工件的各面进行比较。在加工或安装大型工件时，可用该认错器测量面间的平行度及垂直度。

区域协同商务网络

协同商务的概念由 Carmer Group 于 1999 年提出后引起了广泛关注，虽然目前尚未统一的概念，但综合国内外相关研究，可以从如下 3 个角度认识协同商务：经营管理思想或理念，该理念强调在全球经济背景下，利用网络技术，加强企业内部以及企业之间的业务合作与协同，以达到资源集成与共享的目的；以合作为导向的商务模式，该商务模式通过一定组织形式来实现，诸如虚拟企业、供应链以及各种形式的战略联盟，最终达到多赢的目的；基于网络的信息平台，通过该平台将企业内部以及企业之间的各种管理活动、企业资源进行有效集成和共享，在消除信息孤岛和资源浪费的基础上使整个网络组织的资源得到充分合理的开发和利用。

工业大数据管理与分析技术

数据质量检查技术

数据库管理系统设计时制定了数据库标准，数据入库质量检查标准主要是参照数据库标准制定。数据库标准主要有要素分类标准、要素类属性表结构、坐标系统、数据格式等。针对数据可能产生的误差，对数据进行质量检查。对数据中不确定性因素比较多的检查内容可采用人机交互的方法，利用软件找出可能存在问题的数据，通过人工判别，确定其“错误”的真伪。而对于标准已严格规定的检查内容，则通过软件直接可以判断数据是否存在问题，数据管理员可以直接对错误进行修改。自动化检查的基本内容可以分为文件形式、空间基准、属性数据、逻辑一致性以及拓扑关系等方面数据的检查。

集成技术

通过结构化的综合布线系统和计算机网络技术，将各个分离的设备（如个人电脑）、功能和信息等集成到相互关联的、统一和协调的系统之中，使资源达到充分共享，实现集中、高效、便利的管理。系统集成应采用功能集成、BSV液晶拼接集成、综合布线、网络集成、软件界面集成等多种集成技术。系统集成实现的关键在于解决系统之间的互联和互操作性问题，它是一个多厂商、多协议和面向各种应用的体系结构。这需要解决各类设备、子系统间的接口、协议、系统平台、应用软件等与子系统、建筑环境、施工配合、组织管理和人员配备相关的一切面向集成的问题。

MapReduce

大数据可以通过MapReduce这一并行处理技术来提高数据的处理速度。MapReduce将传统的查询、分解及数据分析进行分布式处理，将处理任务分配到不同的处理节点，具有更强的并行处理能力。MapReduce是一套软件框架，包括 Map（映射）和 Reduce（化简）两个阶段，可以进行海量数据分割、任务分解与结果汇总，从而完成海量数据的并行处理。

MapReduce 的工作原理其实是先分后合的数据处理方式。Map 即“分解”，把海量数据分割成了若干部分，分给多台处理器并行处理；Reduce 即“合并”，把各台处理器处理后的结果进行汇总操作以得到最终结果。如果采用 MapReduce 来统计不同几何形状的数量，它会先把任务分配到两个节点，由两个节点分别并行统计，然后把它们的结果汇总，得到最终的计算结果。MapReduce 适合进行数据分析、日志分析、商业智能分析、客户营销、大规模索引等业务，并具有非常明显的效果。通过结合 MapReduce 技术进行实时分析，某家电公司的信用计算时间从 33 h 缩短到 8 s，而 MKI 的基因分析时间从数天缩短到 20 min。

逆向推理技术

知识推理技术通常可以分为正向推理、逆向推理和双向推理三种类型。所谓逆向推理，是指从目标出发向后推理，用目标匹配规则的结论部分，将该规则的前提作为新的子目标，然后试图证明一系列子目标，直至找到支持结论证据的过程。这种策略对推理过程提供较精确的解释，告诉用户要达到目标所使用的规则（知识）。另外，此控制策略在解空间较小的问题求解环境下尤为合适，它利于向用户提供求解过程。与正向推理相比，逆向推理的目的性很强，通常用于验证某一特定知识是否成立。

数据驱动的构件组合技术

交通云服务组合技术

随着城市的发展，汽车保有量的增大，交通拥堵问题也越来越严重，为此人们提出了利用智能交通系统来缓解交通拥堵，通过各种传感器获取交通数据，通过分析获得道路的交通状态，并以此对城市路网进行管理，并进行有效的利用，以此提高道路的利用效率。在智能交通系统发展的过程中，由浮动车 GPS、微波探测、SCATS 线圈等交通传感器采集的海量数据，即多源海量传感器数据，已经成为智能交通系统研究中的重要资源。大数据驱动的智能交通组合系统，主要通过对海量多源异构交通数据的分析和处理，将各种简单的服务进行组合，来为智能交通系统提供解决方案。

Mashup

Mashup 是一种轻量级的服务组装形式，可以将来自不同 Web 应用的数据、运算和用户接口整合成为一个 Web 应用。通常来说，Mashup 由一组实现各自特定功能的 Mashup 构件按照某种逻辑组合而成。目前已有一些 Mashup 编辑工具可以简化开发过程，比如 Yahoo Pipe1 和 IBM 公司开发的 MashupHub2 等。Mashup 在地图、视频图像、购物、新闻等各个领域都有很好的应用，比如在微博中，Mashup 将多个微博在一个平台上进行聚合显示，在一个平台上可以同时绑定多个微博（腾讯微博、新浪微博、搜狐微博、网易微博、人人网等），从而满足用户同步多个平台的要求，提供了微博信息汇总表，让用户方便查看自己所有平台的粉丝、关注和微博数，轻松实现在不同微博间的自由切换，并且提供多微博评论列表读取、跨平台分享、聚合收藏等功能，使用户可在同一屏幕中同步收发信息，实现真正意义上的社交网站双向聚合。

操作系统与工业软件应用

目前全球工业软件产业主要由欧美企业主导，呈现出“两极多强”的态势，SAP、Siemens 在多个领域均崭露头角，而 IBM 达索系统和 Salesforce.com 在各自专业领域形成了一定优势。其中，ERP 软件产业格局相对稳定，SAP 和 Oracle 两家企业占据主导，属于一线 ERP 软件，Infro Sage Microsoft 属于二线 ERP 软件；在 CRM 领域中，Salesforce 占据全球 CRM 市场第一位且发展迅速，其成功来自基于 SaaS 的云服务模式；CAD 产业的主导者是

Autodesk 和达索系统，且随着仿真设计技术与先进技术的结合，逐渐出现新的参与者；MES 软件具有较强的行业应用特性，与特定的行业关系紧密，需要大量行业领域知识的积累，形成不同 MES 厂家占据不同行业的局面。

工业软件的操作系统

PLM 软件仿真优化

西门子提供全面的软件解决方案——产品生命周期管理（PLM 软件），涉及产品开发和生产的各个环节——从产品设计到生产规划和工程直至实际生产和服务等，不一而足。产品生命周期管理（PLM）软件结合制造自动化，可显著提高生产率，并带来诸多竞争优势。对于西门子的客户而言，这种组合可将新产品上市时间缩短 50%。

PLM 软件应用的范例包括 Teamcenter、NX 和 Tecnomatix。Teamcenter 能在西门子与其他制造商提供的软件解决方案之间管理和交换数据。Teamcenter 将分布在不同位置的开发团队以及公司及其供应商连接起来，从而形成一个统一的产品、过程和生产数据渠道。NX 是主要的 CAD/CAM/CAE 软件套件（计算机辅助设计 / 计算机辅助制造 / 计算机辅助工程）之一，可针对产品开发提供详细的三维模型。它支持工程师虚拟创建、模拟和测试产品，以及生产所需的机器设备。Tecnomatix 软件是为整个生产的虚拟设计和模拟而开发的。借助这种被称为数字化制造的程序，公司可规划生产，同时进行产品开发。

制造自动化

随着产品开发和生产日益走向自动化，对于能集成并靠控制不同过程和系统的应用需求日益增长。制造执行系统（MES）在这一方面起着至关重要的作用。依托 SIMATIC IT 软件，西门子提供了一个能捆绑所有生产数据并实现其可视化的系统，该系统还支持端到端监测与控制。COMOS 生产流程越来越多地被提前模拟和优化。实际生产的实现就基于这个计划平台。面向过程工业的 TIA Portal 和 COMOS 等西门子工程软件，用于通过 SIMATIC 自动化技术，实现从模拟到现实的过渡。TIA Portal 可为用户提供一个针对整个制造自动化项目的清晰的整体视图，让他们能够直观、快速和高效地进行编辑。COMOS 具有面向对象的数据平台，可为系统制造商和系统运营商提供无缝的项目相关数据流，涉及项目的所有阶段，从而帮助创建更高效的工作流。

智能工厂

产品生命周期管理（PLM）和自动化控制软件的结合，将产品规划与生产执行和服务衔接在一起。这种智能工厂可显著提高生产率和竞争力：新车型可在一年内推出，飞机可在不到四年的时间内开发出来，并且面向化工或食品饮料行业的混合系统能够以低得多的资本和运营成本进行整合和优化。由于实现了数字化、自动化和虚拟化，西门子成都电子厂（SEWC）成为现代制造的典范。

达索系统

达索系统是一家法国的软件公司，致力于 3D 体验、为企业和人们的可持续创新提供一个虚拟世界，是世界领先的 3D 设计软件、3D 数字化实体模型和产品生命周期管理（PLM）解决方案供应商。达索系统拥有全套 PLM 的软件，为包括航空、汽车、机械电子在内的各个行业提供软件系统服务和技术支持。达索公司是在 1981 年组建的，最初本打算仅仅为了帮助产生设计图研发一个 3D 计算机辅助设计软件（CATIA），在 1980 年年底，伴随着 CATIA 到达一个非常高的高度，他们决定成立一家公司去探索计算机辅助设计和计算机辅助制造（CAD/CAM）。CATIA 开始得到航天领域之外的关注，达索系统逐步在其他领域取得发展。IBM 在 20 世纪 80 年代成为达索系统的用户并且在它的工程和制造车间部署 CATIA。在之后的一些年达索系统改进了他们的软件并且将业务拓展到美国、日本和德国。

PLM

20 世纪末期，CAD/CAM 逐渐被 PLM（产品生命周期管理解决方案）所代替了。新的品牌名称被用来称呼相对应的 PLM 系列：DELMIA 来支持制造，ENOVIA 来支持内外部的协同合作，SIMULIA 用来分析和模拟，SolidWorks 用来 3D 建模，3DVIA 用来创建虚拟 3D。2007 年，伴随着新品牌 3DVIA 的发布，达索系统开始了互联网化的进程。PLM2.0(对应 Web2.0 的概念 ）发布，公司利用互联网的优势来推广它的在线 PLM（包括 6 个变种平台）。

CATIA

它是达索系统最早开发的跨平台商业三维 CAD 设计软件，是达索系统产品生命周期管理软件平台的核心，是其最重要的软件产品。SolidWorks 是一款 3D 机械设计软件，可用于模拟仿真、产品数据管理和团队协同合作。根据用户的需求，它们通常以一套产品的形式被提供。DraftSight 是一个免费的 2D 计算机辅助设计软件，用来让使用者创建、编辑和观看 DWG 和 AutoCAD DXF 文件，可以在 Windows、Linux 和 Mac OSX 中运行。CAA V5 提供一个可用 C++ 和 J−A 语言来连接 CATIA、DELMIA、ENOVIA 和其他应用的开发环境。DELMIA 是一款工程仿真软件，是达索系统收购 Deneb、Delta 和 SafeWork 而获得的。DELMIA 允许制造者虚拟地构思、计划、创建、监视和控制整个产品过程，从早期的设计和装配模可用于虚拟测试和模拟到整个产品的真正组装。ENOVIA 提供一个框架来帮助充分利用公司的各个 PLM 软件，是一个包括开发者、合作伙伴、客户的在线开发环境。SIMULIA 可用于虚拟测试和模拟。

SAP

SAP 公司 30 年来一直专注于企业应用软件的研发和推广。1972 年，在 SAP 创业的初期推出了 RF 系统，后来被命名为 R/1。这是一种自动化财务会计以及交易处理程序。1979 年，SAP 推出了用于大型机的 R/2 系统，使得 ERP 这样的产品可以在全球应用，Gartner Group 正是基于 SAP 公司 R/2 的理念，总结出了 ERP 的概念及定义。1992 年，SAP 推出了革命性的产品——R/3，R/3 使得 SAP 从一家小型软件公司真正成为企业应用软件领域的领导者。1999 年，SAP 公司推出 mySAP 协同电子商务解决方案。mySAP 帮助客户成功地立足于互联网时代的经济大潮。2002 年，SAP 又进一步推出了 mySAP 商务套件解决方案。

“云端”+“终端”工业大数据平台

联想云平台

联想 Avatar 云平台，搭建了完善的大数据平台框架，通过初期的数据源收集、数据市场整合，进行数据分析，最终提供给数据消费者最优化的解决方案。Avatar 集合了联想所有前端的设备及服务，不管来自手机、PC 机还是来自联想软件，都拥有同一个 Lenovo ID。以 Avatar 为基础，业务部门能够第一时间了解到产品和服务的不足，及时进行调整并优化，提升用户的使用体验，进而增强用户黏性及品牌忠诚度。

在全球化部署的大数据平台中，存储数据量高达 9 PB，日新增数据 20 TB，日处理数据 4.3 PB，活跃服务用户达到了 4 亿多。联想的大数据平台做到了全球化、本地化的完美结合，同时十分注重保护客户隐私，并具有高效的计算能力，可通过数据分析实现对用户的精准理解。

基础设施与平台技术业务部为联想实现互联网转型提供了核心技术支撑，全面支持公司的各种应用和互联网服务以及广泛的第三方开发者。目前已有 1 000 多家外部软件和游戏接入联想 ID，促进了联想 ID 用户数的快速增长。随着用户的不断增长，大数据分析也越来越成为联想设备和服务核心竞争力的一部分。

智慧工业云与制造业核心软件

智慧工业云

智慧云制造是一种基于泛在网络，以用户为中心，人机融合，互联化、服务化、个性化（定制化）、柔性化的智慧制造新模式和新手段。基于泛在网络，以用户为中心，借助新兴制造技术、新兴信息技术、智能科学技术及制造应用领域技术等四类技术深度融合的数字化、网络化、智能化技术手段，将智慧制造资源与能力构成智慧服务云（网），使用户通过智慧终端及智慧云制造服务平台，随时随地按需获取智慧制造资源与能力，对制造全系统、全生命周期活动（产业链）中的人、机、物、环境、信息进行自主智慧地感知、互联、协同、学习、分析、预测、决策、控制与执行，使制造全系统及全生命周期活动中的人/组织、经营管理、技术/设备（三要素）及信息流、物流、资金流、知识流、服务流（五流）集成优化。进而高效、优质、低耗、柔性地制造产品和服务用户，提高企业（或集团）的市场竞争能力。

工业云是把工业级的服务变成云服务，然后交付给终端用户。工业云是互联网+制造业的一种制造模式和手段。工业云是一个跨界整合，是一个信息管理平台化，把行业中的各个价值链中的各个核心价值进行重组。从设备到整个智能控制，到整个生产过程的管理，再到整个企业的经营，这是一个层次性的整体价值。在工业云中，为客户提供完整的服务，包括三个基础的平台：实时数据、建模、MIS（管理信息系统）。

智慧云制造的新特征

“智慧云制造”中的制造资源、制造能力、制造云平台及制造云的构成、运行、评估等方面都具有制造的智慧特征。即“智慧云制造”在制造模式、手段和支撑技术（智慧化的信息技术和智慧化的制造技术）方面都体现了智慧特征。这里的“智慧”强调：创新驱动；以人（用户）为中心的人机物深度融合；数字化、网络化（互联化）、智能化的深度融合；工业化与信息化的深度融合；智慧的运营制造全系统和制造全生命周期活动中的人、机、物、环境与信息等方面的内容。智慧云制造系统是基于上述智慧云制造内涵所组成的制造系统，它是云计算提供的 IaaS（基础设施即服务）、PaaS（平台即服务）、SaaS（软件即服务）在制造领域的落地和拓展。它丰富、拓展了云计算的资源共享内容、服务模式和支撑技术。

智造模式

智慧云制造系统是实施“工业云”的一种智造模式和手段。一方面，它提供了一种新的制造业经济发展模式，是以用户为中心，产品+服务为主导的，制造全生命周期、全系统随时随地按需构建与运行的互联化、服务化、个性化、柔性化的智慧制造模式；另一方面，它提供了一种新的制造业技术手段，包括“数字化、物联化、虚拟化、服务化、协同化、定制化、柔性化、智能化”等八个特征。新的模式、新的手段形成了一种新的业态——以“泛在互联、数据驱动、共享服务、跨界融合、自主智慧、万众创新”为特征的“互联网 +”时代中的新产业生态。

智慧云制造系统优势

一是构成以用户为中心的人机物融合智造系统，其中基于泛在网络整合人机物产生的大数据，具有巨大的价值待挖掘和开发增值服务。二是实现按需、动态、敏捷、柔性地开放 / 共享智慧创新能力与智慧制造资源，提供“众智、众包、众扶、众筹”空间，实现资源共享，能力协同，利益共赢。三是智慧云制造促进中国制造转型；智慧云制造支持个性化制造 / 柔性化制造 / 绿色制造，实现高效、优质、低耗、柔性地制造产品和服务用户，提高企业（或集团）的市场竞争能力。智慧云制造在促进企业创新驱动和转型升级方面的优势正符合当今我国制造业发展对策的需要。

CAD

在设计中通常要用计算机对不同方案进行大量的计算、分析和比较，以决定最优方案；各种设计信息，不论是数字的、文字的或图形的，都能存放在计算机的内存或外存里，并能快速地检索；设计人员通常用草图开始设计，将草图变为工作图的繁重工作可以交给计算机完成；由计算机自动产生设计结果，可以快速作出图形，使设计人员及时对设计做出判断和修改；利用计算机可以进行与图形的编辑、放大、缩小、平移、复制和旋转等有关的图形数据加工工作。

MES

MES 系统是一套面向制造企业车间执行层的生产信息化管理系统。MES 可以为企业提供包括制造数据管理、计划排程管理、生产调度管理、库存管理、质量管理、人力资源管理、工作中心 / 设备管理、工具工装管理、采购管理、成本管理、项目看板管理、生产过程控制、底层数据集成分析、上层数据集成分解等管理模块，为企业打造一个扎实、可靠、全面、可行的制造协同管理平台。

ERP

企业资源计划即 ERP（Enterprise Resource Planning），由美国 Gartner

Group 公司于 1990 年提出。企业资源计划是 MRP II（企业制造资源计划）下一代的制造业系统和资源计划软件。除了 MRP II 已有的生产资源计划、制造、财务、销售、采购等功能外，还有质量管理，实验室管理，业务流程管理，产品数据管理，存货、分销与运输管理，人力资源管理和定期报告系统。目前，在我国 ERP 所代表的含义已经被扩大，用于企业的各类软件已经统统被纳入 ERP 的范畴。它跳出了传统企业边界，从供应链范围去优化企业的资源，是基于网络经济时代的新一代信息系统，主要用于改善企业业务流程以提高企业核心竞争力。

重点领域工业应用软件

高档数控机床

高档数控机床是指具有高速、精密、智能、复合、多轴联动、网络通信等功能的数控机床，基础制造装备是制造各种机器和设备的装备总称。高档数控机床与基础制造装备包括金属切削加工机床，特种加工机床、铸、锻、焊、热处理等热加工工艺装备，增材制造装备等，具有基础性、通用性和战略性的特征。

我国已连续多年成为世界最大的机床装备生产国、消费国和进口国。未来 10 年，电子与通信设备、航空航天装备、轨道交通装备、电力装备、汽车、船舶、工程机械与农业机械等重点产业的快速发展以及新材料、新技术的不断进步将对数控机床与基础装备提出新的战略性需求和转型挑战。对数控机床与基础制造装备的需求将由中低档向高档转变、由单机向包括机器人上下料和在线检测功能的制造单元和成套系统转变、由数字化向智能化转变、由通用机床向量体裁衣的个性化机床转变，电子与通信设备制造装备将是新的需求热点。

工业机器人

机器人是一种半自主或全自主工作的机器，集现代制造技术、新型材料技术和信息控制技术为一体，是智能制造的代表性产品。机器人包括在制造环境下应用的工业机器人和非制造环境下应用的服务机器人两大类。其中，服务机器人根据应用环境不同又分为应用于家庭或直接服务于人的个人 / 家用服务机器人和应用于特殊环境的专业服务机器人。

近年来，我国机器人市场快速发展。2014 年，中国工业机器人销量达到 5.6 万台，成为全球第一大工业机器人市场。养老助残、救灾救援、公共安全等多种型号服务机器人已经开始进入示范应用，清洁机器人、两轮自平衡车无人机等家用服务机器人已经进入消费市场。预计到 2020 年工业机器人销量将达到 15 万台，保有量达到 80 万台；到 2025 年工业机器人销量将达到 26 万台，保有量达到 180 万台。

航空航天装备

波音先进制造技术研究中心（AMRC）由波音公司、英国谢菲尔德大学、英国政府等多家投资成立，主要从事航空部件及材料加工等技术研究，主要股东是波音公司。主要研究领域有结构整合、动态分析、阻尼、表面整合、虚拟现实、高速加工、制造管理、喷射成型、附加生产过程等。研究中心旨在集全球之力，为新型客机的制造提供新手段、新方法、新工具、新技术。复合材料中心引进了一台大型 5 轴加工 CMS 数控加工中心，用于航空零部件工模具的加工以及航空零部件的 5 轴精加工修剪和钻孔加工，Delcam PowerMILL 将用于该 5 轴加工中心的数控加工编程。

海洋工程装备

海洋工程装备主要指海洋资源（特别是海洋油气资源）勘探、开采、加工、储运、管理、后勤服务等方面的大型工程装备和辅助装备，具有高技术、高投入、高产出、高附加值、高风险的特点，是先进制造、信息、新材料等高新技术的综合体，产业辐射能力强，对国民经济带动作用大。

未来展望

存在的问题

技术问题

我国工业软件在关键技术、工业需求结合方面与国外产品存在较大差距：一是部分工业软件的核心算法尚未掌握，如CAD的几何内核算法和CAE有限次元算法，国内软件企业仍需通过授权经营或整体购买的方式进行使用；二是与工业应用需求结合不紧密，国产工业软件多为标准化通用型产品，对产品定制和二次开发的相关经验积累不足，难以满足复杂多变的工业实际业务与特定场景需求。

时间问题

我国工业软件市场成熟度较低，企业竞争力不强。当前我国软件企业整体不强，软件产品多集中在OA、CRM等门槛较低的软件类型，而国外产品在MES、ERP、PLM等主流工业软件市场上占据主导，稳定性与可用性均强于国内产品。同时，国内工业软件产品虽然价格较低，但是性能参差不齐，与其他厂商软件的兼容性较差，持续服务水平无法保证，市场对国内产品的信心和认可程度总体偏弱。

信息安全问题

斯诺登事件使人无法相信网络，特别是中心服务器，过去，人们认为闭源可以确保安全，但斯诺登事件使人们不相信闭源服务器的运维组织，反而开源更易于获得信任。无中心的可信连接，点对点通信可以绕开不受信任的云。普通老百姓对于安全性的担心更为直接些，例如，智能门锁会不会被人破解呢？黑客贼是否可以通过家里电器的开关情况知道何时家里没人而方便下手呢？家里的摄像机是否会被黑客控制？

人才问题

操作系统及工业软件的研发和应用需要大量既懂信息技术又懂工业技术，并且具有一定企业管理知识的复合型人才，成材率低、培养难度大导致工业软件人才大量缺口。同时，受经济等各方面因素的影响，人力成本上升较快，软件企业人力成本支出压力日益增大。国外软件企业加快在华布局，也使得国内各企业间争夺人才的现象更加激烈，许多国内企业人才流失严重。

发展趋势

多平台统一

操作系统内核将呈现出多平台统一的趋势，传统的操作系统内核主要采用模块化设计技术，只能应用于固定的平台。随着组件化、模块化技术的不断成熟，操作系统内核将呈现出多平台统一的发展趋势，如 Windows XP 采用了组件技术可以灵活地进行扩展和变化，既有支持桌面系统的 Windows XP Professional 版本，也有支持嵌入式系统的 Windows XP Embedded，有效实现了 Windows 操作系统内核技术的统一；Linux 最新的 2.6 内核版本也加强了对多平台统一的支持，2.6 内核不需要用户进行复杂的内核修改和裁剪就可以灵活地实现嵌入式 Linux，同时该内核也可以支持 Data Center Linux。

借力大数据

引入大数据等先进技术应用，加强分析与计算能力，企业管理和生产管理等传统工业软件与大数据技术结合，通过对设备、用户、市场等数据的分析，提升场景可视化能力，实现对用户行为和市场需求的预测和判断；大数据与工业具体需求结合产生新型工业数据分析软件，实现了产品良率监测、设备预测性维护管理、产线动态排产等多种工业智能化场景应用。

中心集成化

工业软件系统将以 PLM 等关键软件为中心集成化，传统工业软件以 ERP 为中心进行数据打通，未来新型工业软件将基于全生命周期管理软件 PLM 进行系统性集成，如西门子打造了基于 PLM 架构的全集成数字能力解决方案，其 PLM 产品可实现外部设计工具、分散研发团队、MES 与控制系统、第三方管理软件等多系统的集成，实现工厂从底层到上层的信息贯通。

复杂系统仿真

仿真软件将成为发展重点，复杂系统仿真成为重要方向，得益于计算处理、数据支持、图形化等基础支撑技术的持续提升，面向多相多态介质、多物理场、多尺度等复杂耦合仿真的新型工业软件日渐丰富，其实现形式主要有两种：一是通过开放的数据接口标准进行多仿真系统耦合的联合仿真，如法国达索系统公司推出 Dymola 仿真平台，基于 FMI/FMU 接口联合 AMESiM、PROOSIS、SiMulink 等十几种不同建模工具和机电分系统进行仿真；二是通过增加仿真模块，通过单系统实现多领域仿真，从而扩展工业仿真软件应用领域。

SaaS 模式

基于 SaaS 模式的工业软件成为重要趋势，当前向云平台迁移的工业软件主要为 CRM 和 SCM 两种，未来企业管理软件与设计仿真软件将加速向云迁移，其中 ERP 由于包含大量敏感本地数据将以混合云为主要形式，CAD/CAE/CAM/CAPP 将率先探索中低端 SaaS 云服务市场，MES 云化方案尚处在起步探索阶段，主要面向中低端产品。

UNIX
sales
OSX
HTTPS
low cost
SQL
desktop
BUSINESS
applications
access
virtual
CONFIG
FTP
PRIVATE
DATABSE
social media
blog
CLOUD
COMPUTING
BSD
remote
SLA
configuration
DATA CENTER
LAYER
DEVICES
INDEPENDENCE
ecommerce
hosting
MYSQL
windows
network
server
architecture
COMMUNITY
management
UNIX
power
PERFORMAN
TRANSFER

云计算时代

初识云计算

Instagram，从 0 到 350 亿美元

Instagram

Instagram 是一款运行在 iOS 和 Android 平台上的免费社交照片分享应用。用户可以在任何环境下抓拍自己的生活点滴，选择图片的滤镜样式，以一种快速、美妙和有趣的方式与其他用户彼此分享。不仅仅是拍照，作为一款轻量级且十分有趣的应用，Instagram 在移动端融入了很多社会化元素，包括好友关系的建立、回复、分享和收藏等，这是 Instagram 作为服务存在而非应用存在最大的价值。Instagram 的用户数已于 2016 年 6 月突破 5 亿，每天都使用 Instagram 的用户超过 3 亿，其市场估值也已达到 350 亿美元。

Instagram

小团队大发展

2010 年 10 月，Instagram 发布第一天便有 2.5 万人注册使用。3 个月后，Instagram 有了 100 万名用户，然后这个数字很快达到 1 000 万。随着 2012 年

4月3日Android版本的发布，用户人数再次激增至3 000万。2012年4月10日，Facebook宣布将以10亿美元收购Instagram，随后的几天内其用户人数又增加了1 000万。与用户数量高速增长相背离的是，从成立之初仅有凯文·希斯特罗姆（Kevin Systrom）和迈克·克里格（Mike Krieger）两位创始人，到2011年获得700万美元A轮风投时的4位员工，再到被Facebook收购时的13人团队，Instagram人员组织一直极为精简。如此小规模的团队居然可以如此自如地应对飞速增长的用户数并提供创新服务，这不能不说是硅谷的又一个财富传奇。

Instagram的成功秘诀

Instagram创业时只有一台租赁的性能比苹果笔记本电脑好不到哪儿去的服务器。由于用户的增长完全超出Instagram的预测，服务器供应商服务质量也相当低下，他们便决定将服务器转到亚马孙的云服务器上。这使得在用户暴增的情况下，Instagram依然能够快速稳定运行，在Instagram拥有超过1亿用户的时候，他们的基础设施管理人员也不过3个人。因为他们认识到，只要他们能够在较早时期利用云来构建系统，就没有必要像其他创业公司那样将资金投放在存储器和服务器上并亲自来构建和运营系统。如果构建实打实的数据中心，那他们购买硬件的速度将永远跟不上用户数量飙涨的速度。换句话说，如果不是云和它所具有的按需使用、自动扩展的特性，Instagram或许不会获得如此巨大的成功，资源耗尽而带来的故障会大大拖慢他们发展的脚步。Instagram的示例展示了按需使用计算资源的威力。天才的工程师们在极短的时间内构建出强大且具有高扩展性的架构，但不用管理数据中心和网络，也不用采购、安装或管理硬件，只要专注于应用架构和用户体验这两项他们所擅长的事情即可。

溯源云计算

云计算概念，实际上在20世纪中叶就已经诞生了，经过几十年的发展，云计算已经从一个科学家脑海里对未来世界的畅想落地为实实在在的产品，影响着我们每天的生活。下面让我们走进历史，回首云计算从孕育到成熟的过程。

John McCarthy 与 Douglas Parkhill

20 世纪 60 年代——一个绝大多数人还没用过计算机的时代，来自斯坦福大学的科学家 John McCarthy 就表示“计算机可能变成一种公共资源。”不过 John McCarthy 并不是唯一一个做出如此预测的学者，1966 年 Douglas Parkhill 在他的著作《The Challenge of the Computer Utility》中对这个理论有个更加具体的描述，他将计算资源类比为电资并提出了私有资源、公有资源、社区资源等概念，类似动态扩展、在线发布等。今天被频繁提起的云计算特性，在 Douglas Parkhill 的这本书中也已经有了非常详尽的描述。

重逢云计算

1997 年，Ramnath Chellappa 教授在他的一次演讲中第一次提出了“Cloud Computing”（云计算）这个词，他指出“计算资源的边界不再由技术决定，而是由经济需求来决定”。换句话说，计算资源的形式可以是动态的，这种形式根据人们的需求而变化，如果你不在机房内但却需要操作软件程序，那么自然会有一种方式让你能够远程登录计算机。Ramnath Chellappa 教授的理论重复了 20 世纪 60 年代那些科学家的思想，但当时技术的发展使得 Ramnath Chellappa 教授的理论已经可以找到现实中的模型。

云计算服务先驱

在互联网泡沫盛极而衰的 1999 年，一家对后世产生深远影响的公司成立了，它的名字是 Salesforce.com。Salesforce.com 是现在公认的云计算先驱，它由几个前 Oracle 高管成立，主要向企业客户销售基于云的 SaaS（Software as a Service，软件即服务）产品。Salesforce.com 的成功之处在于它头一次证明了基于云的服务不仅仅是大型业务系统的廉价替代品，它还可以是真正提高企业运营效率、促进业务发展的解决方案，同时可以在可靠性方面维持在一个极高的标准。至此之后，最苛刻的企业用户也开始全面拥抱云计算，终于迎来了云计算掀起的第一个高潮。

云计算服务霸主

时间进入 21 世纪的第一个十年，接棒 Salesforce.com 将云计算推向下一个高峰的是在线零售商亚马孙。亚马孙是一家非常重视客户体验的公司，当发展到一定规模的时候，它发现自己的数据中心在大部分时间只有不到10%的利用率，剩下90%的资源都闲置着，这些资源仅有的作用是被用来缓冲圣诞购物季这种高峰时段的流量。于是，亚马孙开始寻找一种更有效的方式来利用自己庞大的数据中心，其目的是将计算资源从单一的、特定的业务中解放出来，在空闲时提供给其他有需要的用户。这个计划首先在内部实施，得到的回馈相当不错，亚马孙接着便将这个服务开放给外部用户，并命名为AWS（Amazon Web Service，亚马孙网络服务）。此后，亚马孙发布了EC2、S3、SQS等云计算服务，组成了一个完整的AWS产品线。如果说Salesforce.com给人们做了云计算的启蒙，那么亚马孙则用AWS引爆了云计算，从此云计算正式成为IT产业的主声部。

百花齐放的年代

继Amazon AWS之后，各种类似的云计算产品开始层出不穷地出现，云计算不再只是一个阳春白雪的概念，而是所有人追逐的方向。短短几年内，亚马孙就不再是市场上唯一的IaaS提供商，Microsoft等巨头纷纷涌进这个领域。除了数量的增长，云计算类型也变得日益丰富，Salesforce.com和Amazon AWS分别代表了SaaS和IaaS两种云计算服务，除此之外的第三种服务PaaS也快速发展起来。人们现在已经不再谈论云计算是否可行，这早已不是一个问题。现在的问题是云计算未来的发展方向，怎样将云计算的潜力充分发挥出来，以帮助我们塑造一个更加高效的IT系统和互联网世界。

云计算DNA

回顾完云计算的历史，让我们把注意力集中到一个最基本的问题上：什么是云计算？这是一个被反复提到、反复回答之后又反复提出的问题。云计算本身是一个非常抽象的概念，要准确地把握其内涵不是一件容易的事。另一方面，这又表示云计算是有着强大生命力的技术发展方向，否则不会有越来越多的人翻来覆去地尝试弄懂这个问题。

云计算概念图

不同人从不同角度解释了云计算的含义，这些解释五花八门，各有各的道理。而要理解一件事物的本质就是要抓住其独有的特征，就好像将它的DNA展现出来一样精确。

CSA 的云计算定义

CSA（Cloud Security Alliance，云计算安全联盟）比较精确地说明了云计算：云计算是一个模式，它是一种无处不在的、便捷的、按需的、基于网络访问的、共享使用的、可配置的计算资源（如网络、服务器、存储、应用和服务）。云计算也是一种颠覆性的技术，它可以增强协作，提高敏捷性、可扩展性以及可用性，还可以通过优化资源分配和提高计算效率来降低成本。

NIST 的云计算定义

NIST（National Institute of Standards and Technology，美国国家标准与技术研究院）对云计算的定义重点强调了多参与者使用共享云计算环境的观点，认为云计算是一种能够便捷地按需访问的共享可配置计算资源池（如网络、服务器、存储、应用、服务）的服务模式，并只需要很少的管理工作或与服务供应商的很少交互就可以快速共享这些服务。

云计算 DNA

无论哪个定义，云计算都需要从多个维度进行描述。这个描述包括以下核心内容：第一，云计算可以提供各种类型的服务，包括各种物理资源、平台和软件；第二，云计算通过网络访问，用户可以在任何地方，任何时间，以任何方式按需获取个性化服务；第三，计算资源和基础设施支持弹性伸缩、自动配置、动态部署和计量收费。

云计算六大特征

互联网上的云计算服务特征与自然界的云、水循环具有一定的相似性，因此云是一个相当贴切的比喻。通常，云计算服务具备以下特征。

云计算的六大特征

超大规模

云计算将大量的计算资源会聚到一个公共资源池中，以租用的方式让多个用户共享计算资源。采用汇聚资源的方式提高了系统整体的计算能力和存储能力，不仅单个用户可以获取远高于本地计算设备提供的服务水平，从服务提供的角度看，这样的资源整合也增加了资源的使用效率，提高了整体的生产力。云计算因其规模巨大，可以以最快的效率为网络中的任何一方提供相关服务，能赋予用户前所未有的计算能力，使得许多计算能力的使用者从购买、自建、维护中解放了出来。

虚拟化

云计算采用虚拟化技术，将计算平台上方的应用软件和下方的物理设备分隔开来。这种隔离降低了设备依赖性，为提供跨平台的服务提供了技术基础。用户看到的是虚拟化出来的虚拟设备，而不是真实的物理设备。通过软件将计算能力和物理设备解耦，是IT发展的重要趋势。目前的云计算融合了虚拟化、服务管理自动化以及标准化等大量革新技术。云计算借助虚拟化技术的伸缩性和灵活性，提高了资源利用率，简化了资源和服务的管理与维护。利用信息服务自动化技术，云计算将资源封装为服务交付给用户，减少了数据中心的运营成本。利用标准化，云计算方便了服务的开发和交付，缩短了客户服务的上线时间。云计算支持在任意位置使用各种终端获取服务，所请求的资源来自“云”而不是固定的有形的实体。应用在“云”中某处运行，但实际上用户不用了解应用运行的具体位置，只需要一个展现终端如一台笔记本电脑或者一部手机，就可以通过网络服务来获取各种能力超强的服务。

弹性伸缩

弹性（Elasticity）是指使用云计算系统中各类资源时的自由伸缩性，是云计算技术中公认的资源利用方面最重要的特点之一。顾名思义，弹性的主要特征是可大可小、可增可减地利用计算资源。云弹性的主要目的是，用户在选择云计算平台时，不必担心资源的过度供给，导致额外的使用开销；用户也不必担心资源的供给不足，导致应用程序不能很好地运行和满足使用需要，所有资源均以自适应伸缩的方式来提供。这种自适应伸缩性表现为资源的实时、动态和按需供给，即随着任务负载和用户请求的大小来弹性调整资源的配置。Amazon 提供的产品 EC2（Elastic Compute Cloud）即以“弹性”命名，含义是让云计算平台具有充分自如的可伸缩性和可扩展性。弹性对于云计算本身而言不仅是一种特征，更定义了一种趋势。

按需服务

云计算管理平台根据应用访问的具体情况，对资源进行动态调配，尤其对于非恒定需求的应用具有非常重要的意义。例如，从事电子商务的企业，需求的波动比较大，而且需求在业务发展的不同阶段差别很大。云平台管理软件将计算、存储、网络等资源根据使用的量的大小进行动态调整，既可以增加也可以减少资源。制定按需服务的策略，可以根据分布规律进行事先预测，也可以根据预设应对方案进行实时调整。作为云计算的重要特征，按需提供服务、按需付费是各类云计算服务不可或缺的一部分。对用户而言，云计算不但省去了基础设备的购置运维费用，而且能根据企业成长的需要不断扩展订购的服务，或者更换更加适合的服务。这些都提高了企业资金的利用率。

高可靠性

云计算使用了数据多副本容错、计算节点同构可互换等措施，来保障服务的高可靠性。这些措施，使云计算分布式数据中心比使用本地计算机更加可靠，能够保证系统容灾能力。云计算分布式数据中心将云端的用户信息，备份到地理上相互隔离的云主机中。云计算利用强大的分布式集群建立的数据冗余和备份，提供了快速恢复数据的能力。这种实现也使得网络病毒和网络黑客的攻击失去目标，从而大大提高系统的安全性和容灾能力。全球用户数量最多、市场占有率最大的亚马孙目前能达到 99.95% 的可靠性。这对于包括视频在内的对可靠性要求不高的 Web 应用和业务已经足够。而银行业务、业务运营支撑系统（Business & Operation Support System，BOSS）等可靠性要求极高的业务领域，要求达到 6 个“9”，即 99.9999%。亚马孙云计算还不能满足这类应用的要求，实际能否实现这个目标有待时间的检验。

低成本

云计算节约资源的理念，可以用集中发电概念进行类比。大约 100 年前，企业需自办发电厂，价格高昂且效率低下。如今依靠大型发电厂，人们天天用电而不用考虑电是从哪里来的，而且成本更低——云计算也是这样。云计算不仅可以为企业省去基础设备的购置运维费用，而且能根据企业成长的需要不断扩展订购的服务，或者更换更加适合的服务，从而提高资金利用率。云计算采用的容错措施，可以使用极其廉价的服务器来构成云资源池。这种自动化集中式的管理，使企业不用负担价格高昂的数据中心采购和运维成本。统筹规划的资源池，使得各类资源的利用率较传统系统有大幅提升，用户可以重复享受低成本高质量的服务，节约资源并缩减不必要的浪费。

技术宅眼中的云

云计算架构

云服务模式

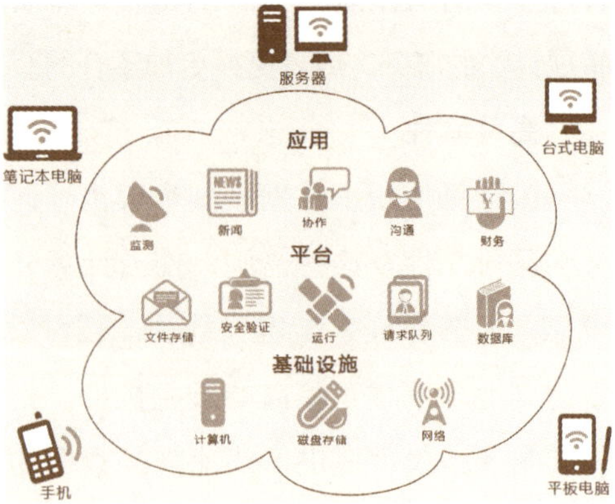

云服务模式

云计算支持任何 IT 服务作为公共基础设施服务通过网络被使用和交付。这种服务包括几个不同方面：基础设施、开发平台、应用软件和服务。

基础设施即服务

基础设施即服务（Infrastructure as a Services，IaaS）方案是最流行的云计算产品。IaaS 能按需提供定制的基础设施，服务范围从单一服务器到整个基础设施，包括网络设备、负载均衡、数据库和 Web 服务器。在 IaaS 中，涉及管理和维护物理数据中心和物理基础设施的许多工作都被抽象成一系列可用服务，人们可以根据需要访问虚拟的基础设施，在数分钟内通过调用 API（Application Programming Interface）或者登录网页端管理控制台完成资源的部署和运行。就像水、电这些公共事业服务一样，虚拟的基础设施也是一种可计量服务，只有在开启并使用的时候才会计费，关闭时便不再累计成本。总之，基于 IaaS 所提供的虚拟数据中心的能力，服务消费者就能够把更多精力集中在构建和管理应用程序而非管理数据中心和基础设施上。

平台即服务

平台即服务（Platform as a Services，PaaS）解决方案提供了一个开发和部署平台，用来在云计算中运行应用程序。例如，开发人员在设计高扩展性系统时通常必须写大量的代码来处理缓存、异步消息传递、数据库扩展等工作；而在许多 PaaS 解决方案中，开发人员可以通过使用 API 接入大量第三方解决方案，提供类似故障转移、高服务等级协议（SLA）等服务，并从快速市场化及无须管理和维护这些 API 背后的技术所带来的成本效率中大大获益。PaaS 的威力正是体现于此——只是通过简单的 API 调用，开发者就可以快速集成许多成熟和可靠的第三方解决方案，但却不必经历一系列的采购及安装实施流程。在三种云服务模式中，PaaS 是相对最不成熟的一种，但是这正是 PaaS 市场突飞猛进的良好契机。

软件即服务

软件即服务（SaaS）是一种基于 Web 的软件交付模式，提供通过互联网访问应用程序的服务。这种方案将复杂的硬件和软件管理任务交给第三方，从而减轻用户的负担，服务消费者要做的只是对一些具体的应数进行配置和对用户进行管理，服务提供商则负责处理所有的基础设施问题，所有的应用逻辑、部署，以及所有与交付产品或服务相关的事宜。较常见的 SaaS 应用包括客户关系管理（CRM）、企业资源计划（ERP）、工资单、会计及其他常见的业务软件等。也就是说，SaaS 解决方案在一些非核心竞争力的功能上非常常见。各公司选择在非核心功能上使用 SaaS 解决方案来省去对应用程序基础设施的购买、维护和专职管理人员的聘用——只需要支付一定的订阅费，就可以方便地通过互联网像访问网页服务一样来使用相应的服务。

三种云服务模式的比较

类别	特性	产品类型	供应商和产品
SaaS	随时随地为客户提供应用服务	Web 应用和服务（Web2.0）	SalesForce.com（CRM） Clarizen.com（项目管理）
PaaS	向用户提供一个平台以开发托管在云中的应用	编程 API 框架部署系统	谷歌 AppEngine 微软 Azure Manjrasoft Aneka Data Synapse
IaaS	向用户提供虚拟化硬件和存储，可以在其上建立基础设施	虚拟机管理 基础设施 存储管理 网络管理	亚马孙 EC2、S3 GoGrid Nirvanix

云部署模式

云计算是一种并行和分布式系统，它将物理机和虚拟机作为统一的计算资源。云构建基础设施并以服务的形式交付给客户，这种基础设施可以是不同类型的，并且通过云提供关于属性和服务的信息。云类型根据云管理域划分，确定云计算服务实施的范围，确定适合提供某种服务的底层基础设施。

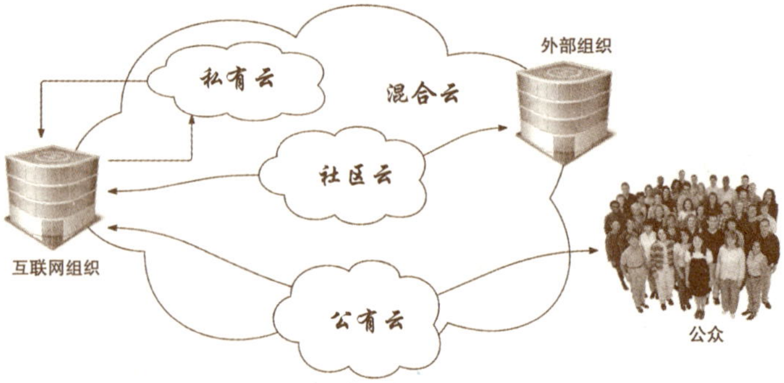

云部署模式

公有云

公有云是历史上实现云计算的第一类云。公有云提供了最大限度地降低IT基础设施成本的解决方案，并且是一种可行的处理本地基础设施高峰负荷的有效方法。公有云的特性是为每个用户提供服务，并支持大量用户使用，其特点是按需扩展能力和支持峰值负载。对于小企业而言，公有云已经成为一种有吸引力的选择，企业可以完全依赖于公共基础设施来满足IT需求，从而不需要大量的前期投资就可以开展业务。相比于私有设施的改造和软硬件的购置，公有云具有如此吸引力的原因是它可以根据相关业务的需求进行增长或收缩。通过租用基础设施或订购应用程序服务，客户能够根据实际情况动态地增加或缩减自己的业务。

私有云

私有云基础设施是为某个组织专门建立的，这种云由那个组织或者第三方管理。私有云的优点在于它解决了公有云的一些缺点。举例来说，公有云公认的缺点是云用户采用云计算时失去了控制权，在公有云的情况下，服务供应商控制着基础设施，甚至用户的核心业务逻辑和敏感数据。虽然有监管程序保证公平管理和尊重客户隐私，但这种情况仍然存在威胁或不可接受的风险，所以一些组织不愿意采用公有云。而私有云可以部署在本地或者托管在云服务提供商的数据中心里，私有云的最终用户都只是在一个单一租户环境下进行部署，不会与其他用户混用。对于本地私有云的实现而言，由于它们仍然管理着数据中心，并在采购硬件配置方面有着可按自己意愿进行的灵活性，消费者在各方面有着完全的自主性。

混合云

无论如何，私有云牺牲了“快速伸缩性、资源池化以及按需使用的定价模式”等云计算的核心优势。于是人们想出了一个两全其美的办法，即同时使用公有云和私有云，也就是混合云。混合云解决方案可以合理利用私有云和公有云的优势，其最佳实践方式是在利用快速伸缩性和资源池这些云计算的优势方面尽可能多地使用公有云，而在数据所有权和隐私这些公有云中风险较高的领域使用私有云。

社区云

社区云是通过整合不同的云服务，为满足一个行业、一个社区或一个业务部门的特点需求而建立的分布式系统。特定社区的使用者分成标识明显的不同社区，关注同样的问题或具有相同需求，共享一套基础设施，所产生的成本共同承担。他们可以是政府、企业或简单用户，但关注的云环境交互、问题相同。

分布式系统

分布式系统（Distributed System）是一些独立计算机的集合，但是对这个系统的用户来说，该系统就像一台计算机一样。而云本质上是大型的、可以按需为第三方提供服务的分布式计算机。云计算体现了分布式系统共享资源、更好地利用资源的观念，并且将其发挥到了极致，将资源（基础设施、运行环境和服务）出租给用户。

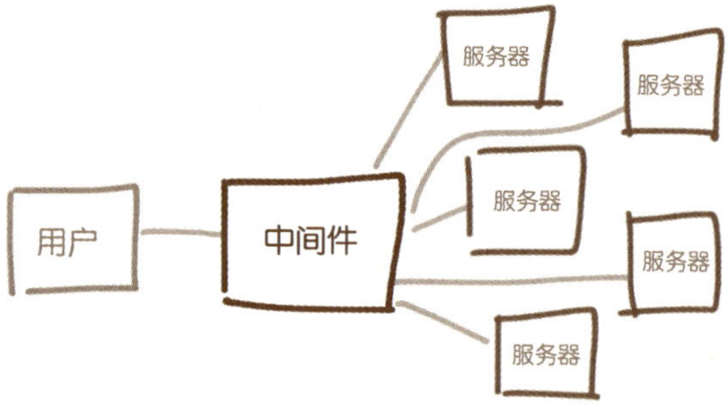

分布式系统示意图

分布式系统与云计算

一个分布式系统是一组逻辑和物理上互联的处理单元的集合，其实质就是对资源的系统范围的分散控制，以达到应用程序的协同执行。这种系统不要求单台计算机的功能十分强大，故能降低成本。分布式系统具有快速访问、多用户使用的优点，系统中的每台计算机可以方便快捷地访问其他内部节点的信息文件，它既可以为本地用户的特殊要求服务，也可以为网络中其他用户服务，实现不同计算机之间的通信与协同工作。云计算是分布式处理、并行处理、网格计算的发展，基本原理是将计算任务分布在云端的大量分布式计算机上，数据也存储在云端，使得企业将有限的资源切换到需要的应用上，降低企业运行的成本。这样带来的结果是中小企业不需要购置专门的计算机系统去满足某一应用需求，只需要向云计算中心支付服务费即可获得相应服务，而云计算中心则拥有大规模的计算机系统，以向用户提供服务。

集群管理

在集群技术出现以前，普通的PC机、工作站、服务器所能提供的能力远远不能满足计算要求。集群技术是一种将一系列计算机通过网络连接起来，共同协调来完成各种需求的技术。由于集群内部的松耦合方式以及资源分布的特点，对其日常维护管理提出了较高的要求，这就需要在集群硬件系统之上建立一个管理系统——集群管理系统，负责管理集群、实现集群功能，让用户在使用集群时就像在使用一台计算机一样。集群管理系统能够实现集群功能并且管理整个系统，是集群必不可少的软件支持，也是集群技术的集中体现。Swarm–Docker、Fleet–Core OS、Kubernetes–谷歌、Mesos–Apache是四种主流的集群管理工具。

远程过程调用

远程过程调用（Remote Procedure Call，RPC）是一个计算机通信协议，该协议允许运行于一台计算机的程序调用另一台计算机的子程序，而程序员不用额外地为这个交互作用编程。如果涉及的软件采用面向对象编程，那么远程过程调用亦可称作远程调用或远程方法调用。分布式系统中，模块间的调用通常需要用远程调用来实现。而且随着微服务架构模式的流行，使用远程调用的比例会越来越高，其实远程调用这种方式很早以前就出现了，早年的技术有诸如COBRA、EJB、SOAP等，但这些技术存在着用法复杂、性能差等缺点。这些缺点限制着远程调用的普及。这些年，随着异步IO技术、序列化技术的发展进步，以及像Zookeeper这样的集群管理服务的出现、普及，妨碍远程调用普及的技术障碍逐渐被打破。

消息中间件

消息中间件（Message Oriented Middleware，MOM）是指支持与保障分布式应用程序之间同步/异步收发消息的中间件。消息是分布式应用之间进行数据交换的基本信息单位，分布式应用程序之间的通信接口由消息中间件提供。

其中，异步通信方式是由消息中间件中的消息队列及其服务机制保障的。一般地，实时性要求较高的业务采用同步方式处理，实时性要求不高的业务采用异步方式进行处理。消息中间件已广泛应用于各类分布式应用系统中。

分布式文件系统

分布式文件系统（Distributed File System，DFS）是指文件系统管理的物理存储资源不一定直接连接在本地节点上，而是通过计算机网络与节点相连，也就是集群文件系统，可以支持大数量的节点以及 PB 级的数量存储。在这样的文件系统中，客户端并非直接存取底层的资料储存区块，而是通过网络以特定的通信协议和服务器沟通。

分布式缓存

缓存能够提升指令和数据读取速度的特性，随着本地计算机系统向分布式系统的扩展，在分布式计算领域中得到了广泛的应用，称为分布式缓存。分布式缓存能够高性能地读取数据，能够动态地扩展缓存节点，能够自动发现和切换故障节点，能够自动均衡数据分区，而且能够为使用者提供图形化的管理界面，部署和维护都十分方便。

分布式数据库

分布式数据库是指利用高速计算机网络将物理上分散的多个数据存储单元连接起来组成一个逻辑上统一的数据库。分布式数据库系统通常使用较小的计算机系统，每台计算机可单独放在一个地方，每台计算机中都可能有 DBMS 的一份完整拷贝副本或者部分拷贝副本，并具有自己局部的数据库，位于不同地点的许多计算机通过网络互相连接，共同组成一个完整的、全局的逻辑上集中、物理上分布的大型数据库。

虚拟化

虚拟化是指通过虚拟化技术将一台计算机虚拟为多台逻辑计算机。在一台计算机上同时运行多个逻辑计算机，每个逻辑计算机可运行不同的操作系统，并且应用程序都可以在相互独立的空间内运行而互不影响，从而显著提高计算机的工作效率。

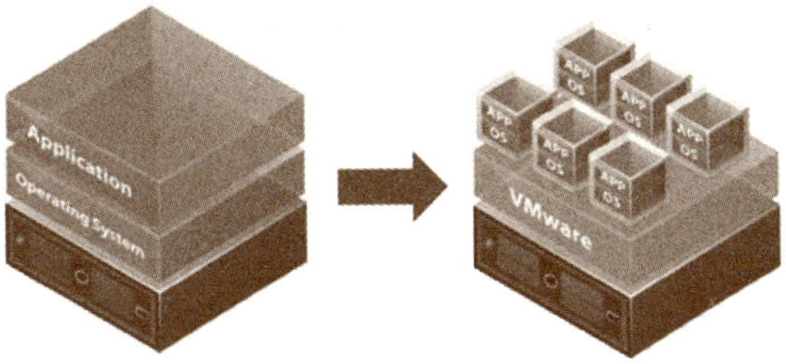

传统结构与虚拟结构

虚拟化在云计算中扮演着重要的角色，因为虚拟化能够支持适当的可定制性、安全性、独立性和可管理性，这些都是按需提供 IT 服务最基本的特性。可以说云计算是虚拟化的最高境界，虚拟化是云计算的底层结构。虚拟化技术可分为服务器虚拟化、网络虚拟化、存储虚拟化、应用虚拟化和桌面虚拟化。

服务器虚拟化

将服务器物理资源抽象成逻辑资源，让一台服务器变成几台甚至上百台相互隔离的虚拟服务器，不再受限于物理上的界限，而是让 CPU、内存、磁盘、I/O 等硬件变成可以动态管理的“资源池”，从而提高资源的利用率，简化系统管理，实现服务器整合，让 IT 对业务的变化更具适应力——这就是服务器虚拟化。在复杂的 IT 环境中，冗余的硬件设备使公司机房饱和，每一件新购入的设备也会带来额外的能源开销。将物理服务器转化为虚拟服务器，是确保机房环境稳定及 IT 开销在可控制范围内的行之有效的方法。采用虚拟化技术后，可以动态地开启或者关闭虚拟服务器，就像操作物理服务器那样。在一台物理服务器上运行多个虚拟机，可以高效地利用物理服务器的硬件资源，并对于可能的需求变化做出快速的反应。

网络虚拟化

网络虚拟化技术将硬件设备和特定的软件结合以创建和管理虚拟网络。网络虚拟化将不同的物理网络集成为一个逻辑网络（外部网络虚拟化）或让操作系统分区具有类似于网络的功能（内部网络虚拟化）。外部网络虚拟化通常是一个虚拟局域网（VLAN），VLAN 是主机的集合，主机之间相互通信，就像位于同一个广播域下。内部网络虚拟化通常与硬件和操作系统级虚拟化一起应用，为客户机提供虚拟的通信网络接口。

存储虚拟化

存储虚拟化是一种贯穿于整个 IT 环境，用于简化本来可能会相对复杂的底层基础架构的技术。存储虚拟化的思想是将资源的逻辑映像与物理存储分开，从而为系统和管理员提供一幅简化、无缝的资源虚拟视图。存储虚拟化的好处是把许多零散的存储资源整合起来，从而提高整体利用率，同时降低系统管理成本。

应用虚拟化

应用虚拟化是将应用程序与操作系统解耦合，为应用程序提供了一个虚拟的运行环境。应用虚拟化的技术原理是基于应用 / 服务器计算 A/S 架构，采用类似虚拟终端的技术，把应用程序的人机交互逻辑（应用程序界面、键盘及鼠标的操作、音频输入输出、读卡器、打印输出等）与计算逻辑隔离开来。在用户访问一个服务器虚拟化后的应用时，用户计算机只需要把人机交互逻辑传送到服务器端，服务器端为用户开设独立的会话空间，应用程序的计算逻辑在这个会话空间中运行，把变化后的人机交互逻辑传送给客户端，并且在客户端相应设备展示出来，从而使用户获得如同运行本地应用程序一样的访问感受。

桌面虚拟化

桌面虚拟化是指将计算机的终端系统（也称作桌面）进行虚拟化，以达到桌面使用的安全性和灵活性。桌面虚拟化依赖于服务器虚拟化，在数据中心的服务器上进行服务器虚拟化，生成大量独立的桌面操作系统（虚拟机或者虚拟桌面），同时根据专有的虚拟桌面协议发送给终端设备，用户终端通过以太网登录到虚拟主机上，只需要记住用户名和密码及网关信息，即可随时随地通过网络访问自己的桌面系统。通过与 IaaS 的结合，桌面虚拟化也演变成了桌面云，使用户能够从客户端经由互联网络来访问托管在供应商设备中的虚拟计算机。

云 + ?

云 + 生物：蛋白质结构预测

生物学中的应用往往需要较高的计算能力，并经常在大数据集上进行大量 I/O（input/output）操作。所以，生物学的应用程序经常广泛使用超级计算和集群计算基础设施。类似的功能以动态方式按需使用云计算技术，从而开辟了生物信息学应用的新机遇。

蛋白质结构

一种生物体的基因组规定了所有构成该生物体的蛋白质，基因规定了组成蛋白质的氨基酸序列。虽然蛋白质由氨基酸的线性序列组成，但它们只有折叠成特定的空间构象才能具有相应的活性和相应的生物学功能。了解蛋白质的空间结构不仅有利于认识蛋白质的功能，也有利于认识蛋白质是如何执行其功能的。确定蛋白质的结构对于生物学研究是非常重要的。

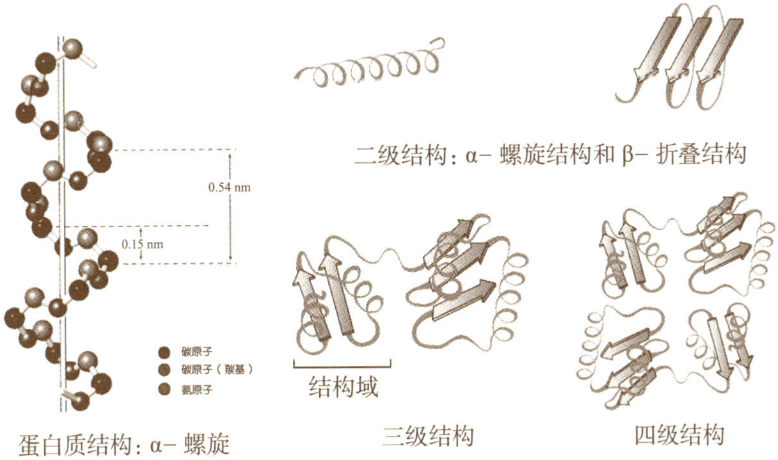

蛋白质结构

蛋白质结构预测

蛋白质结构预测是预测蛋白质的氨基酸序列中蛋白质的三维结构，也就是说，从蛋白质一级结构预测它的折叠、二级、三级和四级的蛋白质结构。此任务需要研究数量庞大的状态空间，以及为每个状态进行大量的计算。蛋白质结构预测所需的计算能力现在可以按需获取，不需要拥有集群或跨越政府部门访问并行和分布式计算设施，而云计算允许按用量付费来使用这种基础设施。

Jeeva 项目

Jeeva 是使用云技术的蛋白质结构预测项目之一 —— 一个集成的 Web 门户网站，它使科学家能够将预测任务转移到一个基于 Aneka 的计算云。预测任务使用机器学习技术（支持向量机）确定蛋白质的二级结构，这些技术将问题转变成模式识别，其中一个序列已被分类成三种可能的类型（E、H 和 C）之一。一种常见的实现是基于支持向量机的，把模式识别问题划分为三个阶段：初始阶段、分类阶段和终止阶段。即使这三个阶段按顺序执行，在分类阶段也能利用并行执行的优点，让多个分类器并发执行，可以明显地降低预测的计算时间。然后将预测算法转换成一个任务图提交到 Aneka，一旦完成任务，用户可通过门户查看由中间件提供的结果。

使用云计算（即 Aneka 作为可扩展的云中间件）相比传统网格基础设施的优点是：可扩展的计算基础设施能根据需求增加和缩小。这个概念是云计算特有的，当应用程序作为服务提供和交付时，它就能成为一项战略优势。

云 + 医疗：云心电图分析

医疗保健是计算机技术的应用领域之一，从支持业务功能到协助科学家开发疾病治愈方案，一个重要的应用是利用云计算为医生提供更有效的诊断过程，特别是云计算环境下的心电图（ECG）数据分析。

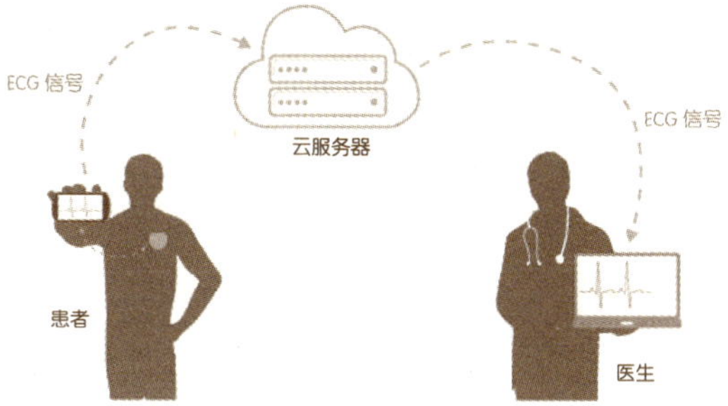

云心电图分析

云 ECG 分析

随着互联网的普及，任何时候从任何设备都可访问的特性，使云技术成为健康监测系统开发时一个有吸引力的选择。很自然地，ECG 数据分析和监测成为适合这个情形的案例。ECG 波形的形状分析是用来识别心律失常和检测心脏疾病的最常见方式。云计算技术可远程监控病人的心跳数据，在最短的时间内分析数据，如果病人有潜在的危险则通知急救人员和医生。病人通过不断的监测，不去医院就可以进行心电图分析。与此同时，医生和急救人员可以即时获得他们关注的信息。

尽管远程心电监护并不一定需要云技术，但云计算提供的优势是其他技术很难实现的。第一个优势是云基础设施具有弹性，根据服务请求可以增大和缩小。这样，医生和医院不必规划容量后投资大量计算基础设施，从而更有效地利用预算。第二个优势是无处不在，托管在云的计算系统可以从任何网络设备通过简单的接口（如 SOAP 和基于 REST 的 Web 服务）访问。这使得云系统不仅普遍存在，而且可以很容易地与保存在该医院的其他系统集成。最后，医疗保健中使用云技术的另一原因是节约成本。云服务定价按使用时间计算费用，大量的服务请求按量定价。这两款模式提供了一套用于定价服务的灵活选择，实际上收费成本是基于有效使用，而不是建设成本。

云 + 制造：从制造到智造

未来，生产制造会是什么样子？不用人工调度机器就可以知道下一步要做什么，一瓶香水能根据个人的喜好来调制，甚至吃的药都是按照基因进行配方的。简单来说，工厂制造的流程将更智能、更高效，生产的产品也将更“懂”消费者。这就是工业 4.0 要实现的目标。

工业 4.0

工业 4.0 的应用场景

小青是哈雷摩托的狂热爱好者，不久前他终于拥有了人生第一辆哈雷，这是一辆深度定制化的摩托车。小青先到哈雷官网挑选了自己中意的型号，指定了他想要的发动机、零件和外形颜色，然后在线下了订单。从接收到订单，到根据需求进行组装生产，再到最终出厂下线，只用了 6 个小时，小青就能直接从工厂开走这辆哈雷。而原来要生产这样一辆摩托车，至少要花 20 多天。这就是工业 4.0 的一个典型应用场景。通过将价值链中的各个环节充分数字化，制造企业实现了生产效率的提升，整个生产制造的流程变得更加智能。云计算被认为是实现工业 4.0 目标的最佳方式之一。因为要真正管理、运营好一个物联网应用，就必须把不同的物体以及终端进行互联，这里面需要非常多的技术作为支撑，而云将成为一个非常好的支点。

“任意云”

戴尔提出了“任意云”解决方案，希望通过硬件（服务器、存储、网络）、软件（云集成、虚拟化管理）以及服务（咨询、技术支持）这三大方面的联动，为客户提供一个模块化、端到端且高效融合的综合云计算服务。比如，制造业领军企业霍尼韦尔旗下的 Honeywell Process Solutions，就利用戴尔提供的硬件设备以及虚拟化软件打造了自己的私有云平台——H-Pod。

这套私有云解决方案也可以应用到不同规模的制造企业当中，为其实现工业4.0目标打下坚实基础。

无论是德国的工业4.0还是我国的中国制造2025，其核心都是充分利用IT技术来帮助制造企业将生产、配送等各个充分实现数字化。夯实IT基础，逐步向更加灵活、智能的架构过渡将是一条必经之路。而“流动、灵动与联动”就将成为在工业4.0背景下帮助企业从“制造”向“智造”转型的制胜法宝。

云+传媒：NBC更快更及时

NBC的挑战

NBC（National Broadcasting Company，美国全国广播公司），全美三大商业广播电视公司之一（其余两家分别是美国哥伦比亚广播公司CBS和美国广播公司ABC）。就媒体行业而言，时效性正是其行业价值的体现。被信息包裹的时代，人们不仅能以更多元的途径获取消息，更能越发快速地了解事件的发生与后续的发展。由此可见，来自于传统媒体平台（电视与印刷业）的报道正逐步失去了其应有的价值，它们正转向互联网，依靠数字平台推动媒体行业的进步。

NBC的抉择

NBC新闻正面临抉择，助其在竞争凶猛的数字新闻市场脱颖而出，实现新闻业务“大幅提速”。一直致力于为客户创造“独特新闻体验”的NBC，最终找到了满足他们全部需求的服务——Azure中的通知中心（Notification Hubs）。它可以在成本低廉的情况下在数分钟内推送数百万条突发新闻推送信息，更为其省去了大量推向市场的时间成本。NBC希望能将突发新闻的提示尽可能快地推送到数百万客户的手中，这就是他们采用Windows Azure的原因。

时间优势

自行编写一个高度自动化的消息推送系统，整个过程至少需要数月时间，而通过 Azure 环境高度集成框架与工具，则只需 2 天即可完成。此举帮助 NBC 实现了远超于原基础设施的开发与上线速度，且开销更为经济。同时，通过 Azure 提供的跨平台支持能力，大幅节省了 NBC 新闻开发人员在扩展消息推送技术时所花费的时间。这些也将成为 NBC 在业内的重要竞争优势之一。

云 + 体育：每个观众都是比赛专家

美国职业棒球大联盟（Major League Baseball，MLB），是北美地区最高水平的职业棒球联赛，它作为北美四大体育联盟历史最悠久的成员，已经有超过 150 年的历史。而在福布斯 2015 年公布的联盟财富榜上，MLB30 支球队的总价值达到 360 亿美元，它相对前一年 48% 的增幅远高于另外三大体育联盟。更恐怖的是，过去五年内，MLB 球队的平均价值上涨了 130%，这家百年老字号是如何在这个新时代不断创新，吸引更多球迷的呢？答案就是：云计算 + 大数据。

世界大赛的悬念

2014 年世界大赛最后一场比赛中，第三局获胜者将赢得比赛，此时旧金山巨人队和堪萨斯城皇家队二比二平。皇家队的 Eric Hosmer 大力击球，使球飞向中外场。如果球离开内场，则此击打应该可以一举制胜。然而巨人队二垒手 Joe Panik 一个精彩的飞扑守住了这个球，从而导致两人出局，包括 Hosmer，他在尝试飞扑击打 Panik 扔出的球后在一垒出局。皇家队一次可能的反击失败了，巨人队通过一垒安打赢得了世界大赛。

AWS 分析比赛细节

Panik 的比赛在社交媒体、酒吧及播音室里引发了许多讨论。但是，有关该比赛更详细的信息则位于云中托管的一个系统里，即全新的名为球员跟踪系统的解决方案，该解决方案是 MLBAM（MLB Advanced Media）使用 Amazon Web Services（AWS）创建的。该解决方案捕获和分析比赛中每个动作的细微复杂性，其显示 Hosmer 本可以通过跑到垒上安全地进入一垒，而不是飞扑。这种技术对于比赛的发展至关重要，有史以来，它第一次测量了之前无法测量的东西。

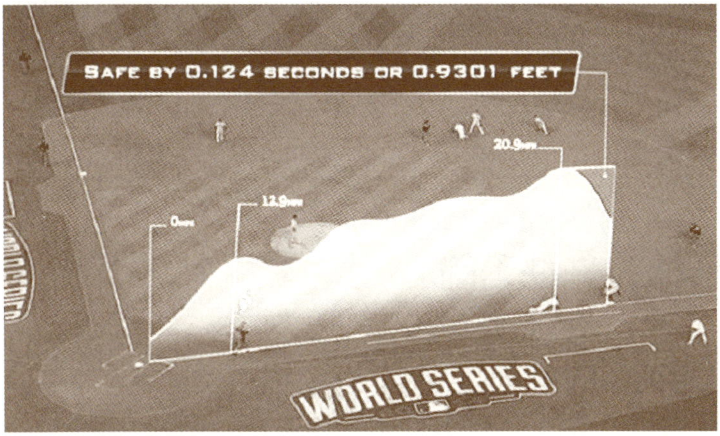

球员跟踪系统（Statcast）对 Panik–Hosmer 的比赛分析

被否决的本地 IT 解决方法

数据在棒球运动中扮演了重要角色，可以通过丰富的统计信息将各个赛季的比赛进行分类。但是，该信息属于历史信息，并且是静态的。MLBAM 想通过实时采集和分析数据以显示比赛的更多细节来改变其统计方法。MLBAM 考虑采用本地 IT 解决方案，但最终被否决了。他们期望在所有体育场运用计算能力，但是，从如此多的位置有效分发数据需要许多时间，同时需要投资昂贵的 IT 资源，而这些资源有大半年的时间是处于闲置状态的。

理想的云计算解决方案

AWS 云提供了理想的替代方案，可以为一天内进行的 15 场比赛提供支持，有些天只有一场或两场比赛。AWS 可以覆盖全美国，在比赛场地和云之间发送数据的往返时间也非常合理，同时提供用于构建 Statcast 的多个服务。它提供了很好的扩展性，使 MLBAM 在最需要它的时候有大量的资源，一天就可以完成一个、两个或更多的比赛，然后在休赛期关闭资源。

速度、可扩展性以及通过不同方式捕获、分析和提供大量数据的能力是 MLBAM 努力创新的核心。MLBAM 正在为球迷提供实实在在的信息，支持他们针对比赛进行讨论，这是比赛的重要部分。广播员也拥有新的信息用于直播分析，进一步增强与观看者互动，而俱乐部则拥有新的数据和工具来分析和指导球员。由 AWS 提供支持的球员跟踪系统可为应用和设备提供更令人激动的新信息，将吸引更年轻的球迷，此类球迷习惯于通过视频观看比赛，对观看体验有着诸多期待。这一切让棒球运动更加激动人心。

突破桎梏，一往无前

云计算的桎梏

云计算带来了很多便利和优势，同时也带来了诸多挑战。一项云计算服务，可能在全球十几个国家拥有数以亿计的用户，每秒需要处理成千上万个事务。如果设计不当或存在技术缺陷，就会经常发生系统问题甚至系统崩溃，导致数据泄露，形成数据安全隐患。如果企业希望成功地应用云计算，必须面对这一系列的挑战。归纳起来，需要特别注意系统安全、成本管理以及法律问题。

系统安全挑战

系统安全无论对于传统的 IT 还是云计算，一直是一个严峻的挑战。使用云服务的机构并不拥有用来处理数据和存储信息的基础设施，这使得机密数据的保护面临着挑战，机密数据泄露的后果是任何机构都无法承受的。因此，需要寻求确保数据机密性且符合安全标准的方法，这是对云计算系统的信息处理的最低要求。这个问题并不那么明显，尽管密码可以保护从客户端到云硬件设备之间的数据传输，然而为了处理信息，还需要在内存中进行解密。这是整个过程中的薄弱环节，因为虚拟化允许透明地获取应用程序的内存页，恶意的商家可以轻易地得到这些数据。

成本挑战

如何节省开支也是经常遇见的问题，这是一个业务问题而不是一个技术问题。客户可能对云计算的发展太过乐观，或者执行了不恰当的云计算商业模式，仓促花巨资建设大规模云数据中心，采购了海量服务器。在系统及服务器上进行大量投入，一部分运行良好，也有不少花了很多的冤枉钱。除了建设费用之外，运营成本（Operating Expense，OPEX）也是一个巨大的数目。运营一个云计算环境消费是多方面的，其中最主要的是电费、维护协议（Licenceand Maintenance）的费用和人员投入。绿色节能技术、可管理运营，特别是面向大规模自动化的部署与监管技术的进展，都会对明天的云的发展方向带来不可低估的影响。

法律挑战

云计算具有无处不在的特性，即计算基础设施部署在不同的地理位置，这会带来法律问题。不同国家关于隐私有不同的法律法规，可能会在第三方（包括政府部门）对数据拥有什么权利的问题上引发潜在的争议纠纷。众所周知，当可疑操作可能会对国家安全造成威胁时，美国立法赋予了政府机构极端的权力去获取机密数据。而欧洲国家则更加严格地保护隐私权。当美国机构使用云服务将其数据存储在欧洲时，有趣的情况出现了，如果美国政府对该机构产生怀疑，它也很难甚至不可能对位于欧洲云数据中心存储的数据进行控制。

三个锦囊妙计

云计算未来的发展趋势，将向大规模的、与应用程序密切结合的底层基础设施的方向发展。从应用的角度来说，不断创建新的云计算应用程序、为用户提供更多更完善的互联网服务也可作为云计算的发展方向。云计算的新业态，也将催生新的商业机会、新的产业，促进技术进步。移动互联网、大数据和物联网这些与云计算密切相关的领域进一步对人类的生产生活起到积极的作用。

移动云计算

现在，云计算技术被认为是“网络的未来”。云计算的发展并不局限于PC，随着移动互联网的蓬勃发展，基于手机等移动终端的云计算服务已经出现，成为日常生活的一部分。移动云计算在商业领域，通常是围绕着远程办公开展的。常见的应用有工作派遣、日程安排、内部邮件、工作流程等移动企业管理相关服务，也有后勤、库存控制等移动商务应用。移动云计算在个人用户的应用，一般通过移动网络的接入进行交流（通话、视频聊天），方便生活（购物、支付）、娱乐（游戏、看影视剧）、查询等个人行为，涉及吃、住、行、游、购、娱各个方面。同时，政府服务、军事等领域也应用云计算。例如，电子政府、电子健康服务、旅游业（电子地图导航、旅游定位服务）、智能交通、环境监控、战时通信等。

云计算与大数据

近年来，随着移动互联网和物联网的快速发展，实现了人、机、物三元世界的高度融合。早在 2011 年，全球被复制和创建的数据量就达到了 1.8 ZB，远超过人类有史以来印刷材料的数据总量。如果把 1.8 ZB 的数据刻录在普通的光盘里，光盘叠加超来的高度将等同于从地球到月球的一个半来回。大数据带来的信息风暴正在变革人类的生活、工作和思维，是新一代信息技术的集中反映。对于云计算与大数据的关系，狭义的虚拟化云计算和大数据代表了计算的两个极端。云计算是指硬件处理能力太强了，通常的应用一般用不完，所以将其“分”为多台小机子来用。大数据则是指计算任务太大了，一台服务器搞不定，需要多台来共同完成。也就是说，云计算是把大“化”小，而大数据则是把大“合”为更大。他们之间相辅相成、相得益彰，云计算将计算资源作为服务支撑大数据的挖掘，而大数据的发展趋势是对实时交互的海量数据查询、分析提供各自需要的价值信息。

云计算与物联网

物联网这个概念从产生到现在也不过一二十年时间，中国、日本和欧盟都在积极开展相关的研究和探索。科研院所、生产企业、应用行业甚至财经媒介，都在发表自己关于物联网的观点和认识。过去的 20 年，互联网给人类带来了前所未有的机遇，改变了人类的生活、娱乐和学习的方式，也创造了很多财富及经济效益。而现在，物联网的兴起为互联网的发展注入了新的动力。目前认为，物联网包括感知层、网络层和应用层，而在应用层面，有分布存储、数据融合、数据挖掘、搜索引擎、云计算、数据安全等多种技术为其应用提供基础服务。云计算在物联网中占据非常重要的地位，因物联网的数据收集、分析、关联都需要后端云平台的支持。

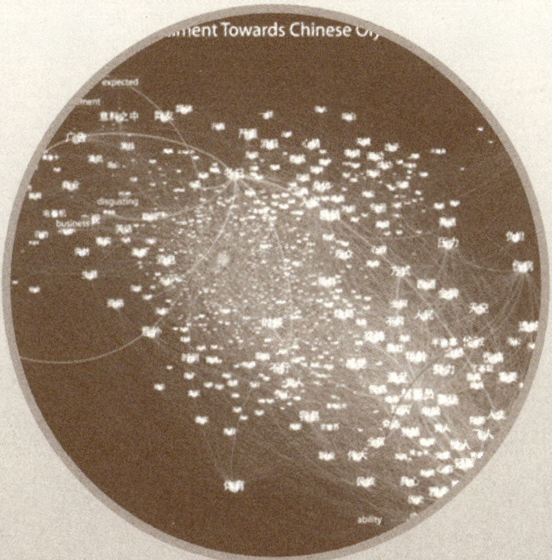

大数据服务产业

走进大数据

大数据时代

2012年以来，“大数据”（big data）一词越来越多地被提及，人们用它来描述和定义信息爆炸时代产生的海量数据，并命名与之相关的技术发展与创新。但是随着时间的推移，人们将越来越多地意识到数据对企业的重要性。“大数据”时代已经降临，在商业、经济及其他领域中，决策将日益基于数据和分析而做出，而并非基于经验和直觉。哈佛大学社会学教授加里·金说：“这是一场革命，庞大的数据资源使得各个领域开始了量化进程，无论学术界、商界还是政府，所有领域都将开始这种进程”。

数据量井喷

互联网上的1分钟

据统计，全球90%的数据都是在过去两年中生成的。互联网、社交网络、传感器、科研、金融正在产生越来越多的数据。RFID从2005年的1.3亿增加到2010年的30亿，Google每天处理大约24 PB的数据，Facebook每天处理25 TB的数据，Twitter每天处理7 TB的数据。中国移动每天产生超过10 TB的话单、30 TB的上网日志和100 TB的信号数据。每个交易周期，纽约证券交易所捕获1 TB的交易信息。沃尔玛每小时要处理

100 万笔电子交易记录。欧洲核子研究中心的强子对撞机每秒产生 40 TB 数据。美国政府拥有 848 PB 数据，居美国第二位。

大数据与云计算

大数据是爆红速度仅次于云计算的科技新名词，业界逐步开始区分大数据和云计算两个概念。前者主要指业务问题、创新机会和技术平台，后者主要指按需付费、资源动态调配、自服务的商业模式。从大数据（Big Data）和云计算（Cloud Computing）在 Google 上的搜索趋势上看，对大数据的关注已经逐步超过了云计算。对大数据的需求主要集中在分析和使用方面。

大数据带来的挑战

大数据是资源，但是很好的利用该资源，面临诸多挑战。

一是工业大数据来源广泛且分散：有来源于产品制造现场工控网监控数据，有来源于互联网的客户、供应商数据，有来源于企业内网的经营管理数据。海量异构多源多类数据难以有效集成，语义描述困难，不能实现面向系统生命周期管理的数据协同管理。二是数据关联性强，有关联也要有因果：工业大数据的产生和应用都围绕产品全生命周期、企业主价值链等，数据间关联性强且分析准确性要求高。不但要利用大数据给出决策也要用大数据给出决策依据。工业大数据预测精度低，准确性和可靠性不高，无法满足安全性要求。三是持续采集、具有鲜明的动态时空特性：工业大数据来源于工控网络和传感设备，具有实时性强、连续性、稳定性要求高等特点，需要采用可靠的数据采集、存储、管理的工具进行管理，另外涉及国计民生领域还要求整个平台安全可控。工业大数据分析的实时性要求高，动态控制困难，量化难度大。四是与具体工业领域紧密相关：工业大数据产生依赖于 CPS 网络和智能产品，但目前面向信息物理融合系统的分析方法单一，无法实现闭环、多层次、多阶段、自比较等综合分析；面向智能设备和智能产品的故障检测能力不足，健康预测管理水平低，无法实现面向产品可靠性的深层次分析。

大数据 5V 特征

大数据（Big Data）是指“无法用现有的软件工具提取、存储、搜索、共享、分析和处理的海量的、复杂的数据集合”，IBM 提出大数据 5V 特点（即 Volume、Variety、Value、Velocity、Veracity）来概括大数据的特征。

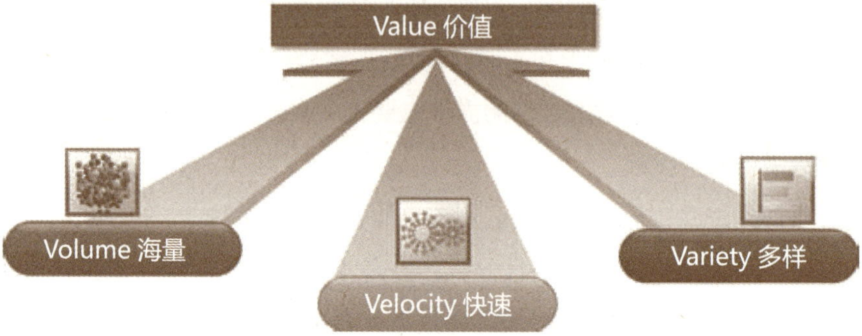

大数据的特征

数据体量巨大（Volume）

截至目前，人类生产的所有印刷材料的数据量是 200 PB（1 PB = 210 TB），而历史上全人类说过的所有的话的数据量大约是 5 EB（1 EB = 210 PB）。当前，典型个人计算机硬盘的容量为 TB 量级，而一些大企业的数据量已经接近 EB 量级。

数据类型繁多（Variety）

数据类型多样分为结构化数据和非结构化数据。相对于以往便于存储的以文本为主的结构化数据，非结构化数据越来越多，包括网络日志、音频、视频、图片、地理位置信息等，数据的多样性对数据的处理能力提出了更高要求。

价值密度低（Value）

价值密度的高低与数据总量的大小成反比。以视频为例，一部 1 小时的视频，在连续不间断的监控中，有用数据可能仅有一二秒。如何通过强大的机器算法迅速地完成数据的价值“提纯”，成为目前大数据背景下急待解决的难题。

处理速度快（Velocity）

这是大数据区分于传统数据挖掘的最显著特征。根据 IDC“数字宇宙”报告，预计到 2020 年，全球数据使用量将达到 35.2 ZB。在如此海量的数据面前，处理数据的效率就是企业的生命。

质量高（Veracity）

数据质量是大数据价值发挥的关键。互联网中有大量的虚假、错误数据，不同领域、不同来源的大数据的可靠性是有差异的，既有大量真实表达民意的声音，也有大量不负责任的言论和蓄意制造的谣言，这些虚假信息严重影响大数据价值的发挥。

数据价值

大数据的数量级是在“太字节”，即 2 的 40 次方以上，一般难以收集、存储、管理和分析。随着科技进步，“大”的认定还会不断变化。但仅仅因为“大”而称之为大数据，风靡全球的大数据革命就没有太大意义了。在小数据时代，我们只能有选择性采集抽样数据、局部数据和片面数据，有时在无法获得实证时纯粹靠经验、理论、假设和价值观去发现未知领域的规律。结果只能是对真实世界的抽象归纳与推理，这就不可避免人的主观因素。同时，由于样本的局部性、时间的非全天候性、归纳推理中的主客观偏差，有时可能出现“蝴蝶效应”，差之毫厘，谬以千里。大数据的真正意义在于，通过传感器，实现真实世界的全方位连接，得到全方位实时数据，交换、整合和云计算，逼近真实世界。

美国政府“大数据”战略

美国政府推出了“大数据”战略，可与当年克林顿政府时代的信息高速公路计划媲美。奥巴马希望借助大数据来将美国经济带出泥潭。从基础建设到 IT 硬件、软件、网络，最后到数据。2010 年 12 月，总统行政办公室下属的科学技术顾问委员会、信息技术顾问委员会向奥巴马和国会提交了《规划数据未来》的专门报告，该报告把数据收集和使用的工作提到了战略的高度。

“如何收集、保存、维护、管理、分析、共享正在呈指数级增长的数据是我们必须面对的一个重要挑战。如何保证这些数据现在、将来的完整性和可用性，我们面临着很多的问题和挑战。如何使用这些数据，则是另外一个挑战。应对好这些挑战，将引导我们在科研、医疗、商业和国家安全方面开创新的成功。”2012 年 3 月 29 日，奥巴马政府又进一步推进了其“大数据战略”。奥巴马的高级顾问、总统科学技术顾问委员会的主席霍尔德伦代表国防部、能源部等 6 个联邦政府部门宣布，将投入 2 亿多美元立即启动“大数据发展研究计划”以推动大数据的提取、存储、分析、共享和可视化。

大数据政务

联合国于 2012 年 7 月 10 日在纽约总部发布了一份大数据政务白皮书《大数据促发展：挑战与机遇》，总结了各国政府如何利用大数据更好地服务和保护人民，大数据时代已经到来。大数据对于联合国和各国政府来说是一个历史性的机遇，报告解释了大数据如何帮助政府更好地响应社会和经济指标变化，例如收入、失业、食品价格等。以爱尔兰和美国的社交网络活跃度增长可以作为失业率上升的早期征兆为例，表明政府如果能合理分析所掌握的数据资源，将能“与数俱进”，快速应变。该报告是联合国“全球脉搏”项目的产物。“全球脉搏”是联合国发起的一个全新项目，旨在利用消费互联网的数据推动全球发展，利用自然语言解码软件，可以对社交网络和手机短信中的信息进行情绪分析，从而对失业率增加、区域性开支降低或疾病暴发等进行预测。因此，建议联合国成员国建设“脉搏实验室”（“Pulse Labs”）网络，开发大数据的潜在价值。

Twitter 数据资源

美国印地安纳大学和英国曼彻斯特大学的学者通过提取 Twitter 上的非结构化数据分析公众情绪，再将情绪曲线与道琼斯工业指数进行对照分析，发现可以提前三四天预测股市大盘走势。基于此，推出欧洲第一只基于社交媒体的对冲基金。英国的科学家根据 Twitter 的数据来跟踪流感的爆发。基于用户发布信息中的关键词，结合用户的发布地点，按区域与英国卫生部的官方数据进行比较，建立预测，创业团队“SickWeather”甚至以预测疾病为主题开展了自己的创业项目。

巨大的经济价值

麦肯锡全球研究机构在 2011 年 5 月发布的《大数据：创新、竞争和生产力的下一个前沿领域》中表示，充分利用大数据可帮助全球个人定位服务提供商增加 1 000 亿美元收入，帮助欧洲公共部门的管理每年提升 2 500 亿美元产值，帮助美国医疗保健行业每年提升 3 000 亿美元产值，并可帮助美国零售业获得 60% 以上的净利润增长。在瑞士达沃斯论坛上，一份题为《大数据，大影响》（Big Data，Big Impact）的报告宣称，数据已经成为一种新的经济资产类别，就像货币或黄金一样。《华尔街日报》在文章《科技变革即将引领新的经济繁荣》中更是大胆预测："我们再次处于三场宏大技术变革的开端，它可能足以匹敌 20 世纪的那场变革，这三场变革的震中都在美国，它分别是大数据、智能制造和无线网络革命。"

数字安全

大数据是一把双刃剑。一方面，它引领未来技术变革，对企业甚至国家来说都意味着潜力和机遇。但另一方面，大数据也带来风险和有关隐私无穷无尽的烦恼。数据共享是发挥大数据优势的基本要求，而与此同时带来的数据风险也不容忽视。

隐私安全问题

在大数据时代，移动互联网迅猛发展，无论在何时何地，手机等各种网络入口以及无处不在的传感器等都会对个人数据进行采集、存储、使用、分享，而这一切大部分都是在用户无法控制和知晓的情况下发生的，对此，在大数据环境下如何保护隐私受到人们的广泛关注。大数据作为资源，实现盈利的关键在于获取海量的数据，并提高对数据的"加工能力"，通过"加工"实现数据的"增值"。数据开放已成为了时代发展的必然选择。

隐私泄露

随着互联网技术的飞速发展，整个社会被强行推入大数据时代。不管人们是否愿意，我们的个人数据正在不经意间被企业、个人搜集并使用。个人数据的网络化和透明化已经成为不可阻挡的大趋势。过去，能够大量掌控公民个人数据的机构只能是持有公权力的政府机构，但现在许多企业和某些个人也能拥有海量数据，甚至在某些方面超过政府机构。这些用户数据对企业来说是珍贵的资源，因为他们可以通过数据挖掘和机器学习从中获得大量有价值的信息。与此同时，用户数据亦是危险的“潘多拉之盒”，数据一旦泄露，用户的隐私将被侵犯。近年来，已经发生了多起用户隐私泄露事件，公民个人隐私保护遇到了严峻的挑战。

医疗数据泄露

20 世纪最著名的用户隐私泄漏事件发生在美国马萨诸塞州。20 世纪 90 年代中叶，为了推动公共医学研究，该州保险委员会发布了政府雇员的医疗数据。在数据发布之前，为了防止用户隐私泄露，委员会对数据进行了匿名化处理，删除所有的敏感信息，如姓名、身份证号和家庭住址等。然而，来自麻省理工学院的 Sweeney 成功破解了这份匿名化处理后的医疗数据，能够确定具体某一个人的医疗记录。匿名医疗数据虽然删除了所有的敏感信息，但仍然保留了三个关键字段：性别、出生日期和邮编。Sweeney 同时有一份公开的马萨诸塞州投票人名单（被攻击者也在其中），包括投票人的姓名、性别、出生年月、住址和邮编等个人信息。她将两份数据进行匹配，发现匿名医疗数据中与被攻击者生日相同的人有限，而其中与被攻击者性别和邮编都相同的人更是少之又少。由此，Sweeney 就能确定被攻击者的医疗记录。Sweeney 进一步研究发现，87% 的美国人拥有唯一的性别、出生日期和邮编三元组信息，同时发布事实上几乎等同于直接公开。

用户评价数据泄露

2006 年，美国在线公司（AOL）公布了超过 65 万用户三个月内的搜索记录，以推动搜索技术的研究。AOL 同样对发布的数据进行了匿名化处理，即用一个随机数代替用户的账号。随后，《纽约时报》成功将部分数据去匿名化，并公开了其中一位用户的真实身份。这起隐私泄漏事件引起了人们的广泛关注，美国在线公司因为此事件在北加州地方法院被起诉。美国网飞公司（Netflix）曾举办了一个推荐系统算法竞赛，发布了一些“经过匿名化处理的”用户影评数据供参赛者测试，仅仅保留了每个用户对电影的评分和评分的时间戳。然而，来自德州大学奥斯汀分校的两位研究人员借助公开的互联网电影数据库（IMDB）用户影评数据获得的 IMDB 用户，并不比在 Netflix 上的全部电影浏览信息（包括涉及敏感题材的电影）少。为此，2009 年 Netflix 遭到了 4 位用户的起诉，不得不取消了该竞赛。

公民个人隐私泄露

除了上述几个著名的用户隐私泄露事件，大数据带来的整体性变革，使得个体用户很难对抗个人隐私被全面暴露的风险，谷歌公司著名的街景服务曾引发许多摄影对象的抱怨，他们要求谷歌在街景画面中屏蔽掉自家住宅或商铺的图像，但虚化后的阴影与周边景象形成了鲜明对比，促使一些歹徒寻着“此地无银三百两”的提示，按图索骥地登堂入室。同时，传统线下企业的数据保护方式失效，只要用户使用智能手机、上网购物或参与社交媒体互动，就必须将自己的个人数据所有权转移给服务商。更为复杂的是，经过多重交易和多个第三方渠道的介入，个人数据的权利边界消失了或者说模糊不清了。

保护个人隐私与数据应用同等重要

数据开放的可持续性和长期效果在很大程度上取决于隐私保护的好坏。大数据时代，保护个人隐私与数据应用同等重要。近几年，国家不断加大对互联网的重视，谁能更好地将分散在不同服务器中的数据资源整合并服务于社会，为社会创造更多的财富，谁就抢占了 21 世纪的先机。而中国已有近 7 亿网民，这个群体对大数据的应用，可以产生极大的经济效应。有些行业会借大数据迅速腾飞，除互联网业外，很多制造业、服务业凭借互联网优势得到了快速发展，连房地产业也因物联网的兴起而迅速改变现有业态。但同时，一些传统产业正快速萎缩，如严重遭网店冲击的实体零售业，已经相当惨淡。未来多数实体店只能变为品牌展示橱柜，多数小型零售店只能改行。

隐私保护法律手段

大数据的共享、共融、共治，带来了国家安全、经济安全及对个人隐私保护的挑战。如何在用户不反感、保护隐私的前提下进行最大限度的应用，需制定法律法规，规范管理。能否保护好个人隐私，也是衡量一个社会治理水平和文明程度的标志之一。政府应该出台法律规范，承认私人信息为个人财富，国家按照保护私有财产模式保护个人信息；他人使用你的个人信息，必须事先征得你的授权，或通过购买取得你的个人信息，违者处罚。而更重要的，是要做到有法必依。欧美早在20世纪就有专门的隐私保护法，我国大陆虽然没有专门的隐私保护法，但在多个法律法规的条文中涉及隐私保护，对保护个人隐私做了间接的、原则性的规定。

隐私保护技术手段

面对频发的隐私泄露事件，隐私保护问题需要得到有效的解决。解决的途径包括：制定法律法规、研发技术方法、规范管理措施三个方面。在技术方面，隐私保护的研究领域主要关注基于数据失真的技术、基于数据加密的技术和基于限制发布的技术。基于数据失真的技术通过添加噪音等方法，使敏感数据失真但同时保持某些数据或数据属性不变，仍然可以保持某些统计方面的性质基于数据加密的技术采用加密技术在数据挖掘过程隐藏敏感数据，包括安全多方计算SMC，即使两个或多个站点通过某种协议完成计算后，每一方都只知道自己的输入数据和所有数据计算后的最终结果；还包括分布式匿名化，即保证站点数据隐私、收集足够的信息实现利用率尽量大的数据匿名。基于限制发布的技术有选择地发布原始数据、不发布或者发布精度较低的敏感数据，实现隐私保护。

数据伪造

大数据可信性的威胁之一是伪造或刻意制造的数据，而错误的数据往往会导致错误的结论。若数据应用场景明确，就可能有人刻意制造数据，营造某种假象，诱导分析者得出对其有利的结论。由于虚假信息往往隐藏于大量信息中，使得人们无法鉴别真伪，从而做出错误判断。例如，一些点评网站上的虚假评论，混杂在真实评论中使得用户无法分辨，可能误导用户去选择某些劣质商品或服务。由于当前网络社区中虚假信息的产生和传播变得越来越容易，其所产生的影响不可低估。

数据传输误差

大数据可信性的威胁之二是数据在传播中逐步失真。原因之一是人工干预的数据采集过程可能引入误差，由于失误导致数据失真与偏差，最终影响数据分析结果的准确性。此外，数据失真还有数据版本变更的因素。在传播过程中，现实情况发生了变化，早期采集的数据已经不能反映真实情况。例如，餐馆电话号码已经变更，但早期的信息已经被其他搜索引擎或应用收录，所以用户可能看到矛盾的信息而影响其判断。因此，大数据的使用者应该有能力基于数据来源的真实性、数据传播途径、数据加工处理过程等，了解各项数据可信度，防止分析得出无意义或者错误的结果。密码学中的数字签名、消息鉴别码等技术可以用于验证数据的完整性，但应用于大数据的真实性时面临很大困难，主要根源在于数据粒度的差异。例如，数据的发源方可以对整个信息签名，但是当信息分解成若干组成部分时，该签名无法验证每个部分的完整性，数据的发源方无法事先预知哪些部分被利用，如何被利用，难以事先为其生成验证对象。

数据访问控制

访问控制是实现数据受控共享的有效手段。由于大数据可能被用于多种不同场景，其访问控制需求十分突出。大数据访问控制的特点与难点在于难以预设角色，实现角色划分。由于大数据应用范围广泛，它通常要为来自不同组织或部门，不同身份与目的的用户所访问，实施访问控制是基本需求。然而，在大数据场景下，有大量用户需要实施权限管理，且用户具体的权限要求未知。面对未知的大量数据和用户，预先设置角色十分困难，难以预知每个角色的实际权限。由于大数据场景中包含海量数据，安全管理员可能缺乏足够的专业知识，无法准确地为用户指定其所可以访问的数据范围。而且从效率角度讲，定义用户所有授权规则也不是理想的方式。以医疗领域应用为例，医生为了完成其工作可能需要访问大量信息，但对于数据能否访问应该由医生来决定，不应该需要管理员对每个医生做特别的配置，但同时又应该能够提供对医生访问行为的检测与控制，限制医生对病患数据的过度访问。此外，不同类型的大数据中可能存在多样化的访问控制需求。例如，在个人用户数据中存在基于历史记录的访问控制，在地理地图数据中存在基于尺度以及数据精度的访问控制需求，在流数据处理中存在数据时间区间的访问控制需求。如何统一地描述与表达访问控制需求，是一个挑战性问题。当前急需针对前述大数据面临的用户隐私保护、数据内容可信验证、访问控制等安全挑战，展开大数据安全关键技术研究，如数据发布匿名保护技术、社交网络匿名保护技术、数据水印技术、数据溯源技术、风险自适应的访问控制等。

大数据技术

数据采集

针对管理信息系统中的异构数据集成、Web 系统中的实体识别和 DeepWeb 集成、传感网络数据融合技术已有很多研究工作，如 Data Flux、Data Stage 等。当前大数据处理的典型技术包括 HBase 和 Hive 等查询分析系统，Map Reduce 和 Hadoop 等批处理系统，S4 和 Storm 等流处理系统，Pregel 等图计算系统。由于大数据处理的多样性和复杂性，学术界和工业界不断研究和推出新的大数据计算模式和平台，重要的发展趋势包括 Hadoop 平台与其他计算模式的融合、多样性混合计算模式、基于内存的大数据处理技术。

数据采集操作系统

嵌入式操作系统 μC/OS Ⅱ是专为微控制器系统和软件开发而设计的公开源代码的抢占式实时多任务操作系统内核，是一段微控制器启动后首先执行的背景程序，作为整个系统的框架贯穿系统运行的始终。对实时性和稳定性要求很高的数据采集系统来说，引入 μC/OS Ⅱ无疑将大大改善其性能。应用时，数据采集系统置于被监控的设备处，通过传感器对设备的电压或者电流信号进行采样、保持，并送入A/D转换器变成数字信号，然后将该信号送到FIFO中。当FIFO中存放的数据到了一定数目时，由ARM7从FIFO中读出，然后通过ARM7的以太网接口或者RS232送给上位机。考虑到要监控的设备可能会很多，所以设计了多路采集通道，他们经过模拟开关后再进入A/D转换器。CPLD是整个系统的控制核心，他控制采集通道的切换、A/D转换器的启/停、转换后的数据在FIFO中的存放地址发生器、产生中断请求以通知ARM7读取存放在FIFO中的数据等。

数据存储

当前普遍采用的是分布式文件系统和分布式数据库。分布式文件系统涉及高效元数据管理技术、存储可扩展技术、针对负载的存储优化技术、基于存储器件的优化技术等；分布式数据库包括事务型数据库、NoSql数据库和分析型数据库。

MPP数据库

MPP DB，如Green Plum、Vertica、Aster Data等借鉴云计算的成功，设计为部署在低成本的X86通用硬件上，通过副本的方式保证高可用，进行结构化、关联性分析、即席分析。由于其share nothing架构以及SQL接口均为成熟技术，轻易获得了大量厂商和工具的支持。接口友好，支持度高，兼容性强；可以处理复杂的查询，查询响应时间快。但是只能处理结构化数据，高并发查询和操作困难，由于其Hash数据分布方式、对数据的保存、并发等精妙的设计方式限定了可扩展性。通常没有经过专门优化限定在100节点之下。在联通、eBay中得到应用，主要产品有GP/Vertica等。

NoSql

随着互联网web2.0网站的兴起，传统的关系数据库在应付web2.0网站，特别是超大规模和高并发的SNS类型的web2.0纯动态网站已经显得力不从心，暴露了很多难以克服的问题，而非关系型的数据库则由于其本身的特点得到了非常迅速的发展。NoSql可进行结构化或非结构化存储与实时查询，为少量高并发数据写入和读出优化，数据模式可以灵活变更，可扩展性强，与应用深度耦合，高度定制化，对应用要求较高；接口一般为私有。在亚马孙、

LinkedIn 有广泛的应用，主要产品有 Hbase/MongoDB。

数据湖

数据湖是一个大型的基于对象的存储库，以数据的原始格式保存数据，直到它需要被使用时。数据湖是一个数据存储平台，使企业能够收集各种数据集，用数据的原始格式进行存储，并让不同的数据使用者可以访问这些数据集，使他们能够根据各自的业务目的使用这些数据。相较于工业大数据的需求，现今阶段的数据整理和使用系统通常存在着速度慢、花费高的问题，并且目前通用的数据库架构通常需要多处数据存储盘镇，存储的类型也受到很大的限制，总的来说是一个固定、静止的数据架构。而数据湖系统则将数据集中存储在一个盘，令所有数据都能快速应对商业环境和研究目的的变化。同时，数据湖也不再局限于结构化或半结构化的数据，而是能够应对包括文档、图像以及传感器数据等所有类型的数据。这样体系架构的改变带来的也是运营模式的转变，从之前各项信息要对用户进行反复多次提取、分析，到多位用户可以并行使用、提取。在很好满足业务的不同需求下，大数据一定是一种混搭技术，利用现有的 IT 投资来达到整个回报的最大化。特别在中国制造 2025 的变革中，数据湖不会是数据仓库和 BI 平台的终结者，而数据湖会是未来企业数据技术（DT）的核心纽带，成为引导中国制造 2025 变革的数字宠儿。

大数据挖掘

针对 Hadoop 分析功能薄弱的特点，IBM 将 R 语言与 Hadoop 进行集成，Apache 推出了基于 Hadoop 的算法库 Mahout，能够完成频繁项集、分类、聚类等传统机器学习和数据挖掘任务。虽然大数据处理技术得到了很大的发展，但是还需要进一步研究原先由于软硬件限制而无法实现的数据分析和挖掘方法，如大规模的关系和时序数据的分析处理，以及多源数据异构融合处理。

Stream

其他技术在处理时效性方面都无法达到实时或准实时的地步，但是在某些场景，比如算法交易、欺诈检测、实时营销等方面，需要从大量的信息中及时发现潜在模式，这种情况下，就要使用流处理的技术 Stream，进行实时数据处理过滤，规则匹配。基本内存处理，速度快；可并行，可扩展；编程方式灵活，可以处理复杂结构数据。但是不保证事务完整，难以处理某些大数据类型，比如需要查表之类的。

Hadoop

Hadoop 包括 HDFS 和其上的 MR，被认为是解决大数据中必不可少的一项技术和产品，进行非结构化或批量简单汇总、非实时处理、数据挖掘。它能轻易实现各种批量数据处理，而且因为其设计的简化，能轻易分布到海量的 X86 服务器上，2 000、3 000 节点的 Hadoop 场景是较为常见的。能够处理各种结构的数据，灵活的处理方式，通过 Java 编写 MR 框架，因其非对等节点模型设计，易于扩展、伸缩，达到 3 000 节点以上。但是存在对灵活的查询的支持和响应速度，流水线操作优化，Map 和 Reduce 大量数据交换问题。在淘宝、支付宝、腾讯得到应用，主要产品有 BC-ETL/OC-ETL/SmartMiner。

可视化技术

可视化是大数据分析的重要手段，同时大数据也对可视化技术提出了新的挑战。目前的大部分可视化技术，如多尺度分析、图布局算法、文本可视化等，并不是都有很好的可扩展性。面对大数据的挑战，可视化技术需要做出相应的调整。实际应用中存在大量高速时序数据，而且这些数据的维度都很高，如何对这样的数据进行可视化还没有得到很好的解决。

数据处理

大数据技术的战略意义不在于掌握巨大的数据源信息，而在于通过专业化的处理技术实现多重数据信息内在含义的交互、衍生。如果把大数据看作一种新兴产业，其快速发展的关键在于提高对原始数据的再加工能力，通过再加工实现数据的增值。

数据处理软件

数据处理离不开软件的支持，数据处理软件包括用以书写处理程序的各种程序设计语言及其编译程序、管理数据的文件系统和数据库系统以及各种数据处理方法的应用软件包。为了保证数据安全可靠，还有一整套数据安全保密技术。

数据处理过程

数据处理过程大致分为数据的准备、处理和输出 3 个阶段。在数据准备阶段，将数据脱机输入到穿孔卡片、穿孔纸带、磁带或磁盘。这个阶段也可以称为数据的录入阶段。数据录入以后，就要由计算机对数据进行处理，为此预先要由用户编制程序并把程序输入到计算机中，计算机是按程序的指示和要求对数据进行处理的。最后输出的是各种文字和数字表格和报表。

传统的数据处理弊端

传统的数据管理分析方案，一般是利用数据仓库技术为决策支持所需的联机分析、处理等做信息存储。数据仓库技术，需要先将数据从数据源中拉出，通过数据清洗，将数据搬运到数据仓库中，集中存储和管理，再由特定的工具从仓库读取数据，生成数据立方体，从而进行数据分析。在面对工业制造大数据时，这种方式具有非常大的缺陷：一是数据仓库面对的是存储于关系表中的关系型数据，而在工业生产过程中，数据的来源有数据采集系统从分布在不同地理位置的各个厂区的各种传感器、工作站、现场生产控制系统取得的生产过程数据、监控数据、日志数据等等，这些数据一些是结构化数据，同时也有大量的非结构化数据和半结构化数据；二是数据仓库技术涉及大量的数据移动，从数据源经过 ETL（Extract Transform Load）将数据存储到数据仓库中，在 OLAP（On-line Analytical Processing）服务器中转化为星型模型或者雪花模型，在分析时又将数据从数据库中取出。这些代价在 TB 级时还可以接受，但面对数量达到 PB 级以上的大数据，其执行时间至少以数量级增加，更为重要的是，制造过程中的运行监测，加工过程中的故障处理等等都涉及一定的实时性要求，这种模式是不可取的。

数据处理标准

需要有序化大数据，制造业的许多重要数据如专著、专利和网络文献，还有企业知识管理系统、企业博客、企业微信和企业电子邮件中所积累的大量信息和知识等，有序化程度很低，导致知识的利用效率降低。这些数据的有序化需要大众参与，特别是一线技术人员积极参与，需要结构化大数据，许多制造业重要数据的结构化程度较低，采用计算机系统处理的难度较大，需要进行结构化。需要建立和培育大数据，需要建立和培育那些对制造业持续发展非常有价值的数据，如绿色设计和制造方面的数据，这些数据之所以难以获取，除技术原因外，还有一些人为原因，如一些企业担心三废数据公布出来对自己不利。

数据共享

制造型企业在信息化的每个发展阶段都会有大量的数据处理要求并且会因为大量的业务活动产生各式各样的数据，只要采用数据驱动业务的方式进行业务活动就是大数据，大数据是企业信息化发展到当前阶段的必然结果。大数据的利用不仅仅是信息化基础设施建设，更重要的是采用数据思维来管理和创新业务，大数据应是管理创新的手段，优化全业务流程和提供业务管理工具。制造型企业大数据应用的难点是打通企业数据采集、集成、管理、分析的产业链条，帮助业务人员养成使用数据的习惯。在这方面互联网企业走在前面，值得制造型企业学习。

阿里“数据分享平台”

2012 年 12 月，阿里宣布在集团管理层面设立首席数据官（Chief Data Officer）岗位，负责全面推进阿里巴巴集团“数据分享平台”的战略，并成立了数据委员会，委员会的成员是各个数据部门的领导。该数据委员会主要职责是协同不同数据部门的工作，制定整个集团数据应用方向和规划，协同各个部门使用数据，打通商业运营、做（基础）数据、（构建）数据模型等产业链条各环节。避免出现传统上做数据的人不知道别人怎么用，用数据的人不知道数据怎么来的；而做数据模型不知道数据是否稳定；用数据模型的人不知道数据模型究竟是怎样的，甚至不相信数据模型等问题。

工业大数据共享

工业大数据是制造型企业创新转型的驱动力和催化剂。随着三维设计、

3D 打印、机器人技术等在制造型企业广泛应用，工业大数据广泛分布在产品设计、制造、物流、服役等各环节。

数字化设计：如飞机全数字化设计，波音公司利用 CATIA 软件设计波音 777 的 300 万个零部件的尺寸和形状数据。

智能化制造：以智能工业机器人为典型代表的智能制造装备已经开始在多个领域得到应用。

网络化监控：大型工业装备运行状态网络化远程动态监测，波音 737 发动机在飞行中每 30 分钟产生 10 TB 数据；陕鼓动力实现数百台旋转机械远程在线监测及故障诊断。若将这些工业大数据进行共享，会带来巨大的经济和社会效益。

大数据生产力

大数据的最大作用是帮助人们进行基于数据的科学决策。大数据跟传统数据的本质差别：首先，大数据是永远在线的，不在线的数据就不能称为“大数据”；其次，大数据必须反应迅速及时；最后，就是数据的全面性。与传统数据相比，大数据的价值和优势凸显，这是大数据广泛应用的根本原因所在。

大数据助力零售业转型

大数据已经改变并将持续改变客户沟通、互动，以及他们购买产品和服务的方式。零售商必须在高新技术层出不穷的世界中寻求新的方式来了解、吸引并服务于消费者，应对混乱的零售市场，满足不断变化的客户期望，为客户、销售和运营决策创建坚实的基础数据和分析平台。

全面的客户体验

通过大数据的整合利用，跨渠道和联络点构建客户信息的多维视图，按照客户期望的地点、时间和方式为客户提供最佳服务并留住有价值的客户。分析大量客户数据，从中获取有价值的洞察。通过检查历史销售交易、客户交互以及相关信息，不同分销渠道的当前采购活动，零售商可以构建预测模型，来支持针对性的市场营销和战略运营交互系统。简单地说，客户数据和预测性分析为以客户为中心的市场营销和零售运营决策奠定了基础。

提升客户忠诚度

利用大数据的预测性分析可以提供关于客户活动的洞察，零售商可以利用该洞察来制定相关、有针对性且及时的促销方案、建议、服务产品和激励措施，向客户提供最佳产品，与客户进行最有效的交互，建立长期的客户忠诚度。

数字化购物

移动和其他设备的出现拓展了零售业务的开展形式，零售商可以通过灵活多变的方式与客户交互，寻找各种方式有效管理和提升客户交互体验。为预测性分析部署模型来定义数字化交互的内容和形式，帮助零售商把握客户互动商机，利用客户共享的信息和他们使用的设备，创造非凡客户体验。

大数据预测奥运动态

当互联网技术与传统的体育竞技结合在一起，不仅满足了普通用户关注赛事的需求，也为互联网+时代互联网技术与传统行业深度融合，实现1+1>2 提供了更多启示。

大数据看巴西

打开 360 搜索“大数据看巴西”专题，可以直观地看到里约奥运会相关的场内数据和场外数据。场内数据通过热搜之星、热搜项目、热搜男运动员、热搜女运动员等，为用户展示最受关注的运动员和最受关注的体育项目；场外数据则聚焦体育明星运动之外的事情，包括运动员的绯闻花边榜、巴西热搜榜、退役明星热搜榜和运动品牌热搜榜。

采集数据

机器对机器连接日益普及，对奥运会产生巨大影响，不仅因为它们会带来更精确的比赛结果，还因为传感器能对运动员的健康，受比赛场地环境条件的影响等进行测试。技术和软件的不断发展对终点计时和数据处理开启了许多可能性，探索对运动员、裁判甚至观众有利的新方式。在里约奥运会中，高尔夫比赛引入了新的记分牌。记分牌放置在四个专用球座上，并安装雷达测试系统。运动员发球时，信息被获取并呈现给观众，让人们能够看到实时输出的出球速度，估计的距离和击球高度。

预测金牌榜

利用大数据建模预测的金牌奖牌榜，使用历届奖牌榜历史数据，各国人口总数，国家 GDP，各种经济数据，近一年来各种国际赛事成绩，以及运动员教练业内人士采访信息。使用历史数据作为先验分布，不断加入最新数据，更新初步预测，不断调整模型，直到奥运前夕达到最后预测。

大数据实现精准营销

用户画像

大数据在营销战略上发挥着日益重要的作用。作为大数据的根基，用户画像可以完美地抽象出一个用户的信息全貌，为进一步精准、快速地分析用户行为提供足够的数据基础。通过用量化分值定义用户潜在需求的高低，可以马上找到有需求的人，明确自己的用户是谁，精准满足其差异化、个性化的需求提供针对性的信息，传递信息给消费者。

锁定用户

联结消费者的能力是未来企业营销乃至经营最重要的能力。而企业所有联结消费者的行为都必须有两个方面：第一是明确产品的消费者是谁，针对单个消费者精准定位，根据消费者的历史行为辨别其特征与喜好。第二是快速将产品信息传递给用户，无论广告在哪个平台上，都能实现跨屏控制，无论消费者看到哪块屏幕，都能辨认是同一个消费者，从而提供针对性的营销服务。针对单个消费者精准定位，根据消费者的历史行为辨别其特征与喜好。

关键时刻营销

现今社会需要的是一项升级版的精准定向，在百度的概念中这叫Moments（关键时刻）营销。营销的发生是在消费者动态生活中的一个个场景，消费者当前所在的决策阶段决定了需求是哪一类信息与服务，消费者所在的情景决定了是否最佳时机以及最适合的创意，这就是消费者的“Moments”。当这个Moments与广告主的营销需求契合时，也就成为品牌介入的Moments。消费者洞察会帮助营销者发现目标消费者更关注品牌背后的哪些问题，帮助企业识别品牌建设、传播。在与宝洁公司的合作中，百度用大数据对玉兰油的产品进行分析和画像时，发现了一个非常有意思的事情，搜索“玉兰油”品牌的人群中，有24.8%的人同时还会追问玉兰油到底适合什么年龄，这个比例远高于整个行业的平均水平，也远高于它的竞品欧莱雅。这个数字提示宝洁：怎样的产品定位更能抓住潜在用户？于是宝洁在做了进一步的调研分析后，推出一款“HOLD你永远25岁”的多效修护霜产品，大获成功。

微博营销

电信行业、传媒业借助社交网络，对客户的通话数据、微博连接进行分析，社交分析并不是分析单一用户的通话记录和微博信息，而是分析各用户所处的社交网络，包括圈子识别、关键成员识别、传播影响分析、重入网用户识别、双机双卡用户识别、六度空间理论、关系强度分析。联合各种平台和其他微博进行资源互换，拢集自身资源，让腾讯、新浪进行首页推荐，可以很快增加知名度和粉丝，实现微博营销。

金融交易

金融交易是最能体现大数据的Velocity特性，机会稍纵即逝，甚至券商对连接到交易主机的网线长度都有严格的要求。算法交易及时发现存在的交易机会，毫秒级交易，每天进行数量众多的交易。信用卡使用欺诈检测，当检测的信用卡在很短的时间内，并且相距甚远的位置连续被使用，检测到欺诈行为，拒绝卡的使用。

社交网络大数据宝藏

自1997年世界上第一个社交网络SixDegrees.Com产生以来，其后的Friendster引发了第一波SNS浪潮，最近几年随着Facebook，Twitter等网站的成功，社交网络又逐渐被人们熟知，并在全世界得到大范围普及。在国际趋势推动下，我国社交网络发展迅猛，也已成为世界上使用社交网络最活跃的国家之一。

社交网络数据特点

社交网络数据的特点是：①网络虚假信息与真实信息同时存在。人们在社交网络中表达自己真实信息，但是也会在其中发出自己臆想的信息，结果极容易让谣传成为“事实”。②无界。信息可以在网络中无限扩展，甚至最后影响到现实。③快速。由于网络信息传递的爆炸性速度使得用户的信息很可能在短期内扩散。

有影响力的交流平台

社交网络已成为覆盖用户最广、传播影响最大的交流平台。社交网络氛围无处不在，移动社交化，资源社交化，娱乐社交化，购物社交化以及网络社交化，社交化元素已成为互联网中的基础性应用。社交网络催生大数据，目前全球超过60亿的社交网络账户，每天都在通过各种社交网络应用，发送或接收帖子、文件资料、软件、图片图像、音频视频等结构化、半结构化和非结构化的数据。充斥着各种可能成为“波浪”的信息，有针对一款产品的，有针对某部电影的，还有针对某位明星的——这些信息都可以从网上免费获取。这些评论信息对于企业的价值可以说是巨大的。一个企业如果掌握了这些数据，再加以分析，无论是对现有产品的改进还是对未来产品的走向都是十分有帮助的。目前对于企业来说，社交网络分析主要关注点在于找到消费者，并能分析消费者，了解消费者，与消费者达到最简洁快速的沟通。这就需要通过数据分析找到消费者所在的圈子，进而找到圈子中的意见领袖，通过意见领袖让企业想传达的信息进一步扩大，辐射整个圈子，从而吸纳更多的忠实消费者。

科研素材

社交网络的分析存在着许多有意思的研究课题。例如，在社交网络中社区圈子的识别、社交网络中人物影响力的计算、信息在社交网络上的传播模型、虚假信息和机器人账号的识别、基于社交网络信息对股市、大选以及传染病的预测等。社交网络的分析和研究是一个交叉领域的学科，在研究过程中，通常会利用社会学、心理学甚至是医学上的基本结论和原理作为指导，通过人工智能领域中使用的机器学习、图论等算法对社交网络中的群体行为和未来的趋势进行模拟和预测。

跨圈子的交流

社交圈子的划分并不仅局限于用户主动建立起来的关系上，还可以通过其隐性圈子的划分，如兴趣属性。当两个人在社交网络中互动很频繁时，他们在线下是否也是真实的好友？结合线下联系方式，如果 A 跟 B 互相拥有对方的手机号，那他们是线下真实好友的可能性就非常大了。包括飞信、米聊、微信等产品，如果真的能够做成基于手机通讯录的社交网络，可以通过异构的社交网络对社交圈子进行综合性的判断，其价值不可估量。

发现潜在商机

寄生在社交网站 Facebook 上的社交游戏公司 Zynga，聪明地利用了用户数据，从中挖掘出大量商机。这个社交游戏巨头大约每天要收集 600 亿个数据点，包括人们一般玩多久游戏、什么时候玩、喜欢购买什么游戏物品等等。该公司的数学极客们用这些数据来分析哪些人喜欢逛自己朋友的农场和城市（Zynga 开发的游戏），人们都喜欢买哪些虚拟物品以及他们给自己的朋友赠送虚拟物品的频率等。然后得出一个重大的发现：经常收到朋友虚拟礼物的人会更喜欢玩游戏，收不到或不那么经常收到的则不太喜欢玩游戏。Zynga 的数据分析部门副总裁 Ken Rudin 表示：根据这个发现，一群数学极客们又想出了解决办法——我们会让那些不那么经常收到礼物的玩家更加容易地找到建城（Zynga 游戏）的工具，这样他们就不会过于依靠他人的礼物了。Zynga

的意图很明显：分析用户行为，揣摩用户心理，然后适时为每个独特行为习惯的用户提供更有针对性的服务。

舆情分析

通过对 BBS、博客、微博中内容的分析，政府、企业和个人可以了解当前舆论情况，公众对待某一事物的看法。通过分析 15 万条关于刘翔的微博，分词并析取出其中使用的字词。在分析中，为刘翔呐喊助威的声音占了统治地位，然而也有微博用户激烈地批评刘翔，这是第一次能对如此数量的中国用户进行数据可视化和情感分析。在所有关于刘翔的微博中出现的最显著的名词和形容词，结点越大表明越多人使用过这个词。两个结点离得越近表明它们一起出现在同一用户微博中的频率越高。在构造出的这个图中，可以非常明显地发现刘翔支持者所用的词语（右下）以及批评者所有的词语（左上）的巨大区别。

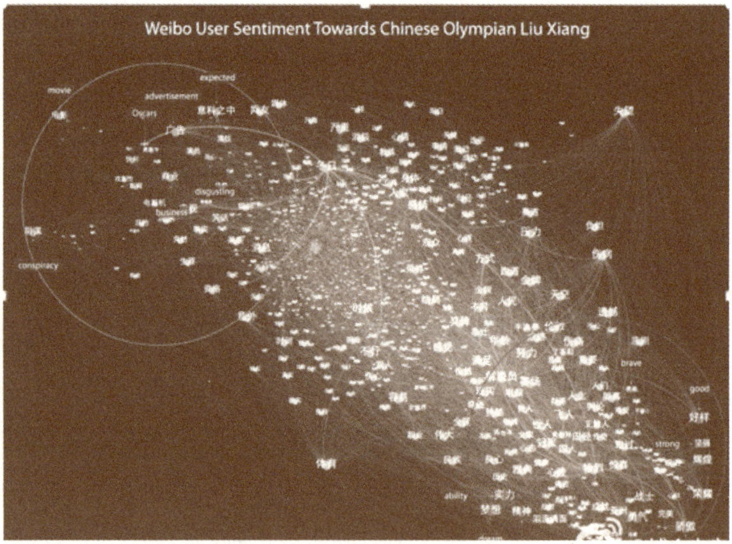

舆情分析示例

大数据促进精准医疗

个性化的诊疗方案

通过全面分析病人特征数据和疗效数据，然后比较多种干预措施的有效性，找到针对特定病人的最佳治疗途径。对同一病人，医疗服务提供方不同，医疗护理方法和效果不同，成本上也存在着很大的差异。精准分析包括病人体征数据、费用数据和疗效数据在内的大型数据集，可以帮助医生确定临床上最有效和最具有成本效益的治疗方法以及治疗不足。

诊断决策支持

临床决策支持系统可以提高工作效率和诊疗质量。临床决策支持系统分析医生输入的条目，比较其与医学指引不同的地方，从而提醒医生防止潜在的错误，如药物不良反应。通过部署这些系统，医疗服务提供方可以降低医疗事故率和索赔数，尤其是那些临床错误引起的医疗事故。在美国 Etropolitan 儿科重症病房的研究中，两个月内，临床决策支持系统就削减了 40% 的药品不良反应事件数量。大数据分析技术将使临床决策支持系统更智能，这得益于对非结构化数据的分析能力的日益加强。比如可以使用图像分析和识别技术，识别医疗影像（X 光、CT、MRI）数据，或者挖掘医疗文献数据，建立医疗专家数据库，从而给医生提出诊疗建议。此外，临床决策支持系统还可以使医疗流程中大部分的工作流向护理人员和助理医生，使医生从耗时过长的简单咨询工作中解脱出来，从而提高治疗效率。

远程病人监控

从对慢性病人的远程监控系统收集数据，并将分析结果反馈给监控设备（查看病人是否遵从医嘱），从而确定今后的用药和治疗方案。2010 年，美国有 1.5 亿慢性病患者，如糖尿病、充血性心脏衰竭、高血压患者，他们的医疗费用占到了医疗卫生系统医疗成本的 80%。远程病人监护系统对治疗慢性病患者是非常有用的。远程病人监护系统包括家用心脏监测设备、血糖仪，甚至还包括芯片药片，芯片药片被患者摄入后，实时传送数据到电子病历数据库。远程监控可以提醒医生对充血性心脏衰竭病人采取及时治疗措施，防止紧急状况发生，因为充血性心脏衰竭的标志之一是由于保水产生体重增加，这可以通过远程监控实现预防。通过对远程监控系统产生的数据的分析，可以减少病人住院时间，减少急诊量，实现提高家庭护理比例和门诊医生预约量。

防胜于治

智能手机仅仅只是开始。应用程序能够使智能手机应用在任何方面，例如通过计步器测量一个人一天走多远，通过卡路里计数器帮助个人规划饮食。最近涌现的可穿戴设备，比如 Fitbit、Jawbone 和 Samsung Gear Fit，允许追踪个人行程并将数据上传，同周围其他人进行比较。在不久的将来，人们也可以和医生分享这些数据。当生病去找医生时，他们会把这些数据作为诊断内容的一部分，通过这项技术，医院不断地累计大量的公众健康状况的信息数据库，使得个人健康问题在发生之前被发现，从而提前准备好补救措施。

公众健康监控

大数据的使用可以改善公众健康监控。公共卫生部门可以通过覆盖全国的患者电子病历数据库，快速检测传染病，进行全面的疫情监测，并通过集成疾病监测和响应程序，快速进行响应。减少医疗索赔支出、降低传染病感染率，卫生部门可以更快地检测出新的传染病和疫情。通过提供准确和及时的公众健康咨询，将会大幅提高公众健康风险意识，降低传染病感染风险。所有的这些都将帮助人们创造更好的生活。

更好的医患互动

大数据采用认知实现个性化医疗体验从各种渠道分析消费者的健康状况并提供保健相关的洞察力（包括医疗活动的保险费回扣等各种措施）。为使该平台更加具有交互性和个性化，利用自然语言和认知能力，以改善用户互动并从潜在的纯文本来源中提取更多知识。认知计算能力有助于快速准确地回答日常语言所提出的系列复杂问题，而且有助于系统与用户的互动中学习。通过实现动态个性化健康体验，帮助消费者做出积极的健康转变。

农业大数据提升效益

美国是对农业数据收集比较齐全的国家，也是较早进行农业数据开放的国家。目前，有关农业数据的采集、共享和利用正帮助美国农业政策制定者对农业部门的发展制定各种政策。不仅如此，美国各大农场主协会以及涉农企业也不惜投入大量的时间、金钱以及花费巨大的精力去搜集被人们称为“大数据”的涉农数据。大数据对于农业的作用随着全球人口的增加，天气的波动更加不稳定，以及依赖石油的农业对于石化燃料的价格越来越敏感，必然激励更多地运用新技术来提高作物产量，并管理风险。围绕着基因组学、生物信息学以及计算生物学的研究活动都已经取得了重大的进展，使得科学家和组织能够更好地养活全世界，并提高食品和农作物的质量。

农业大数据资源

农民需要测量和了解种类繁多的数据能够带来怎样的影响，因为这些数据驱动着他们的耕作质量与产量。这些数据包括天气数据、GPS 数据、土壤细节、种子、化肥和作物药剂等，充分利用这些数据对于土地进行长期管理和短期模拟，以实现产量和利润的最大化。种子和肥料以及药剂的供应商需要接收所有的这些数据，将其放入统一的模型中，并使用专用算法，以便向农民提供尽可能最优化的解决方案和服务。农业机械制造商是整个价值链的另一个重要组成部分。他们不仅需要确保其资产能够在最低成本保持最长的正常运行时间，还要支持移动数据采集（如土壤样本、水分监视器和传感器、田间作物颜色、生长速率、天气破坏、营养水平、农作物品种等），并让这些琐碎的信息在价值链能被实时获取，以进行进一步的处理。除了农民、农企、种子化肥供应商和农业机械制造商以外，气象站和实验室、贸易商和行业合作伙伴、技术和解决方案提供商也是这个日益复杂的生态系统的一部分。他们对于来自无数信息源的大数据也有着巨大的需要。

大数据进农田

大数据在农业中应用最普遍的领域之一就是精准农业。通过对气候、土壤和空气质量、作物成熟度，甚至是设备和劳动力的成本及可用性方面的实时数据收集，预测分析，做出更明智的决策。在精准农业中，控制中心实时收集并处理数据，来帮助农民在播种、施肥和收割作物等方面做出最明智的决策。遍布田间的传感器用于测量土壤和周围空气的温度与湿度。卫星图像和无人机会被用来拍摄田地的照片。随着时间的推移，图像显示作物成熟，加上对未来 48 小时的精准天气预测模型，建立模型并进行模拟，从而预测未来的情况，并帮助农民做出前瞻性的决策。

智能化农机

大数据让农民开始用移动设备管理农场，可以掌握实时的土壤湿度、环境温度和作物状况等信息，大幅度提高了管理的精确性。然而，再好的决策，也需要硬件设备去实施。其实，精准农业的概念和设想，最早由美国在20世纪80年代初提出，经10年后才进入生产应用，彼时技术和设备的储备已基本具备。Precusion Planting专门制造与精准农业配套的设备。这些设备可以固定在大马力拖拉机、同步运行的播种机和其他设备上。在大田中，即使相隔两三米远的两块土地，土壤的水分含量、营养情况、农作物的生长情况都可能不相同。以播种为例，经过数据加载，它们能够根据天气的变化进行不同深度、不同间距以及不同品种的播种活动。

精准农业

精准农业通常安装有卫星导航系统、自动驾驶系统、计算机设备，以及必要的传感器，这样才能“理解”大数据分析软件给出的信息，并准确地执行。智能化的农业机械大大提高了作业质量，单粒播比率可以提高到99%。农民可以实时监控播种机的准确率，如果出现大面积异常，可以马上停机，检查纠正播种机。以前，如果播种机出了毛病，农民很难立即发现，而只能接受损失。理想情况下，播下的种子应在地里有同样的深度，如果种得深，种子出苗晚，不利于竞争阳光和养分；种得浅，则抗倒伏性不好。现在，智能化的农机可根据土地的松软程度，自动调节播种动作，以便所有种子处于同样的深度。通过全流程的精打细算，精准农业可以极大地节约化肥、水、农药等投入，把各种原料的使用量控制在非常准确的程度，让农业经营像工业流程一样连续地进行，实现规模化经营。

有人认为，数据带来的趋势会鼓励大规模种植单一作物，从而实现技术有效性的最大化，因此可能会造成科技趋势排挤小型农场；但另一些人认为，随着大数据成本的迅速下降，小农场主也能使用这些技术来不断加强自身。我们正在迈进一个人口更多、资源更少的时代，农业成为世界上最重要的产业之一，将赢得全世界的尊重。

数据处理的未来

大数据融合

数据的广泛存在性使得数据越来越多地散布于不同的数据管理系统中，为了便于进行数据分析需要进行数据的集成。数据集成并不是一个新的问题，但是大数据时代的数据集成却有了新的需求，也面临着新的挑战。传统的数据集成会面对数据异构的问题，但是在大数据时代这种异构性出现了新的变化，主要体现在数据类型从以结构化数据为主转向结构化、半结构化、非结构化三者的融合，数据产生方式的多样性带来的数据源变化，传统的电子数据主要产生于服务器或者是个人电脑这些设备位置相对固定。随着移动终端的快速发展，手机、平板电脑等产生的数据量呈现爆炸式增长，且产生的数据带有很明显的时空特性。传统数据主要存储在关系数据库中，但越来越多的数据开始采用新的数据存储方式来应对数据爆炸，比如存储在 Hadoop 的 HDFS 中。这就必然要求在集成的过程中进行数据转换，而这种转换的过程是非常复杂和难以管理的。数据量大不一定就代表信息量或者数据价值的增大。相反，很多时候意味着信息垃圾的泛滥，一方面，很难有单个系统能够容纳下从不同数据源集成的海量数据；另一方面，如果在集成的过程中仅仅简单地将所有数据聚集在一起而不做任何数据清洗，会使得过多的无用数据干扰后续的数据分析过程，大数据时代的数据清洗过程必须更加谨慎，因为相对细微的有用信息混杂在庞大的数据量中，如果信息清洗的粒度过细，很容易将有用的信息过滤掉，清洗粒度过粗又无法达到真正的清洗效果，因此在质与量之间需要进行考量。

数据能耗

在能源价格上涨和数据中心存储规模不断扩大的今天，高能耗已逐渐成为制约大数据快速发展的主要瓶颈，从小型集群到大规模数据中心都面临着降低能耗的问题。在大数据管理系统中，能耗主要由硬件能耗和软件能耗两大部分组成，二者之中又以硬件能耗为主。理想状态下，整个大数据管理系统的能耗应该和系统利用率成正比。但实际上，系统利用率为 0 时仍然有能量消耗。针对这个问题，纽约时报和麦肯锡经过一年的联合调查，谷歌数据中心年耗电量约为 3 000 kW，而 Facebook 则在 600 kW 左右。最令人惊讶的是在这些巨大的能耗中，只有 6%—12% 的能量被用来响应用户的查询并进行计算，绝大部分的电能用以确保服务器处于闲置状态，以应对突如其来的网络流量高峰，这种类型的功耗最高可以占到数据中心所有能耗的 80%。

物联网与智慧地球

物联网连成的智慧地球

智慧的地球

2009年1月28日美国工商业领袖举行了一次“圆桌会议”，IBM首席执行官彭明盛（Sam Palmisano）首次提出“智慧的地球”（以下简称智慧地球）这一概念。智慧地球是使用先进信息技术改善商业运作和公共服务，并以此来构建新的世界运行模型的愿景。IBM智慧地球的核心是以一种“更智慧”的方法来改进政府、公司和人们相互交互的方式，以便提高交互的明确性、效率、灵活性和响应速度，人类可以以更加精细和动态的方式管理生产和生活，从而达到“智慧”状态。

智慧地球概念

IBM 智慧地球是把新一代 IT 技术充分运用在各行各业之中，把感应器嵌入到全球每个角落的电网、铁路、桥梁、隧道、公路、建筑、供水系统、大坝、油气管道等物体中，并且相互连接形成“物联网”，同时通过超级计算机和云计算技术将“物联网”整合起来，实现人类社会与物理系统的整合。智慧地球的最大价值是进一步拓展了客观世界的信息化范围。可以认为智慧地球是互联网（计算机网络）与物联网的融合，即“智慧地球=互联网+物联网”。智慧地球理念的发布，立即在 IT 界、经济界、工业界等领域引起了巨大的反响。

智慧地球特征

按照 IBM 的定义，“智慧地球”包括三个维度：第一，能够更透彻地感应和度量世界的本质和变化；第二，促进世界更全面地互联互通；第三，在上述基础上，所有事物、流程、运行方式都将实现更深入的智能化，企业因此获得更智能的洞察。由此知道“智慧地球”包括三个特征：

更透彻的感知性：基于泛在的智慧地球网络，人们可以随时随地感知、测量、捕获和传递信息，实时感知经济、社会活动的相关信息。

更全面的互联互通性：各种形式的高带宽的通信网络工具，将个人电子设备、组织和政府信息系统中收集和储存的分散的信息及数据连接起来，进行交互和共享。

更深入的智能性：使用先进技术来进行复杂的数据分析、汇总和计算，整合和分析海量的跨地域、跨行业和跨职能部门的信息，并将特定的知识应用到特定行业、特定的场景、特定的解决方案中，以更好地支持决策和行动。

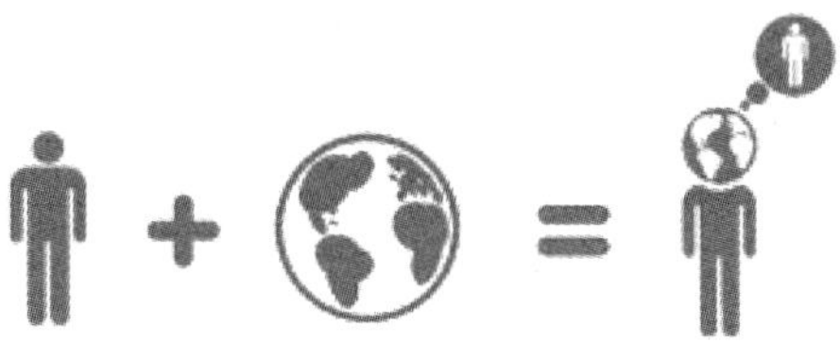

“智慧地球”将人与世界联系起来

智慧中国

2009 年 2 月 24 日，IBM 在中国提出了《智慧地球赢在中国》计划书，认为智慧地球这一概念可以推动中国向21世纪领先经济转型，正式揭开IBM“智慧地球”中国战略的序幕。计划书中，IBM为中国量身打造了六大“智慧”方案：智慧电力、智慧医疗、智慧城市、智慧交通、智慧供应链和智慧银行。2009年8月，温家宝视察无锡中科院物联网技术研究中心，提出并强调“感知中国”的概念，物联网被列为国家新兴战略性产业之一，由此正式把“物联网”推上了时代的浪潮。2010年十一届人大三次会议，我国首次将“物联网”写进政府工作报告，这也意味着物联网的发展进入了国家层面的视野，已经被提升到国家战略。

智慧城市

“智慧城市”是对“智慧地球”概念很好的贯彻与实施，这种将城市“智能化”的方式是智慧地球的落地。2010年，IBM正式提出了“智慧的城市”愿景，希望为世界和中国的城市发展贡献自己的力量。IBM认为，城市与其相关的六个核心系统组成：组织（人）、业务、交通、通信、水和能源。这些系统不是零散的，而是以一种协作的方式相互衔接。而城市本身，则是由这些系统所组成的宏观系统。换句话说，智慧城市就是城市基础部件被赋予智能，通过网络实现互联互通，在此基础上，城市所有的事物、流程、运行方式都更深入地智能化，从而促进民众生活便利、促进经济发展与提升政府效率，因此智慧城市是增强城市竞争力、实现城市可持续发展的先进的城市发展理念。

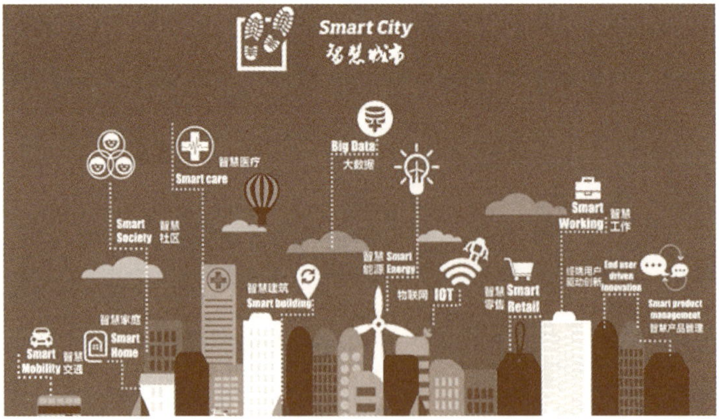

智慧城市服务项目

一“网”情深：物联网概念与发展

物联网英文名称是 the Internet of things，顾名思义，物联网就是物物相连的互联网，被称为继计算机、互联网和移动通信之后世界信息产业发展的第三次浪潮。物联网是指将各种信息传感设备，如射频识别（RFID）装置、红外感应器、全球定位系统、激光扫描器等种种装置与互联网结合起来而形成的一个巨大网络。物联网的应用广泛，遍及智能交通、环境保护、智能电网、智能家居、智能消防、物流监测、定位跟踪和情报搜索等几十个领域。物联网是一个为大众服务，让人们去感知物理世界、控制物理世界的网络，实现对万物的“高效、节能、安全、环保”的“管、控、营”一体化。其实，在 20 世纪就有人提出物联网相关概念，物联网发展历程中的关键性事件如下：

物联网

特洛伊咖啡壶

1991 年英国剑桥大学特洛伊计算机实验室的科学家在工作时，要下两层楼梯到楼下看咖啡煮好了没有，但常常空手而归，这让工作人员觉得很烦恼。为了解决这个麻烦，他们编写了一套程序远程监控咖啡壶的工作状态，并在咖啡壶旁边安装了一个便携式摄像机，利用计算机图像捕捉技术，以每秒 3 帧的速率传递到实验室的电脑上，以方便工作人员随时查看咖啡是否煮好，省去了上上下下的麻烦。由此，世界上最负盛名的“特洛伊咖啡壶”，帮助物联网发展迈出了第一步。

比尔 · 盖茨的《未来之路》

1995 年，微软帝国的缔造者比尔 · 盖茨曾撰写过一本在当时轰动一时的书——《未来之路》，他在这本书中提到了“物联网”的构想，即互联网仅仅实现了计算机的联网，而未实现与万事万物的联网，但迫于无线网络、硬件及传感设备发展的局限，使得这一构想无法真正落地。而比尔·盖茨在书中构想的虚拟世界与现实世界的生活场景在物联网中已经实现。

MIT 自动识别研究中心

宝洁公司（P&G）前任营销副总裁的 Kevin Ashton 为了解决商品的缺货供应不及时而造成损失的情况，将 RFID 取代商品条形码，使电子标签变成零售商品的绝佳信息发射器，来实现供应链管理的透明化和自动化，并于 1999 年与美国 MIT 合作共同创立了一个 RFID 研究机构——自动识别研究中心。Kevin Ashton 提出，要在计算机互联网的基础上，利用 RFID、无线传感器网络、数据通信等技术，构造一个覆盖世界上万事万物的“物联网”。在这个网络中，物品（商品）能够彼此进行“交流”，而无需人的干预。

ITU 互联网报告 2005：物联网

2005 年 11 月，国际电信联盟（ITU）发布了《ITU 互联网报告 2005：物联网》报告，正式提出了物联网的概念。报告指出，“物联网”是信息和通信技术（ICTs）中的新维度，无所不在的“物联网”通信时代即将来临，世界上所有的物体从轮胎到牙刷、从房屋到纸巾都可以通过因特网主动进行信息交换，射频识别技术、传感器技术、纳米技术、智能嵌入技术是物联网的基础性技术，将得到更加广泛的应用。

智慧地球崛起

纵观世界各国的科技发展布局，IBM“智慧地球”战略已经得到了各国的普遍认可。数字化、网络化和智能化被公认为是未来社会发展的大趋势，而与“智慧地球”密切相关的物联网、云计算等，更成为科技发达国家制定本国发展战略的重点。在 IBM 提出“智慧地球”概念后，美国奥巴马总统公开肯定了 IBM“智慧地球”思路，“智慧地球”也被认为是挽救危机、振兴经济、确立美国在未来竞争优势的关键所在，并将上升为美国的国家战略。随后，各发达国家和地区抓住机遇，出台政策进行战略布局，希望在新一轮信息产业重新洗牌中占领先机。日韩基于物联网的“U 社会”战略、欧洲“物联网行动计划”相继实施；澳大利亚、新加坡等国也在加紧部署物联网发展战略，加快推进下一代网络基础设施的建设步伐。物联网成为“后危机”时代各国提升综合竞争力的重要手段。

“网”事知多少：物联网概念圈

提到“物联网”这个概念，就不得不提到现代社会的其他热门话题——互联网、传感网、泛在网。这四种“网”的概念都是什么？相互之前有什么区别？又有什么联系？下面对这四个概念组成的物联网“概念圈”进行辨析，阐述它们之间的异同。

互联网

它是由电脑相互连接并沟通而成的网络，源自于 1969 年美国的阿帕网，是网络与网络之间所串联成的庞大网络。在这个基础之上，科学家又发展了它的影响力，最终形成的全球性互联网络，也就是现在每天都在用的互联网。互联网构建一个与现实的物理世界相对应的虚拟的赛博（Cybnetics）世界或信息世界，而物联网则使虚拟世界进一步与现实世界更紧密地相互联系，在两者之间构建了一座桥梁。物联网是在互联网的基础上，将其用户端延伸和扩展到任何物品与任何物品之间，进行信息交换和通信的一种网络概念。

传感网

Sensor Network 的概念最早由美国军方提出，当时此概念局限于由若干具有无线通信能力的传感器节点自组织构成的网络。其中一类传感网主要是由无线传感器组成的无线传感器网络（WSN），另一类传感器网络是由智能光纤传感器组成的光纤传感器网络。无论是采用无线传感器网络还是光纤传感器网络，它们都是物联网的重要组成部分。

泛在网

它是指无所不在的网络，又称泛在网络。泛在网是指广泛存在的网络，以无所不在、无所不包、无所不能为基本特征，以实现在任何时间、任何地点、任何人、任何物都能顺畅地通信为目标。它能够实现人与人、人与物、物与物之间按需进行的信息获取、传递、存储、认知、决策、使用等服务，具有超强的环境感知、内容感知和智能性，为个人和社会提供泛在的、无所不含的信息服务和应用。泛在网属于未来信息网络技术发展的理想状态和长期愿景。

“四网”概念之间的关系

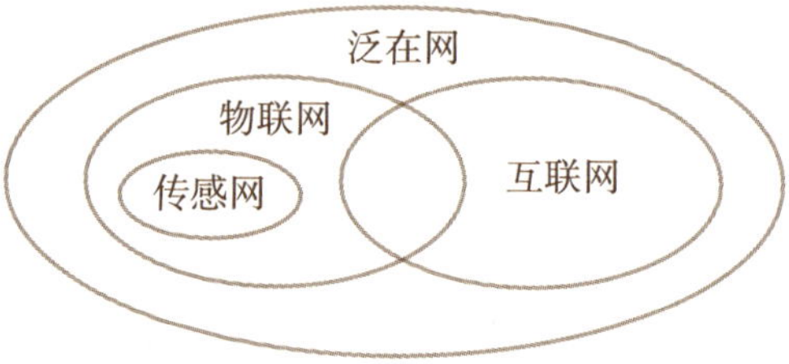

物联网、互联网、传感网和泛在网关系图

物联网是在互联网基础上发展起来的，它与互联网在基础设施上有一定程度的重合，但它不是互联网概念、技术与应用的简单扩展。互联网扩大了人与人之间信息共享的深度与广度，而物联网更加强调它在人类社会生活的各个方面、国民经济的各个领域广泛与深入的应用。未来将会出现互联网与物联网并存的局面。传感器网是泛在网、物联网的组成部分，泛在网是 ICT 社会发展的最高目标，而物联网是泛在网发展的物联阶段。因此，物联网、互联网应该是包含在泛在网之中，二者间的相互协同融合是泛在网发展的基础。

物联网“身体”中的奇妙之旅

物联网 DNA：智能识别技术

自动识别技术是物联网体系的重要组成部分，可以对每个物品进行标识和识别，并可以将数据实时更新，是构造全球物品信息实时共享的重要组成部分，是物联网的基石。自动识别技术是将信息数据自动识读、自动输入计算机的重要方法和手段，它是以计算机技术和通信技术为基础的综合性科学技术。可以说自动识别系统几乎覆盖了现代生活领域中的各个环节，并具有极大的发展空间。自动识别包括条码识别、射频识别、生物识别（人脸、语音、指纹、虹膜等）、图像识别等。

一维条码识别

一维条形码就是今天人们已经非常熟悉的普通条形码，它的信息仅靠黑白条纹的宽窄来表达，在平面上以单一方向分布排列。一维条码是由一个接一个的“条”与“空”排列组成的，条码信息靠条和空的不同宽度和位置来传递，条码越宽，包容的条和空越多，信息量越大。这种条码只能在一个方向上通过“条”与“空”的排列组合来存储信息，所以叫它“一维条码”。这种条形码几乎覆盖了世界上绝大部分的商品和流动物件。人们日常见到的印刷在商品包装上的条码，即是普通的一维条码。

二维条码识别

二维条形码是在一维条形码不能满足大容量信息存储的情况下发展起来的，至今不过20年历史。与一维条形码的区别是，它的信息以点的方式向二维方向扩展，按需要堆积成两行或多行。它除了可以存储字符、数字以外，还可以存储图形、声音等一切可以数字化的信息，存储数据量很大。二维条形码从“质”上提高了条形码的应用水平，从“量”上拓宽了条形码的应用领域，时至今日已经在商品零售、仓储物流、工业制造领域广泛应用。

二维条码示意图

RFID（射频识别）

在物联网中，RFID技术是关键技术。射频识别技术（Radio Frequency IDentification，RFID）又称电子标签技术、无线射频识别技术，是一种无线通信技术，可以通过无线电讯号识别特定目标并读写相关数据。最基本的RFID系统由“标签—天线—读写器”组成。以公交卡为例，公交车上的读写器通过天线发出电磁信号，公交卡靠近后其内部天线接收到信号，激活内部芯片；再经由天线把公交卡里的信息回传给读写器。RFID标签可谓是早期物联网最为关键的技术与产品环节，可以实现全球范围内物品跟踪与信息

RFID条码示意图

的共享，从而给物体赋予智能，实现人与物体以及物体与物体的沟通和对话，最终构成物物相连的物联网。

生物识别

生物识别技术是指利用人体生物特征进行身份认证的一种技术。更具体一点，生物识别技术就是通过计算机技术，利用人体固有的生理特性和行为特征来进行个人身份的鉴定。试想一下，钥匙已无必要存在，只要你给一个眼神，家门就能为你打开；去银行取款，无需带卡，刷眼即可，也不必担心账号被盗；网上购物，只要看一下摄像头，就能实现资金的支付和流动。而由于人体特征具有不可复制的特性，这一技术的安全系数较传统意义上的身份验证机制有明显的提高。目前，指纹、人脸和DNA等生物识别技术在刑侦和安全等领域已经得到越来越多的应用。

物联网感知：传感器技术

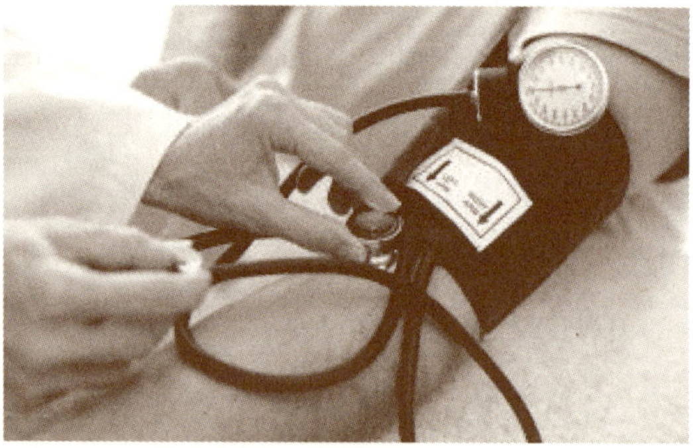

血压测量中应用的压力传感器

人们为了从外界获取信息，必须借助于感觉器官。而单靠人们自身的感觉器官，在研究自然现象和规律以及生产活动中它们的功能就远远不够了。为适应这种情况，就需要传感器。传感器就是把自然界中的各种物理量、化学量、生物量转化为可测量的电信号的装置与元件。因此可以说，传感器是人类五官的延长，可称为电子五官。传感器的存在和发展，让物体有了触觉、味觉和嗅觉等感官功能，让物体慢慢变得活了起来。传感器帮助物联网感知，成为人类全面感知自然最核心的元件，在物联网建设中不可或缺，成为信息产业发展的核心和关键技术。

传统传感器

如果把相连的物体看成人体一样的整体协作系统，传感器如同人们的眼睛、鼻子、耳朵等，能够感知到颜色、气味、声音等信息，因此传统的传感器与人类 5 大感觉器官相比拟，可以分为光敏传感器（视觉），声敏传感器（听觉），气敏传感器（嗅觉），化学传感器（味觉），压敏、温敏、流体传感器（触觉）等方面。生活中传感器无处不在，比如血压测量是在医学测量中最为常规的一种。血压测量是通过体表检测出来的血流和压力之间的关系测出脉管里的血压值。测量血压传感器通常都包括一个弹性膜片，它将压力信号转变成为膜片的变形，然后再根据膜片的应变或位移转换成为相应的电信号，最终通过电信号的峰谷变化得出对应的血压值。

生物传感器

生物传感器是用生物活性材料（酶、蛋白质、DNA、生物膜等）与物理化学换能器有机结合的交叉学科，是发展生物技术必不可少的一种先进的检测方法与监控方法。美国普渡大学等机构的研究人员制成了新型生物传感器，能够以非侵入的方式进行糖尿病测试，探测出人体唾液和眼泪中极低的葡萄糖浓度。未来生物传感器将感知人的情绪，例如索尼尝试在 PS4 游戏机手柄中内置生物传感器，当玩家感到紧张或恐惧的时候，手部出汗将改变皮肤的导电性，而手柄内部的生物传感器就可以判断出玩家当前的心理状态，进而再将这些信息以某种形式反映到游戏当中，以增强 PS4 的游戏互动能力。

MEMS 微传感器

随着微电子技术的进步，微处理器、存储器等电子器件日益微型化，而传感器、执行器的微型化程度却远远落后，成了信息系统微型化的瓶颈。MEMS 技术能将传感器、微处理器、执行器合为一体，构成微电子机械系统，满足了传感器产品小体积、高性能的要求。现在已经成功制造出了尖端直径为 5 μm、可以夹起一个红细胞的微型镊子，3 mm 大小、能够开动的小汽车，可以在磁场中飞行的像蝴蝶大小的飞机等。

MEMS 微型传感器

无线传感器网络

Wireless Sensor Network 简称 WSN，是由成千上万个微型传感器组成，每个微型传感器称为网络的一个“节点”，并通过无线通信形成网络，用来感知现场的信息。这些节点采用 MEMS 技术，在一个微小的芯片上集成了信息采集、数据处理和无线电通信等多种功能，并将数据经网络层层转发，最终发送给基站，再由基站传送给用户，从而实现对现场的监控。例如，美国提出的“智能尘埃”的设计思想，就是将无线传感器制作成灰尘般大小，并在战场上抛撒成千上万的“智能尘埃”，用于监控敌人的活动。

物联网神经系统：传输技术

物联网传输网络是物联网数据传输的通道，相当于人的神经中枢，负责这些数据和信息安全可靠的通信和传输。通过有线、无线的数据链路，将传感器和终端检测到的数据上传到管理平台，并接收管理平台的数据到各个扩展功能节点。物联网传输网络是内部数据与互联网平台数据的交换通道，是物联网数据与互联网数据交换的中间载体，属于互联网中的局域网和城域网部分。

物联网传输网络示意图

现场总线

它是一种短距离有线通信网络，是 20 世纪 90 年代发展起来的一种技术，能够连接智能现场设备和自动化系统的数字式、双向传输、多分支结构的通信网络，用以测量和控制机器间的数字通信为主的网络，也称现场网络。现场总线能够将传感器、各种操作终端和控制器间的通信及控制器之间的通信进行特化。总线的作用是将分散的有通信能力的测量控制设备作为网络节点，连接成能相互沟通信息、共同完成自控任务的控制网络现场。

第四代移动通信技术

第四代移动通信技术（4G）是一种长距离无线通信技术，在第三代移动通信系统（3G）的基础上，集 3G 与 WLAN 于一体，并能够快速传输数据、高质量音频、视频和图像等。4G 能够以 100 Mbps 以上的速度下载，并能够满足几乎所有用户对于无线服务的要求。此外，4G 可以在 DSL 数字用户线路（电话线）和有线电视调制解调器没有覆盖的地方部署，然后扩展到整个地区。4G 也因为其拥有的超高数据传输速度，被中国物联网校企联盟誉为机器之间当之无愧的“高速对话”。

ZigBee

这个名字来源于蜂群的通信方式，蜜蜂之间通过跳“八字舞”来交互消息，以便共享食物源的方向、位置和距离等信息。ZigBee 是一种新兴短距离无线通信技术，与熟知的蓝牙类似，其特点是距离近、复杂度低、功耗低、数据速率高。ZigBee 主要用于距离短、功耗低且传输速率要求较高的各种电子设备之间，实现数据传输以及典型的有周期性数据、间歇性数据和低反应时间数据传输的应用。

M2M

“M2M”是“Machine-to-Machine”的缩写，用来表示机器对机器之间的连接与通信。M2M 能够将数据从一台终端传送到另一台终端，也就是机器与机器的对话。但从广义上 M2M 可代表人对机器（Man to Machine）、机器对人、移动网络对机器（Mobile to Machine）之间的连接与通信，它涵盖了所有实现在人、机器、系统之间建立通信连接的技术和手段。因此，从它的功能和潜在用途角度看，可以说 M2M 引起了整个物联网的产生。值得注意的是，M2M 不是简单的数据在机器和机器之间的传输，更重要的是，它是机器和机器之间的一种智能化、交互式的通信。也就是说，即使人们没有实时发出信号，机器也会根据既定程序主动进行通信，并根据所得到的数据智能化地做出选择，对相关设备发出正确的指令。

M2M 技术的应用领域

物联网大脑：处理技术

智能信息处理技术是物联网的重要组成部分，是确保物联网在多应用领域发挥价值的大脑和运行中心。数据处理是物联网核心技术中最为重要的一环，实现了数字世界与物理世界的连接以及互联系统智慧化的分析与处理。大规模、实时的数据涌入到系统之内，如何对这些繁杂、海量、实时的数据进行有效的传输处理并得到分析结果，进而通过反馈使客户能够对物体进行智能管理和控制，将是整个物联网技术的关键。

图像视频智能分析技术

智能分析处理技术就是自动的分析和抽取视频源中的关键信息。如果把摄像机看作人的眼睛，而智能视频系统或设备则可以看作人的大脑。智能视频技术借助计算机强大的数据处理功能，对视频画面中的海量数据进行高速分析，过滤掉冗余的信息，为监控者提供有用的关键信息。新一代的智能化监控系统克服了传统监控系统人眼识别的缺陷，具备实时对监控范围内的运动目标进行检测跟踪的功能。同时把行为识别等技术引入到监控系统中，形成新的能够完全替代人为监控的智能型监控系统。

中间件技术

中间件顾名思义是处于操作系统和应用程序之间的软件，也有人认为它应该属于操作系统中的一部分。针对不同的操作系统和硬件平台，它们可以有符合接口和协议规范的多种实现。因此，人们在使用中间件时，往往是一组中间件集成在一起，构成一个平台（包括开发平台和运行平台），但在这组中间件中必需要有一个通信中间件，即中间件＝平台＋通信，这个定义也限定了只有用于分布式系统中才能称为中间件，同时还可以把它与支撑软件和实用软件区分开来。

嵌入式系统

通常情况下，人们往往会忽视自己身边的嵌入式系统——手机、取款机、汽车导航仪、游戏机或者电梯等，在这些随处可见的设备中就存在嵌入式系统。嵌入式系统是以应用为中心，以计算机技术为基础，实现对其他设备的控制、监视或管理等功能的专用计算机系统。随着医疗电子、智能家居、物流管理和电力控制等不断发展，嵌入式系统在已经成熟的平台和产品基础上与应用传感单元的结合，扩展物联和感知的支持能力，发掘某种领域物联网应用。

物联网生态圈：智慧地球应用领域

智慧工业生态

智能工业是将具有环境感知能力的各类终端、基于泛在技术的计算模式、移动通信等不断融入工业生产的各个环节，基于物联网技术的渗透与作用，与未来先进制造技术结合，大幅提高制造效率，改善产品质量，降低产品成本和资源消耗，将传统工业提升到智能化的新阶段，并形成新的智能化制造体系。智能工业包括三个维度：工程技术、生产和供应链。其中，生产是工厂所有活动的核心，因此它是实时反映各个环节活动和交换数据的节点。所以，从产品生产的角度，所有的维度都有一个交集，这个交集就是 MES 系统，因此 MES 被称为工业生产的核心系统。

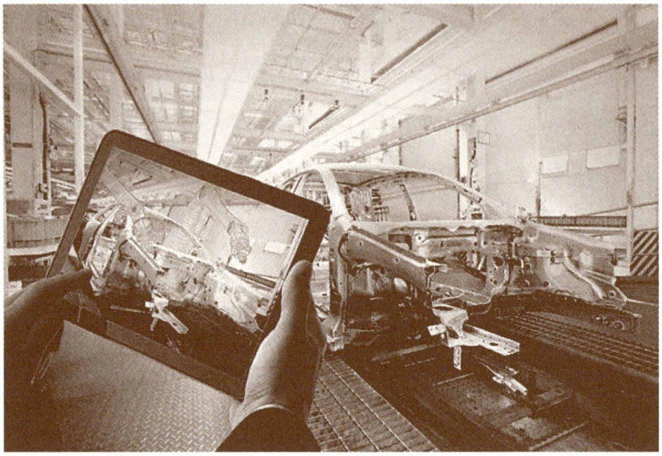

智能工厂车间示意图

MES 是一套生产现场的综合管理的集成系统，主要用来解决整体优化中，生产计划与生产过程有脱节的问题，在信息化系统中具有承上启下的作用，是一个信息枢纽，强调信息的实时性，从生产计划的执行、生产过程的追溯、设备的正常高效使用、保证产品质量、进行工人排班及合理激励等多个维度来对生产现场进行集成管理。通过物联网与工业生产的集成，MES 依托物联网的视频监控技术实现物流车辆运输的实时监控；用 RFID 技术取代条形码技术，实现装配线上物品的实时在线跟踪，减少装配过程的人工干预，既可以降低工人劳动强度，又能提高工作效率。

总体来说，MES 的工业应用有以下几个方面：

MES 提供完整准确的制造数据

通过现场的数据收集，建立起物料、设备、人员、工具、半成品、成品之间的关联关系，保证信息的继承性与可追溯性。系统提供的实时数据，既可以向生产管理人员提供车间作业和设备的实际状况，也可以向业务部门提供客户订单的生产情况，还能够根据实际生产的情况计算出直接物料耗用成本。基于现场数据的报表和查询功能，能为高层管理人员的决策提供支持。减少了大量的统计工作，并增加了统计的全面性与可靠性，实现制造数据的可追溯性。

MES 实时监控生产现场

通过基础定义，用户在组织生产时只需要确定产品，系统自动确定相关的物料信息和生产路线。生产过程中所有的操作信息也由系统实时地记录下来，大大减少随工单数量，保证信息传递的准确性。系统提供车间管理人员将物料或半成品安排到指定设备进行作业，并在作业中提供作业指导，提示工作人员作业步骤。系统的数据收集功能能够实时收集现场的质量、物料信息，并自动记录作业人员与作业时间等作业信息。生产作业中的异常情况也在系统中实时记录，以保证日后的统计分析。

MES 改善品质管理的效果

系统能够约束设备的使用，设定设备的用户权限，避免由于人为判断的错误和无权限人员的操作导致的设备使用错误。生产作业中出现与目标不一致的异常品，系统可以通过 WIP 管理，立刻暂停现场所有潜在批次的作业，减少损失。根据异常处理约束，系统将禁止超出约束范围的操作。现场的异常处理信息可以被迅速地传递到其他相关部门，以便于做出调整与准备。现场数据还可提供给 SPC 系统，帮助品质工程师及时地对现有的产品、流程进行调整，避免并预防品质事故的发生。

MES 管理复杂的产品和工艺

通过产品定义，产品工程师不仅可以方便地定义新产品，还可以建立客户产品与企业产品之间的关联，减少合并投料的工作量。集中规范的工艺流程定义环境，保证所有工艺、技术、工程、制造、QC 在一个统一规范的环境中工作，以便于信息的及时共享，减少重复定义错误，完整的版本管理，保障工艺流程历史信息回溯。通过建立产品与工艺的关联关系，只要确定产品就能够自动确定工艺流程，随工单也可以自动生成并打印，大大减少了产品工程师的工作量，提高作业效率。

基于物联网的MES车间管理系统架构，物联网技术与MES系统设计的有机结合，为企业加快信息化步伐、提高产品质量和生产制造过程的安全度起到了推动作用，也为增强企业的竞争力提供了有力保障。通过MES系统的应用，实现车间无纸化生产，能够较好地支持车间生产现场对任务的快速响应和优化组织，提高了生产效率，同时实现了生产现场加工状态信息动态采集，为ERP和管理层提供生产进度状况、生产质量状况、设备利用状况等关键数据支持。基于物联网技术的MES系统设计，可以实现企业整个生产制造的实时监控及全方位管理，从而真正实现“管控一体化”，这对于完善生产系统的功能、弥补控制与管理的断层意义重大。

智慧农业生态

传统农业中，农民全靠经验来给作物浇水、施肥、打药，如果不小心判断错误，可能会直接导致颗粒无收。但是在智能农业中，智能设备会用精确的数据告诉农民作物的浇水量，施肥、打药的具体浓度，需要供给的温度、光照、二氧化碳浓度等信息。所有作物在不同生长周期中出现的问题，都不需要用人工的经验和感觉来处理，都有信息化智能监控系统实时定量精确把关，农民只需要按开关、做选择就能种菜养花，并且获得好收成。

从上述场景描述可以知道，智慧农业就是将物联网技术运用到传统农业中去，运用传感器和软件通过移动平台或者电脑平台对农业生产进行控制，使传统农业更具有“智慧”，帮助农民及时发现问题，并准确确定发生问题的位置，使得农业生产活动逐渐从以人力为中心、依赖于孤立机械的生产模式转向以信息和软件为中心的生产模式，从而大量使用各种自动化、智能化、远程控制的生产设备。

沙漠中的“农业奇迹”：以色列的精准浇灌

以色列耕地少，沙漠占了国土面积三分之二，而且大多属于典型的干旱和半干旱气候地区，是全球人均水资源最贫乏的国家之一，从自然条件看，以色列极其不适合发展农业。但如今以色列正在创造了“农业奇迹”：大片的沙漠变成良田沃野，占全国劳动力 5% 的农业从业人员，提供了全国 90% 以上的食物。以色列农产品大量出口，占据了 40% 的欧洲瓜果、蔬菜市场，被誉为“欧洲果篮”。以西红柿大棚为例，如果使用以色列的智慧农业技术，每亩地一年的服务费在几百元，但产量可增加 500—1 000 kg。这意味着，每亩地将增收几千元。

以色列农业技术在全世界都很先进，同时把节水灌溉和科学灌溉作为农业发展重心，注重融合农学、土壤、物理、化学、机械、生物、环境等学科技术，并将农业生产与云计算和物联网等技术结合，将单位面积灌溉的用水量控制到最低限度。比如，深埋地下的浇灌喷嘴由电脑控制，依据传感器传回的土壤数据，决定何时浇、浇多还是浇少，绝不浪费的同时也保证作物生长的需要。

精准灌溉系统的应用不仅节约了宝贵的水资源，而且节约了人力成本。通过这种智能设备来控制，几个农民可以管数百公顷土地的灌溉，农民只需要开车到各种植区观察和测定，结合分析结果来发现该灌溉地域的问题，及时调整灌溉施肥程序，工作效率非常高。

以色列的精准浇灌技术

以色列发展精准浇灌具体有以下几个方面：①输水线路实现管道化，管路实现联网。②浇灌水量由计算机控制，计算机可以通过流量、压力的变化识别水管的泄漏和堵塞，并通过计算机控制即可按要求自动打开灌溉系统进行灌溉。③应用节水灌溉系统，使得灌溉过程各个环节相连接，通过各个环节自动化实现整个灌溉系统的自动化。④灌溉系统全部采用水肥一体化，每次灌水都随水带肥，通过传感器精确分析了解水质、土壤养分和作物不同生长阶段需肥等信息，实现水肥的合理供给，达到了优质、高产的目标。

大棚管家：温室娃娃

“温室娃娃”工作示意图

温室种菜是个技术活，温度、湿度、二氧化碳都会影响产量，因此管理温室的操作非常复杂，几乎时刻都要察看室内温度、湿度等蔬菜生长环境数据。“温室娃娃”正是考虑到此情况而专门研发的。利用它就能代替一个经验丰富的菜农完成温室管理，还能测量和分析大棚内的空气温度、湿度、地温和光照强度等参数，并据此对不同作物生长环境做出建议性改变。目前温室娃娃被广泛地应用在温室、大棚等设施栽培管理的生产实践中，深受广大科研院所和农民用户的青睐。

温室娃娃又叫大棚管家或者农业环境在线监测仪，采用高精度无线传感器，主机和传感器间通过 Zigbee 无线传输接收，不用接线直接感应。连接无线传感器后便可以通过安装在温室内的传感器装置，将温室内的温度、光照等数据传输到“温室娃娃”上，全天候无线采集常见温室环境数据。再通过智能化系统形成数据分析，及时对温室进行补光或保湿等措施，更好地对温室进行管理。它能够实时监测农业生产中空气温度、湿度、露点温度、光照强度、土壤温度等环境参数，根据用户设置的决策各参数的超限状况，通过语音方式输出知道信息。

在将来，若温室娃娃与农业无线监控系统共同作用于农业生产，农民不仅仅能够远程获取温室大棚内部的环境信息，而且能够远程或自动控制喷淋滴灌、内外遮阳、顶窗侧窗、加温补光等设备，保证环境最适宜作物生长，为作物高产、优质、高效、生态、安全创造条件。同时系统还能够通过手机、PDA、计算机等信息终端向农户推送实时监测信息、预警信息、农技知识等，实现农产品集约化、网络化远程管理，充分发挥物联网技术在农业生产中的作用。

智能物流生态

一批商品是如何通过智能物流运送的：工厂里，一条生产线正在运行，一批产品在最后下线的环节被机器内置了一个电子标签，随后在这些产品在入库的时候，被射频识别装置自动读取电子标签存入数据库，更新库存数据。时隔数日，这批产品被调出库，并同样经过数据读取和更新库存数据，正式进入到物流系统中。物流公司首先对商品的电子便签数据进行同样的采集和存档，通过商品数据的实时传输和实时跟踪动态掌握这批商品的位置。在商品交付给货主（比如超级市场）之后，将最终数据与原始数据相比较，确认货物安全完整送达。

在上述过程中，最开始位置的生产商可以通过与物流公司及最后收货方的物流联网，全程跟踪自己生产的产品的动向。而且一旦其中任何一个环节出现问题，可以在最短的时间内确定相关的目标信息，在第一时间沟通解决，这就是智能物流管理。物联网为物流业将传统物流技术与智能化系统运作管理相结合提供了一个很好的平台，能够更完善地实现智能物流的信息化、智能化、自动化、透明化、系统化的运作模式。

产品的身份证

将来的某天，人们在超市里选购了商品之后，不需要在排队等候结账，推着满车商品走出大卖场就行了，因为商品上的电子标签会将商品信息自动登录到商场的计价系统，货款也自动从信用卡中扣除。而这种生活的改变是由全球产品电子代码编码体系（EPC）和物联网的逐步实施引起的。EPC 的载体是 RFID 电子标签，旨在为每件单品建立全球的、开放的标识标准，实现全球范围内对单件产品的跟踪与追溯，从而有效提高供应链管理水平、降低物流成本。

实时跟踪定位

GIS（地理信息系统）和 GPS（全球卫星定位系统）技术的运用，正好解决了物流运输过程中的准确跟踪和实时定位的难题。GIS 是以地理空间数据为基础，采用地理模型分析方法，适时的提供多种空间和动态的地理信息，是一种为地理研究和地理决策服务的计算机技术系统。尤其是近些年，GIS更以其强大的地理信息空间分析功能，在GPS及路径优化中发挥着越来越重要的作用。现在越来越多的物流系统采用GIS与GPS结合，以确定运输车辆的运行状况。

基于GIS技术的空间数据管理

电子口岸

系统运用现代信息技术，借助国家电信公网，将各类进出口业务电子底账数据集中存放到公共数据中心，国家职能管理部门可以进行跨部门、跨行业的联网数据核查，企业可以在网上办理各种进出口业务。中国电子口岸是国家进出口统一信息平台，是国务院有关部委将掌管的进出口业务信息流、资金流、货物流电子底账数据集中存放的口岸公共数据中心，为各行政管理部门提供跨部门、跨行业的行政执法数据联网核查，并为企业提供与行政管理部门及中介服务机构联网办理进出口业务的门户网站。

智能医疗生态

随着人均寿命的延长、出生率的下降和人们对健康的关注，现代社会人们需要更好的医疗系统。这样，远程医疗、电子医疗（e-health）就显得非常急需。借助于物联网和云计算技术、人工智能的专家系统、嵌入式系统的智能化设备，可以构建起完美的物联网医疗体系，使全民平等地享受顶级的医疗服务，解决或减少由于医疗资源缺乏导致的看病难、医患关系紧张、事故频发等现象。智能医疗通过打造健康档案区域医疗信息平台，实现患者与医务人员、医疗机构、医疗设备之间的互动，进一步提升医疗诊疗流程的服务效率和服务质量，提升医院综合管理水平，实现监护工作无线化，医疗设备电子化，全面改变和解决现代化数字医疗模式、智能医疗、健康管理医院信息系统等的问题和困难，并实现医疗资源高度共享，降低公众医疗成本。

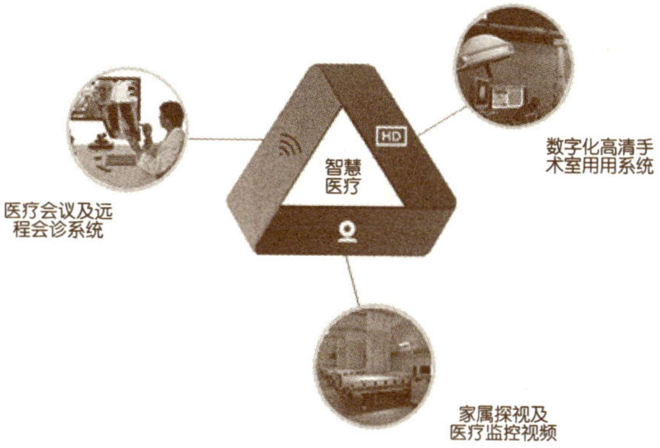

智慧医疗应用功能

智能医疗诊断平台

帮助医务人员正确判断疾病的工具，把患者检查结果及问诊结果与数据库匹配以帮助医生运算和分析的智能诊断平台。通过病历收集和分析，根据用户的设置，将治疗过程自动生成案例供用户检索。传统中医的诊断方法是通过望、闻、问、切给病人看病，而该系统的使用改变了传统的诊断方式，以前病人在看病的时候医生处在主导地位，现在是双方处于交流状态，比如说诊断某一种疾病，看了相关症状不符合的时候，病人就可以否决这个疾病，医生和病人处在对等状态。因此，智能诊断并不是代替医院和医生，而是基于已有数据库和自身病历数据的分析，让医患之间的信息平等对称。

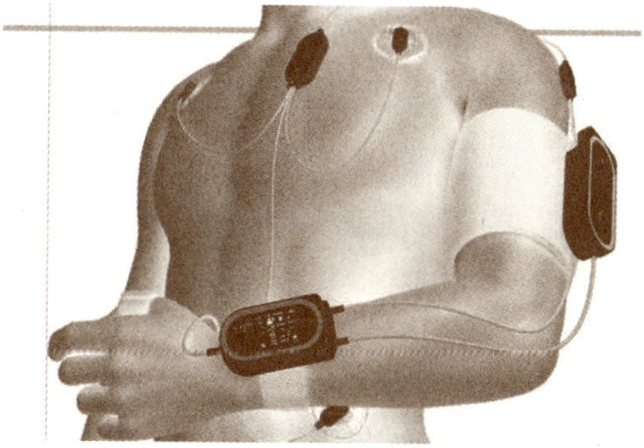
电子化智能医疗设备

移动智能化医疗

在未来，患者进入医院时，院方首先会将患者信息储存到RFID芯片中，将带有RFID芯片的手环戴在对应病人的手腕上，并将病人数据记录到医院信息系统数据库中，通过Wi-Fi可下载读取病人所有病历数据，传输至护士的移动数据终端上；护士巡房时，手中手持数据终端可通过读写器读取病人手腕上的RFID芯片中对应病患编号，能在手持数据终端数据库中快速搜寻病人病历与处方诊疗信息，为移动中的一线医护人员提供“移”触即发的随身数据应用。移动智能化医疗能够提高医院的运营效率，降低医疗错误及医疗事故的发生率，从而全面提高医院的社会效益以及竞争力。

医院信息化平台

物联网在医院信息化建设中的主要应用包括查房、重症监护、人员定位以及无线上网等信息化服务。在传统工作模式下，医生或护士需要随身携带一大堆病历本，并以手写方式记录医嘱信息。而智能医疗中的无线查房，就是把数字化推到病人床前，医生或护士只需轻轻点击随身携带的平板电脑或PDA，就可随时调阅病人的病历、医嘱和各种检查、化验以及护理等信息，并可以准确地在床边下医嘱，记录病情变化，及时将相关信息传输至科室和医院的管理终端。

望眼欲穿的物联网未来

面临的问题与挑战

我国物联网在政策支持和专项资金的带动下，市场应用推广初见成效，在农业、物流等领域实现了规模应用，但仍存在一些发展瓶颈和制约因素。主要表现在以下四个方面：

缺乏大规模应用，尚未实现规模化发展

我国物联网应用领域广泛，但应用呈现碎片化特点。一方面，我国目前的物联网应用多以局部性试点为主，大部分都属于初步应用，尚未形成示范作用，应用规模普遍较小。另一方面，我国物联网应用层次整体偏低，以我国智能交通目前做得最成功的不停车收费系统 ETC 和车辆定位为例，这些技术和应用早在 20 世纪 90 年代就已经在国外大范围推广，而我国由于信息化水平落后，信息化起点较低，再加上缺乏深度挖掘和应用创新，因此应用层次也相应较低。

尚未形成成熟的、可复制的商业模式

现阶段我国物联网多数应用于政府和大型企业的内部信息化，尚未形成面向市场和公众的切实可行、易于推广的商业模式，产业链上下游合作方式不成熟，收入分配机制不明确，盈利模式不清晰，难以进行大规模的复制推广，物联网企业在核心能力、产品和服务的价值定位、目标客户群体、盈利模式、客户关系以及与合作伙伴在物流、信息流、资金流上的关系等方面发展不成熟，缺乏切实可行、易于推广的商业模式已经成为制约我国物联网产业规模化发展的主要瓶颈。

应用呈现分散性，各应用间缺乏共通性

现阶段物联网应用多为分散点的应用，应用的系统性、集成性不强。仍以交通领域的应用为例，我国大部分地区都建有 ETC 车道，但物联网管理和收费仍仅限于京津冀和长三角、珠三角地区，各地区的经济与社会发展水平不均衡，各地的高速公路建设和管理模式不尽相同，我国现有的收费高速公路采取多渠道融资、多方参与建设既各自独立管理的运行模式，各方利益难以协调和平衡，不同地区的 ETC 系统互不兼容，ETC 跨地区联网需进行大量的管理和技术协调工作。

受技术、产业化和标准等制约较明显

技术落后、产业化不足及标准不统一造成的高成本仍是制约应用规模化发展的主要障碍，不能满足大规模应用对物联网产品低成本、低耗能、高智能、高可靠性的要求，没有实现应用与研发和产业化的有机互动。以传感器为例，国内中高档传感器产品几乎100%从国外进口，90%的传感器芯片从国外进口，传感器技术水平比国外落后10—15年，可靠性指标低1—2个数量级，而且国产传感器的产业化率不到5%，造成传感器产品功能、性能不稳定、可靠性差而且价格高昂，使得大量以传感器为核心的工业环境监测、医疗监测、大型结构设备安全监测的应用不能规模化实现推广。

物联网的发展与未来

物联网不是一个新颖的概念，早在2005年前就已经被提出；物联网又是一个年轻的概念，如灿烂朝阳照亮未来。总体来看，全球物联网应用仍处于发展初期，全球物联网应用呈现加速发展态势，物联网在行业领域的应用逐步广泛深入，在公共市场的应用开始显现，M2M（机器与机器通信）、车联网等是近两年全球发展较快的重点应用领域。根据券商研报预测，预计未来几年，我国物联网行业年均增速将达到30%左右，2018年物联网行业市场规模有望超过1.5万亿元。“物联网”的到来不仅将给普通民众的生活带来质的改变，也将是信息产业一次重新洗牌的机遇。无论是发达国家还是发展中国家，都会力争上游，在信息技术的第三次浪潮中取得领先地位。

另一方面，智慧地球与智慧城市战略也受到我国极大的重视。在2016中国智慧城市（国际）创新大会上，国家发展和改革委高技术产业司副司长伍浩表示，“十三五”是我国建设小康社会的决胜阶段，建设新型智慧城市是贯彻落实新理念的重要实践，是以信息引领城市发展转型的难得机遇，全面推进新一代信息技术与城市发展融合创新，是实现可持续发展的新路径、新模式、新形态。他表示，下一个阶段，中国新型智慧城市建设可考虑进一步聚焦两大目标：一是提升公共服务效能，主要是以坚持信息惠民作为智慧城市发展的核心，通过释放数字红利，实现无处不在的惠民服务，建设和谐、宜居、富有活力、更具特色的现代化城市；二是提升管理水平，主要是通过体制机制创新和城市资源的整合，促进城市管理精准化、透明化和高效化，推进城市治理体系和治理能力实现现代化。

虚拟现实

魅力虚拟现实

如真似幻，扑朔迷离

设想一下下面的场景：不用办理日本的签证就可以通过虚拟现实体验东京街景和富士山的雪景；不用坐飞船到月球就可以获得太空漫步的体验；不用去试衣间就可以挑选到合适的衣服；不用担心网购的质量问题，因为可以到厂房亲身体验产品生产过程。这听上去非常诱人，但如何能做到这些呢？事实上，在好莱坞大片《黑客帝国》与《阿凡达》中，借助于虚拟现实的力量，人们甚至创造了全新的世界并在其中拥有自己的虚拟化身，在真实世界中并没有发生的事件，虚拟化身却能带给人们最逼真的体验，以至于人们无法分辨自己是否身处虚拟世界之中。那么，什么是虚拟现实呢？

虚拟现实

虚拟现实（virtual reality，VR）从概念上讲就是一种综合计算机图形技术、多媒体技术、传感器技术、人机交互技术、网络技术、立体显示技术以及仿真技术等多种技术而发展起来的通过模拟产生逼真的虚拟世界，给用户提供完整的视觉、听觉、触觉等感官体验，让用户如身临其境能够实现在自然环境下的各种感知的高级人机交互技术。理想的 VR 技术可以对情境进行全方位的“重现”乃至“创造”，包括对于情境下特有的感官，如视像、声音、气味、触感等做出精确的模拟。例如，“4D 电影”就是一种较为初级的 VR 技术，观众不但可以通过 3D 眼镜获得与现实世界相同的三维视效，而且还能够随着影片情节的进展获得其他相应的感官体验，如在电影展示地震情节时影院的座椅也会颤动。

虚拟现实的发展

虚拟现实技术的发展大致可以分为三个阶段。20 世纪 70 年代之前为第一阶段，是虚拟现实技术的产生与探索阶段；20 世纪 80 年代初期到 80 年代中期为第二阶段，是虚拟现实技术初步发展并逐步系统化的阶段；20 世纪 80 年代末至今为第三阶段，是虚拟现实技术高速发展、日趋完善的阶段。

第一阶段：初始阶段

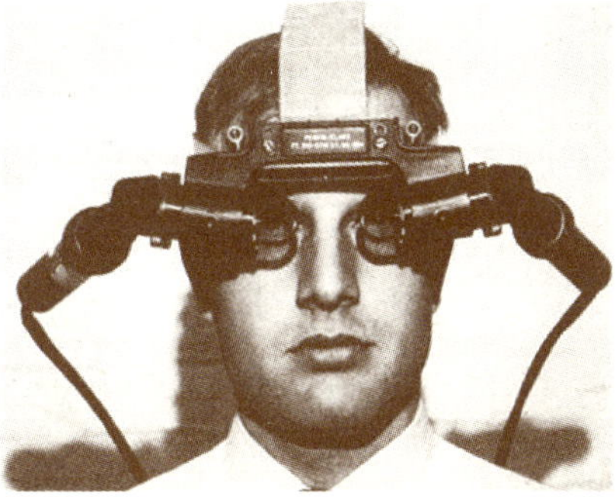

Ivan Sutherland 设计的头盔式显示器

1929 年，Edwin A.Link 发明了飞行模拟器，乘坐者感觉和坐在真的飞机上一样，受训者可以使用模拟器学习驾驶飞机，这是最早的虚拟现实设备。1965 年，Ivan Sutherland 博士发表了名为“The Ultimate Display（终极显示）”的论文，提出了感觉真实、交互真实的人机协作新理论，1968 年，Ivan Sutherland 在哈佛大学的组织下开发了头盔式立体显示器，成为三维立体显示技术的奠基性成果。

第二阶段：概念阶段

20 世纪 80 年代初到 80 年代中期，虚拟现实技术的基本概念开始形成。20 世纪 80 年代初，美国开发了虚拟战场系统 SIMNET 用于坦克编队作战训练，以减少训练费用，提高安全性并减轻对环境的影响。1989 年，美国 VPL 公司的创始人 J 增强现实 on Lanier 正式提出“Virtual Reality”一词。

第三阶段：发展阶段

1992 年，美国 Sense8 公司开发出“WTK”开发包，为虚拟现实技术提供更高层次的应用。1996 年 10 月 31 日，世界上第一场虚拟现实技术博览会在伦敦开幕，世界上所有人都可以在家中上网参观这个博览会，它没有真实展品、没有场地、没有工作人员，人们在网上输入网址即可进入会场浏览。人机交互系统的设计不断创新，很多功能强大的输入与输出设备不断研制出来，为虚拟现实系统的发展打下了良好的基础。

系统组成探幽

根据虚拟现实的基本概念及相关特征可知，虚拟现实技术是融合计算机图形学、智能接口技术、传感器技术和网络技术等的综合性技术。虚拟现实系统应具备与用户交互、实时反映所交互的结果等功能。所以，一般的虚拟现实系统，要由专业图形处理计算机、应用软件系统、输入输出设备和数据库组成。

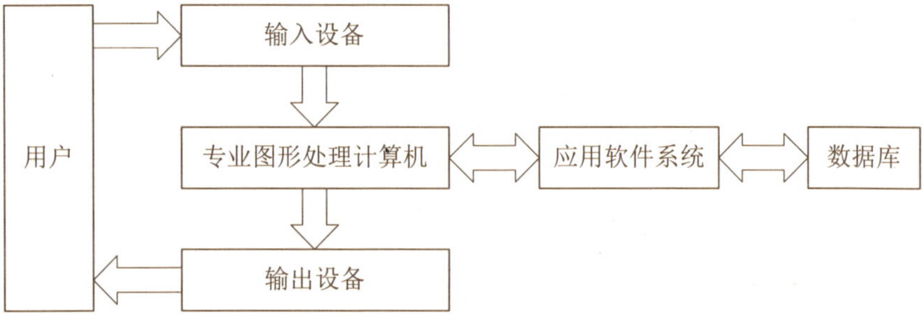

虚拟现实系统组成

专业图形处理计算机

计算机在虚拟现实系统中处于核心地位，是系统的心脏，是 VR 的引擎，主要负责从输入设备中读取数据、访问与任务相关的数据库，执行任务要求的实时计算，从而实时更新虚拟世界的状态，并把结果反馈给输出显示设备。由于虚拟世界是一个复杂的场景，系统很难预测所有用户的动作，也就很难在内存中存储所有相应的状态，需要实时绘制和删除，以至于大大地增加了计算量。这对计算机的配置提出了极高的要求。

应用软件系统

虚拟现实的应用软件系统是实现 VR 技术应用的关键，提供了工具包和场景图，主要完成虚拟世界中对象的几何模型、物理模型、行为模型的建立和管理；三维立体声的生成、三维场景的实时绘制；虚拟世界数据库的建立与管理等。目前这方面国外的软件较成熟，如 MultiGenCreator 和 Virtool 等。

数据库

数据库用来存放整个虚拟世界中所有对象模型的相关信息。在虚拟世界中，场景需要实时绘制，大量的虚拟对象需要保存、调用和更新，所以需要数据库对对象模型进行分类管理。

输入设备

输入设备是虚拟现实系统的输入接口，功能是检测用户的输入信号，并通过传感器输入计算机。基于不同的功能和目的，输入设备除了包括传统的鼠标、键盘外，还包括用于手势输入的数据手套、身体姿态的数据衣、语音交互的麦克风等，以解决多个感觉通道的交互。

跟踪定位设备是虚拟现实系统中人机交互的重要设备之一。它的主要作用就是及时准确地获取人的动态位置和方向信息，并将该位置和方向信息发送到虚拟现实的计算机控制系统中。目前用于跟踪用户的方式有两种：一种方式是跟踪人的头部位置与方向，来确定用户的视点与视线方向。因为视点与视线方向是判定虚拟现实场景显示的关键信息之一。另一种方式则是跟踪用户手的位置与方向，跟踪手的方法一般是通过带有跟踪系统的数据手套进行的，数据手套上装有多个传感器，能够及时地将手指手掌伸屈时的各种姿势信息转换为数字信号传送给计算机，然后被计算机识别，并发出执行命令。

输出设备

输出设备是虚拟现实系统的输出接口，是对输入的反馈，功能是由计算机生成的信息通过传感器传给输出设备，输出设备以不同的感觉通道（视觉、听觉、触觉）反馈给用户。输出设备除了包括屏幕外，还包括声音反馈的立体声耳机、力反馈的数据手套以及大屏幕立体显示系统等。

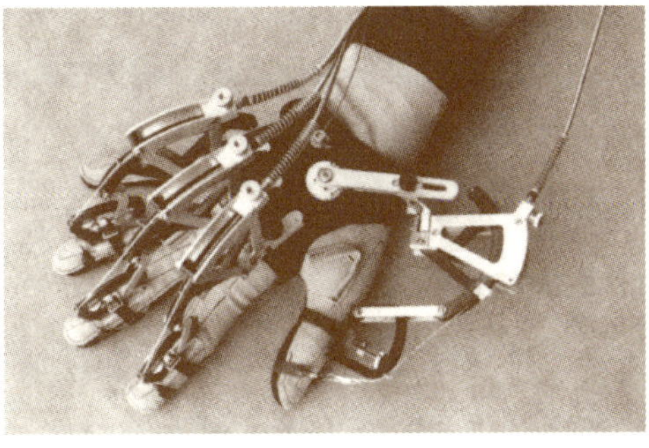

力反馈手套图

眼睛是人类接收外部信息最直接、最重要的感觉器官，特别是对周围环境的感知。因此可以说人在虚拟世界中的沉浸感主要依赖于人类的视觉效应，而要产生和模拟现实世界的环境，专业的立体显示设备无疑可以直接增强用户在虚拟环境中视觉沉浸感的逼真程度。为了构建视觉三维环境，VR 硬件系统需要采用立体图像显示设备，作为立体显示设备有固定式（台式 VR、投影式 VR、3D 眼镜、3D 显示器）、头盔式和手持式三大类。

在虚拟现实系统中，声音输出设备是指三维真实感声音的播放设备，它对于提高 VR 系统的沉浸感起着十分重要的作用。高保真度的声音输出设备要比视频显示设备便宜得多，且易于加入 VR 系统中，因此在 VR 系统的设计中，即使视觉质量欠佳，也可以利用高保真的声音来增强用户的真实感体验。

创造沉浸感：技术揭秘

立体高清显示技术

作为虚拟现实系统实现沉浸交互的方式之一，立体高清显示可以把图像的纵深、层次、位置全部展现，参与者可以更直观、更自然地了解图像的现实分布状况，从而更全面地了解图像或显示内容的信息。从技术方面看，需要通过光学技术构建逼真的三维环境和立体的虚拟物体对象，这就要求根据人类双眼的视觉生理特点来设计，使得人们在虚拟现实环境中，看到的景观与日常生活中的场景比较时，在质量、清晰度和范围方面应该是无法区分的，从而产生身临其境的沉浸感。但就目前的技术而言，往往需要借助一些昂贵的硬件设备，如数据手套、头盔显示器及其他高档图形工作站等。

立体视觉

立体视觉是人眼在观察事物时所具有的立体感。人眼对获取的景象有相当的深度感知能力（Depth Perception），而这些感知能力又源自人眼可以提取出景象中的深度要素（Depth Cue）。之所以可以具备这些能力，主要依靠人眼的双目视差（Binocular Parallax）、运动视差（Motion Parallax）、眼睛的适应性调节（Accommodation）和视差图像在人脑的融合（Convergence）等机能。

全息技术

全息技术是利用干涉和衍射原理记录并再现真实物体的三维图像技术，全息图的每一部分都记录了物体上各点的光信息，故原则上它的每一部分都能再现原物的整个图像，通过多次曝光还可以在同一张底片上记录多个不同的图像，而且能互不干扰地分别显示出来。近年来，随着计算机技术的发展和高分辨率电荷耦合成像器件（CCD）的出现，数字全息技术得到迅速发展。与传统全息不同的是，数字全息用CCD代替普通全息记录材料记录全息图，用计算机模拟取代光学衍射来实现物体再现，实现了全息图的记录、存储、处理和再现全过程的数字化，具有充满希望的前景。

3D全息投影图

三维建模技术

虚拟环境的建立是虚拟现实技术的核心内容。在三维模型的建立过程中，人们不仅要求模型的几何外观逼真可信，部分对象还需要具有较为复杂的物理属性和良好的交互功能。通常，建模技术可分为几何建模、物理建模和运动建模。几何建模是基于物体的几何形状等信息的表示，研究图形数据结构等问题，物理建模是给一定几何形状的物体对象赋予特定的物理属性，运动建模用于处理对物体对象的运动和行为的描述，通常称为动画。

几何建模

几何建模是一种技术，它能将物体的形状存储在计算机内，形成该物体的三维几何模型，并能为各种具体对象应用提供信息，如能随时在任意方向显示物体形状，计算体积、面积、重心、惯性矩等。这个模型是对原物体确切的数学描述或是对原物体某种状态的真实模拟。

物理建模

虚拟现实系统中的模型不是静止的，而是具有一定的运动方式的。当与用户发生交互时也会有一定的响应方式。这些运动方式和响应方式必须遵循自然界中的物理规律，如物体之间的碰撞反弹、物体的自由落体、物体受到用户外力时朝预期方向移动等。上述这些内容就是物理建模技术需要解决的问题，如何描述虚拟场景中的物理规律以及几何模型的物理属性。物理建模技术需要重点解决设计数学模型、创建物理效果和实时碰撞检测等问题。

运动建模

在虚拟现实环境中，除了要观察一个对象的3D几何形状，还必须考虑该对象的具体位置，并以此位置为基点，进行平移、碰撞、旋转和缩放等变化效果。这些内容的数据建模描述表达了对象的运动属性，所以称为运动建模或者说行为建模。

三维虚拟声音技术

三维虚拟声音与人们熟悉的立体声音有所不同。立体声虽然有左右声道之分，但就整体效果而言，立体声来自听者面前的某个平面。而三维虚拟声音则来自围绕听者双耳的一个球形中的任何地方，即声音出现在头的上方、后方或者前方。

全向三维定位特性

全向三维定位特性是指在三维虚拟环境中把实际声音信号定位到特定虚拟声源的能力。它能使用户准确地判断出声源的精确位置，从而符合人们在真实世界中的听觉方式。这一特性与三维实时跟踪特性是三维虚拟声音的主要特征。

三维实时跟踪特性

三维实时跟踪特性是在三维虚拟环境中实时跟踪虚拟声源位置变化或虚

拟影像变化的能力。当用户转动头部时，这个虚拟声音的位置也应随之变动，使用户感到声源的位置并未发生变化。而当虚拟发声物体移动位置时，其声源位置也应有所改变，因为只有声音效果与实时变化的视觉相一致，才可能产生视觉与听觉的叠加和同步效应。

语音合成技术

语音合成技术是一门综合性的前沿新技术，该技术相当于给机器装上了人工嘴巴。它涉及声学、语言学、数字信号处理、计算机科学等多个学科技术。在 VR 系统中，语音合成技术与传统的录音——回放设备（系统）有着本质的区别。它实际上包括了语音识别、文语转换和电子控制下的机械发声等三大关键技术。由于交互的需要，用户可以向 VR 系统自由地用语音或者是文字传递信息，而 VR 系统则可通过语音合成技术用声音反馈给用户。将语音合成与语音识别技术结合起来，可以使用户与计算机所创建的虚拟环境进行简单的语音交流，这在 VR 环境中具有突出的应用价值，特别是当使用者的双手正忙于执行其他任务，双眼无暇注视图像时，这个语音交流的功能就显得尤为重要了。

当虚拟照进现实：产业应用

在了解了虚拟现实的含义以及所采用的技术之后，人们往往会想："真的很有趣，但是这有什么意义呢？这会对我的生活造成什么影响？"实际上，虚拟现实已经开始潜移默化地影响了我们的生活。

经过多年的发展，应用虚拟现实技术的领域越来越多，起初是军事仿真，近年来在城市规划、室内设计、虚拟游戏、工业设计、医疗保健等方面都取得了长足的发展，形成了庞大的产业群。根据美国 KZero 公司的调研，到 2018 年全世界将有 1.71 亿人使用虚拟现实硬件与软件，2020 年虚拟现实的市场价值将达到300亿美元，可想而知，虚拟现实技术在未来的运用会更加广泛。由于虚拟现实技术的沉浸感与交互性的特点，它可以很快地渗透人们工作与生活的每个角落，对人类社会产生巨大的影响，并受到人们的极大关注。

虚拟现实的应用极为广泛，Helsel 与 Doherty 对世界上 805 项虚拟现实研究做了统计，结果表明虚拟现实技术在娱乐、教育与艺术方面的应用是目前的主流，占 21.4%；其后依次是军事与航空方面 12.7%，医学方面 6.13%，机器人方面 6.21%，商业方面 4.96%。此外，在制造业和可视化计算等方面也有相当比例。

兵不血刃：虚拟军事

现代社会高度信息化在为我们的生活带来便捷的同时，也让人类在一些领域面临前所未有的问题，为了维持社会世界和局势稳定，各个国家都必须不断发展自己的军事力量，需要大型的新型武器，也要适时进行多兵种军事训练与演练，必要时也要进行载人航天、核试验、核反应堆维护。但如果按传统的方式对这些问题进行处理，需要投入大量的人力与物力。过长的时间周期和一些不必要的人员伤亡总会为这些军事武器的快速进步带来消极的影响，在国际局势复杂的今天，大规模的军事演练总带有国际敏感，也会受到各种国际条约的约束。这些限制都对军事演练和相关的信息基础设施建设提出了愈加迫切的需求。

而现代信息技术的高速发展为这一切提供了可能，虚拟现实以计算机技术为核心，让用户借助必要的外部设备，能够与虚拟环境中的人、物自然地进行交互作用，相互影响，产生沉浸式的体验。将这种技术应用在军事仿真演练中，极大地推动了军事力量的发展，为模拟真实战争环境提供了高效的途径。

军事指挥决策

军事指挥决策一般是指由军事高级将领在了解环境、分析敌我基本情况后做出的具有影响战争胜负的指导性决定，中国古时候的军事指挥者采用石子辅助分析发明了围棋，近现代战争指挥官则通过实体的沙盘进行推演研究。随着信息化时代的来临，虚拟现实技术不仅可以非常清晰地表现战场的地形地貌，还可以有精确的经纬坐标显示，甚至可以和电脑的军事辅助决策系统相连，提供多种方案建议。指挥员依据战场的具体情况，能够合理分配兵员，布局火力，还可以结合通信技术将指挥决定快速传送到前线作战人员的手持式设备上，最终可以最小的代价获得战争胜利。

军事训练和演习

在传统的军事实战演习中，特别是大规模的军事演习，不但耗资巨大，安全性较差，而且很难在实战演习条件下改变战斗状况来反复进行各种战场势态下的战术和决策研究。现在，使用计算机，应用 VR 技术进行现代化的实验室作战模拟，能够像物理学、化学等学科一样，在实验室里操作，模拟实际战斗过程和战斗过程中出现的各种现象，增加人们对战斗的认识和理解，为有关决策部门提供定量的信息。在实验室中进行战斗模拟，首先确定目的，然后设计各种试验方案和各种控制因素的变化，最后士兵再选择不同的角色控制进行各种样式的作战模拟试验。例如，研究导弹舰艇和航空兵攻击敌方时、排演机动作战舰艇编队的最佳攻击顺序时、兵力数量和编队时，有时实兵演习不可能得到多种环境下的结果，但可以通过方案和各种因素的变化建立数学模型，在计算机上模拟各种作战方案和对抗过程，研究对比不同攻击顺序以及双方兵力编成和数量，可以迅速得到双方损失情况、武器作战效果、弹药消耗等一系列有用的数据。

计算机模拟训练图

“不动刀”的手术：虚拟医疗

在医疗领域，现代医学与虚拟现实技术的飞速发展以及两者之间的结合使虚拟现实技术显现出了对医疗领域的重大影响，其应用范围包括各种医学模拟，进行解剖和外科手术教育等。下面列举出了虚拟现实技术在医学领域中的主要应用。

虚拟外科手术系统

虚拟外科手术系统主要由虚拟人体须知视景生成系统和仿真手术器械两部分组成，前者主要完成虚拟人体或虚拟器官的实时生成和展示，后者则使用户通过带有力反馈功能的虚拟外科手术器械进行各种手术练习，二者缺一不可。虚拟外科手术是虚拟现实技术在医学领域中富有挑战的应用，操作者可以体验到真实做手术的感觉，获得逼真的手术教学效果。利用虚拟现实技术进行虚拟外科手术，构建一个虚拟手术台，为训练外科实习医生熟练使用手术刀提供了一个方便快捷的途径。在虚拟手术台实行虚拟手术实验时，将一个平板液晶显示器正面朝上放置在托架上，显示器下方留有足够的空间。让显示器位于眼睛和手的中间位置。进行虚拟手术操作时，操作者的眼睛看的是电脑生成的虚拟手术刀和手术场景，而不是真实的仿真手术刀。仿真手术刀在力反馈装置的协同作用下，为操作者提供触觉上的感知。实习医生在视觉和触觉上与虚拟病人的这种交互过程，真真实实地模拟了一场手术的具体情况。

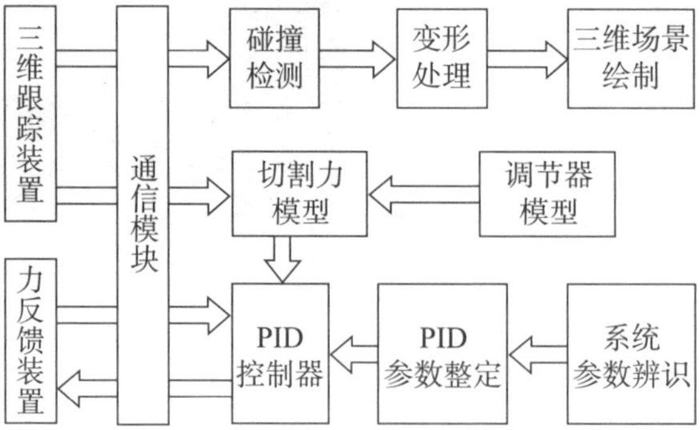

虚拟外科手术系统

虚拟人体仿真应用系统

虚拟人体仿真应用系统，将一些专业性强、过程复杂、无法快速清晰了解的过程用生动而逼真的三维图形来展现，从而获取更加准确和可靠的医疗信息。在虚拟人体仿真应用系统中，微创医疗的产品设计师可以通过 3D 交互的图像来验证产品的设计是否符合人体结构及病学原理，提高医疗产品设计的合格率及安全性。同时，通过建立虚拟的人体模型，运用逼真的三维图形技术，通过与虚拟人体组织的人机交互，将微创介入产品的特点、功能以及在虚拟手术中的应用一一展现出来，让医生和病人有了更直观的了解和体验。

治疗模拟器

利用虚拟人体仿真系统及真实案例可以构建治疗模拟器，这是一种带有虚拟病人的软件。这款设计程序能帮助临床医生诊断患者，以及让他们的监护人学会如何照顾治疗患者、术后康复情况检测等。使用虚拟病人，医生们可以上传医疗记录，然后允许真实的病人插入其他变量，例如吸烟习惯、药物治疗、环境因素等，以观察这些影响因素究竟是如何作用于我们的身体。通过这项仿真技术，病人可以真切地看见他们的行为如何影响到自身的健康。

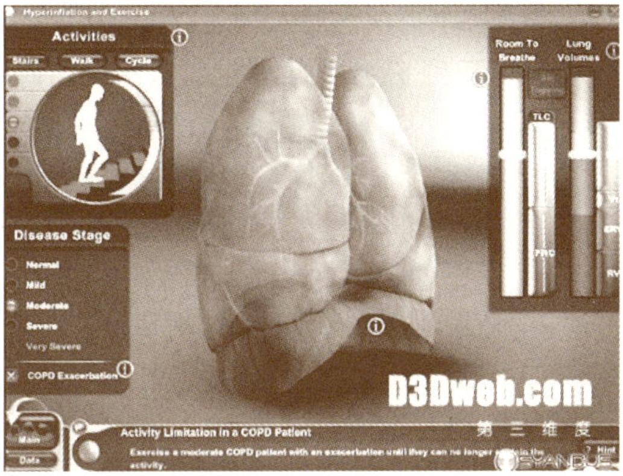

治疗模拟器界面

虚拟现实康复训练

术后的康复训练对患者早日回归正常生活至关重要。传统的康复训练不但耗时耗力，单调乏味，而且训练强度和效果得不到及时评估，很容易错失训练良机，而结合三维虚拟与仿真技术的康复训练就很好地解决了这一问题，并且还适用于心理患者的康复训练，对完全丧失运动能力的患者也有独特效果。而虚拟现实康复训练的操作者通过输入设备（如数据手套、动作捕捉仪等）把自己的动作行为传入计算机，并从输出反馈设备得到视觉、听觉或触觉等多种感官反馈，最终达到最大限度恢复患者的部分或全部机体功能的目的。这种训练方法，不但大大节约了训练的人力物力，而且有效增加了治疗的趣味性，激发了患者参与治疗的积极性，将被动治疗变为主动治疗，提高了治疗的效率。

新闻革命：虚拟新闻

VR 技术在新闻生产领域的应用尽管一直是新闻学界和业界关注及热议的话题，但或许由于这种技术对于“虚拟”性的强调与新闻业根基深厚的“真实”传统相抵触，以及 VR 设备高昂的造价及普及成本，2015 年之前 VR 新闻在很大程度上始终停留在观念探讨的层面上，未能出现真正采用 VR 技术进行新闻生产的传统媒体机构。但在 2015 年，VR 新闻在应用领域取得重大突破。

新闻突破年

2015 年是 VR 新闻取得突破性进展的一年。这样说并不是因为 VR 技术直到这一年才开始被新闻业利用，或 VR 新闻在这一年有什么关键的技术进步，而是因为代表着传统新闻业价值与实践基石的三家老牌西方新闻机构——美国三大全国性广播电视网之一 ABC、《纽约时报》社以及全美最大通讯社美联社——开始正式将 VR 技术引入自己的日常生产。此举不但展现了传统媒体对于这一不无争议的新技术的开放态度，而且也将 VR 技术与新闻业相结合所必然带来的一系列争议推上风口浪尖。

ABC

拥有覆盖美国全境能力的 ABC 电视网成为世界上第一个正式进行 VR 新闻生产的传统媒体机构，其在 2015 年 9 月 16 日播出了一期使用 VR 技术制作的新闻片，可以令观众通过电视台指定的合作方 Jaunt VR 公司提供的头戴显示设备，对叙利亚首都大马士革的历史与现实景象进行虚拟体验。该设备共计包括 16 个不同的摄像头，能够将电视台拍摄团队于不同时间、地点拍摄获得的影像“缝合”为一体，给观众带来完整的体验。而 ABC 也计划将 VR 技术运用于对即将到来的教宗访美和 2016 总统大选的报道之中。

纽约时报

老牌严肃报纸《纽约时报》一直是传统新闻机构中最为积极的新技术采

用者。从 2015 年 11 月起，《纽约时报》开始与谷歌公司合作生产供其读者专用的廉价头戴式设备 Cardboard set 并开发专门的 VR 手机应用，首批获得这一设备的订户达 100 万人。该报于 11 月 5 日推出的第一条 VR 报道是一条 11 分钟长的视频新闻，题为《无家可归者》（The Displaced），其报道的内容是逃亡至黎巴嫩的难民儿童以及南苏丹和乌克兰的无家可归者的生活，用户可以通过将 Cardboard set 与手机应用 NYT VR 连接来获得 360° 的沉浸式体验。尽管这条报道受到了一些较为保守的新闻从业者和观察家的批评，但《无家可归者》的成功还是令《纽约时报》再次成为传统新闻生产革新领域的佼佼者。

美联社

老牌新闻通讯社美联社也从 2015 年 11 月开始正式将 VR 技术引入日常新闻生产机制，其合作方是位于洛杉矶的高科技公司 RYOT。双方计划在未来五个月里推出一系列 VR 报道，第一条报道题为《寻找家园：加莱移民营内的生活》（Seeking Home：Life Inside the Calais Migrant Camp），讲述法国北部最大的移民营内人的生活，这些人经历了危险重重的路途抵达此地，并试图穿越英吉利海峡进入英国。而在与美联社合作之前，RYOT 即已展开过对于 VR 新闻的尝试，其在 2015 年曾先后对尼泊尔地震与叙利亚战争进行过颇为成功的 VR 呈现，并产生了一定的国际影响力。

游戏时空：虚拟游戏

多年之后，人们获取信息、进行休闲娱乐的方式可能不是摊开书本，打开报纸，也可能不是打开电视，掏出手机。代替这一切的，可能是带上一款神奇炫酷的虚拟头盔。随着虚拟现实技术的不断完善和发展，这个神奇的技术已经慢慢融入我们的生活，各个领域和虚拟现实技术密切相关，标志着信息时代有走向了一个崭新的阶段。

虚拟现实头盔

这种头盔式显示器是最早的虚拟现实显示器，它将人们对外界的视觉、听觉封闭，让用户产生一种置身在虚拟环境中的感觉。其显示原理是由两个不同的左右眼幕分别显示左右眼的图像，就像传统的立体声环绕一样，人眼获取这种具有差异的图像信息后，经过大脑的处理就会产生立体感。这种头盔式的虚拟现实显示设备，具有小巧和封闭性强的特点。发烧级的游戏玩家可能已经接触过虚拟现实头盔，目前虚拟现实技术在生活中的最早应用也同时是最主要的应用就是在游戏中。

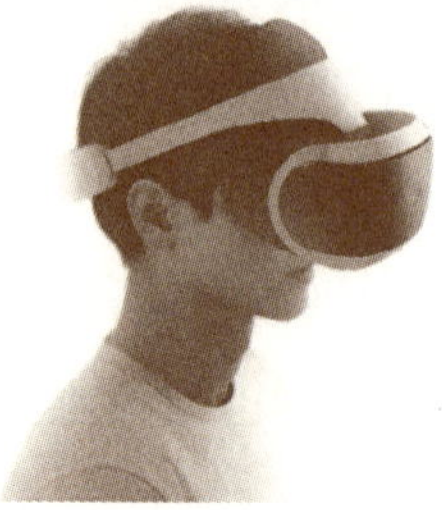

虚拟现实头盔

传统网络游戏

传统的网络游戏技术目的是仅仅是为了满足玩家的精神追求，更加注重游戏世界的设定，而忽视了玩家体验，将玩家拒之于显示器之外，玩家只能通过操作角色来体验游戏中的各种设定，游戏体验仅仅停留于键盘跟鼠标的操作，并不能真正达到一种真切的感官体验。

虚拟现实游戏

随着网络游戏时代、技术的发展，人们更加倾向于去进行带有实际体验的虚拟现实 3D 游戏、虚拟现实类游戏，它们大大提高了玩家体验，与传统的 3D 游戏完全是不一样的游戏，能让玩家在其中得到感官上的满足。虚拟现实技术在游戏模拟方面有其独特的优势，玩家通过一系列的可穿戴设备，与游戏中的角色合二为一，可以模拟任何世界上客观存在的物质，也可以模拟人脑中抽象出来的精神物质，更加投入到游戏中的角色中去。举例来说，在传统的游戏体验中，就算拥有再大的电脑屏幕，游戏界面设计得再完美，但由于人眼本身的视角问题，我们所能看到的游戏界面始终只占视角的 40° 左右，很难创造游戏玩家所追求的“沉浸式体验”。但是拥有了全新的虚拟现实头盔之后，眼前的 3D 屏幕能够创造的视角达到 120°，并且当我们随着游戏进程转动自己的眼球，扭动自己的颈部时候，眼前的画面也会跟着我们的移动而移动，仿佛置身于一个全新的“真实”世界。当这种技术普及之后，游戏玩家的选择可能不再是停滞在传统游戏界面的水平上，立体式的沉浸体验是未来大众的选择。

魔兽世界

著名的游戏公司"暴雪娱乐"开发的游戏《魔兽世界》，近十年来吸引了大批玩家，截至目前，该游戏创建的账号总数已逾1亿，而创建的人物角色就已逾5亿。这得益于虚拟现实技术在《魔兽世界》中成功的运用。《魔兽世界》运用三维技术将视、听、触各种感觉相结合，创作出了一个虚拟的世界。这种虚拟的世界从某种程度上依据现实世界而创造，属于现实世界的特殊组成部分。例如，游戏中建筑则是模仿现实中的建筑形体加以扩大或者缩小成为游戏中的建筑风格，暴风城，塞拉摩岛中的建筑采用了欧洲中世纪的建筑轮廓，多以哥特式建筑为主，暴风城中的修道院参造了现实中的巴黎圣母院。在这种情形下，玩家往往在心理上沉浸于游戏环境之中。

Pokémon Go

口袋妖怪（Pokémon Go）是由任天堂、Pokémon公司和谷歌Niantic Labs公司联合制作开发的现实增强（AR）宠物养成对战类RPG手游。玩家可以通过智能手机在现实世界里发现精灵，进行抓捕和战斗；玩家作为精灵训练师抓到的精灵越多，会变得越强大，从而有机会抓到更强大、更稀有的精灵。2016年7月6日，Pokémon Go的发售创造了一系列纪录：历史上最快下载量突破7 500万的游戏（19天）、周下载量超过3 000万（超过苹果商店所有下载量的总和）、微博阅览超过2亿次、几天营收超过几百万美元……一瞬间这股风从日本刮向欧美甚至全球，澳大利亚、新西兰多地服务器瘫痪，需要重新进行改进才能上线。它让2016年第二季度净亏损245亿日元的任天堂股票在短短一周内大涨，市值翻了一倍以上，再次将任天堂这个名字从人们沉睡的记忆中唤醒。

虚拟现实技术营造的视、听、触等感受使人身临其境，它与游戏的结合给予游戏更加丰富多样的表现形式，让人们可以沉浸于虚拟世界，并与虚拟世界进行互动，这让游戏更加具有吸引力。21世纪是一个以科技为主导的时代，虚拟现实技术飞速发展为游戏带来了新的元素，成为游戏交互性必不可少的因素。虚拟现实技术仍然在发展，相信在不久的将来，虚拟现实技术会更加成熟，在游戏中的运用会更加成熟、丰富。

海市蜃楼：虚拟建筑

亲身漫步其间，聆听清脆的鸟语，手抚斑驳的青苔，目光在其中四处游弋，体味空间的妙处。这正是许多建筑师与公众们所希冀的。虚拟现实系统的“沉浸”和“交互”，提供了对人的视觉、听觉、触觉等多感观的知觉模拟，使我们在没有实体建筑之前就有可能实现上述的感受。下面我们会根据用途的不同，介绍虚拟现实在建筑设计领域的应用。

虚拟建筑设计

虚拟现实技术在建筑设计的应用可以贯穿整个设计过程：从开始阶段的基地条件分析，到概念设计、发展阶段的建筑元素推敲，直到施工图阶段的技术模拟。在这一领域中，虚拟现实技术是必需的开发工具，在规划城市建筑时，由于规划要具备关联性与前瞻性，在规划中要考虑各个建筑与周围环境是否和谐相容、新建筑是否与原有建筑协调，以免建筑物建成后才发现它破坏了城市原有的布局与风格，造成巨大的损失，故而虚拟现实技术的重要地位愈加凸显。建筑师利用虚拟现实技术，可以真实地感受到设计成果，而且方便修改，例如改变建筑高度、绿化密度、建筑外立面的颜色、材质，只需修改系统参数即可。举例来说，植物是会生长、变化和死亡的。因此，设计师在做建筑环境设计时常会遇到许多烦恼。利用虚拟现实技术，不仅可以实现实时调换树种，比较在相同条件下不同树种的效果孰优孰劣；而且可以模拟不同生长阶段和不同季节的绿化效果。在虚拟现实技术的支持和辅助下，过去只有少数建筑设计大师能够做到的事情，现在一般建筑师与公众都可以轻松做到。

重大项目论证

同时，在重大工程项目的论证中虚拟现实的应用较多，一些大型公共建筑工程或者重要的建筑，如车站、桥梁、电视塔、机场、大坝、核电站等，建成之后往往会对整个地区的环境有较大影响。这些项目社会影响大，建设成本高，其安全性、经济性与功能合理性意义更加重大。目前，对这类项目的综合评价依赖于高度抽象的模型，而模型是建立在先前经验与想象的基础上，往往会造成几乎无法弥补的偏差，很多项目在工程前期必须用虚拟现实技术进行演示与论证，发现设计中潜在的问题与缺陷，从而完善整个设计。

突发情况预防

虚拟现实技术在建筑师手中的另外一个应用是突发情况的预防。“水火无情”，通过对火灾时人员应急疏散行为特征的研究，为建筑紧急疏散设计提供科学依据是十分必要的。但是，如果没有紧急事故发生的话，则无法对其安全疏散性状进行全面的检测。然而，当重大火灾等紧急事故发生时，对疏散人员的疏散行为和心理反应，以及建筑物的疏散性状进行实际的检测又几乎不可能。借助虚拟现实技术建立虚拟的火灾事故环境，进行人员疏散行为的模拟，则可以较好地解决上述问题。在虚拟火灾事故环境中，用户可以预设置待疏散人员的分布，也可以利用随机发生器随机产生待疏散人群，从而观察不同人员分布状态下人员的疏散行为反应。另外，用户还可以随机修改紧急出口的位置、疏散通道的宽度和障碍物的布局，观察事故现场环境状态的改变，以及疏散空间结构特征的变化等对人员疏散行为反应的影响。通过这种模拟过程，我们可以充分地搜集关于紧急事故状态下人员行为反应的数据，包括疏散人员的一些无法预测的行为反应；进而完善人员疏散行为规则的知识库，分析人员应急疏散行为规律的复杂性特征。同时，我们可以发现疏散设计中一些潜在的问题，如疏散路径设计是否存在不合理，从而在设计上做到“防患于未然”。

设计师与公众交流

虚拟现实的出现，为设计者与公众之间广泛、有效交流提供了理想平台。借助于虚拟现实，公众可以任意穿梭于虚拟建筑环境中，多角度、多方位地审视设计空间而不用掌握专业的计算机知识或建筑知识；不仅可以直观、清楚、便

虚拟厨房

捷地了解建筑师的设计意图，而且还可以留下评价或建议在相应物体（建筑物、建筑小品、建筑绿化等）上。例如，日本 Matsushita 电气株式会开发出厨房近真实经历（ViVA）系统，旨在帮助住户进行厨房设计。传统的厨房设计，住户只是通过图纸理解设计。交付使用后住户会发现设计中存在很多问题，如厨房高度、宽度不当等，要求返修的事例很多。ViVA 系统使住户在厨房设计过程中就可以体验建成后的实际效果。

房地产营销

目前，许多地产公司引入了虚拟现实虚拟建筑漫游计划，以虚拟现实技术为基础，集影视广告、动画、多媒体、网络科技于一身，发展至今已经成为最新型的房地产销售方式。从建筑外观到室内，用户带着头盔与数据手套可以自由地虚拟浏览，不仅可以感受选择构件、家具布置厨房，而且可以体验开关厨门、水龙头，搬动存放物品等动作，方便直观，体验感强。

助力智能制造：虚拟制造

随着虚拟现实技术的发展，其应用已广泛渗透入工业领域。虚拟制造技术于 20 世纪 80 年代被提出，随着 90 年代计算机技术的发展而获得了飞速发展并引起人们的高度重视。虚拟制造是采用虚拟现实技术与计算机仿真在分布式制造环境中展开群组协同工作，它使企业可以异地设计、制造与装配产品，是 CAD 等技术的高级阶段。利用仿真技术、虚拟现实技术等建立的虚拟制造环境是接近日常生活的“自然”环境，人们的感觉与实际环境接近。在这样的环境中进行产品开发，可以将虚拟现实的构想性特征发挥得淋漓尽致，充分发挥用户的想象力与创造力，大大提高开发的产品质量，缩短开发周期。目前，虚拟现实技术在工业中的应用主要有以下几个方面：

产品外形设计

在工业领域中，汽车工业最先采用了虚拟现实技术。设计或开发一辆新型汽车，从开始设想到汽车出厂一般情况下需要至少两年，技术人员设计好图纸后，传统方法是用黏土或泡沫塑料来制作模型，然后经过多次评测与修改，还要有很多后续的工序来研究基本外形、检测空气动力学性能、调整乘客的人机工程学特性等。采用虚拟现实技术，技术人员随时都可以方便地修改、评测，这一周期就大大缩短了，因为不需要建造出实体模型，可以简化很多工序，并根据汽车设计的数据库进行仿真。在产品外形设计中，虚拟现实技术展现出了极大的优势。

虚拟汽车制造

产品布局设计

对于一件非常复杂的产品，可以用虚拟现实技术来直观地设计其内部布局，甚至走入产品中去观察其内部结构，这样就避免了很多布局不合理的情况出现。举例来说，工厂与车间设计中的管道铺设、机器布置、物流系统等都需要虚拟现实技术的支持。在液压集流块、管道系统设计中，设计者可以“进入”系统中进行管道布置，检查可能的布局错误。在设计汽车、飞机的内部构造时，“直观”是设计者最有力的工具，在这个过程中虚拟现实技术发挥了不可替代的作用。

虚拟装配

在一架机器中，可能有成千上万的零件装配到一起，设计人员经常在零件的配合设计、可装配性方面出现错误，而错误一旦发生，往往在产品最后装配时才能发现，这就造成了零件的报废与工期的延误，带来巨大的经济损失与信誉损失。采用虚拟现实技术，设计人员在设计阶段就可以进行验证，从而保证了设计的正确。

虚拟样机

在产品设计过程中，很多不合理的与错误的设计只能等到制造、装配时，甚至到样机试验时才能发现。产品的性能与质量也只能在生产出产品之后才能确定。这时，大多数问题已经无法更改，修改设计就会导致产品部分或全部报废，因此在达到要求前常常要多次试制，周期长、费用高。采用虚拟现实技术，工程师在设计阶段就可以对设计的产品进行仿真，解决大多数设计问题，提高试制成功率。用虚拟样机取代硬件样机，可以大大缩短产品的开发周期、节约产品的开发费用，易于发现隐蔽的设计问题。同时，虚拟样机还允许公司的技术人员、管理人员等一起对产品外形做出评价，研究零部件装配以及审核最终产品，而不用实际生产零部件或组装产品，从而改善了团体成员之间的沟通方式。

波音 777

美国波音公司在设计波音 777 的过程中，使用虚拟现实技术进行了全面的“无纸化设计”，将所有生产制造、总装及飞行中可能会出现的各种潜在问题通过计算机在制造前、总装前及飞行前就给以解决，使飞机出厂后就是一架“不会再有意外问题”的飞机。这不能不说是设计、生产观念的革命性改变，也使波音 777 成为世界上第一种称得上维修和检查“舒适性”最好的飞机。波音 777 仅仅用 3 年 8 个月就试飞成功一次，大大地缩短了研制周期；设计更改和返工率也减少 50% 以上，大大缩减了成本；从 1993 年 1 月到 1994 年飞机出厂，装配时出现的问题更是减少了 50%—80%。虚拟现实技术有效地助力了波音的飞速发展。

虚拟现实的未来

致幻剂的威胁

虚拟现实之所以广受追捧，在于它是更为廉价也更为安全的致幻剂。以往要靠长途旅行、长时间阅读、长期社会交往才能获得的经验，如今可以一键获取，以至于原来的神奇和感动都变得廉价易得。不少人对虚拟现实赞许有加，他们相信沉迷于虚拟现实并非坏事——即便人们不沉迷于虚拟现实，也极有可能会沉迷于其他恶习，比如赌博或滥用药物。相较之下，沉溺于虚拟现实反倒是不错的选择。然而，反对者则坚称这种数字致幻剂并非无害。迈克·马德里等人指出，虚拟现实的伦理困境体现在四个方面：第一，由于长期沉溺而引发的心理问题；第二，使用者跟虚拟现实互动频繁，却对现实环境中的互动置之不理；第三，虚拟现实所提供的内容可能具有风险（如暴力、情色）；第四，个人隐私面临侵害。

虚拟现实的生产者们永远鼓励我们即刻接入虚拟现实，却并不保证我们能够安然返回。现实与虚拟的版本往往相差悬殊，现实显得太苍白、太糟糕、太艰难，犹如废墟一般荒芜。在未来，我们是否会长久地避入虚拟世界，而丧失抽身返回的勇气呢？“被困在虚拟现实中的人物”是科幻作品乐于表现的主题之一。我们也许应该追问，虚拟现实是否意味着一种潜在的囚禁：焦躁不安的受困者们但愿即刻返回现实，却苦于找不到“退出”按钮。《黑客帝国》、《盗梦空间》等科幻电影向我们发出警告：虚拟现实是否会被当作唯一的真实？我们真的能够区分虚拟现实和真实情境吗？

后人类身体

科幻作品为我们描绘了一幅关于虚拟现实的可怕图景：沉溺其中的人们或将混淆虚拟与现实的界限，自我迷失，甚至受人操控。然而，兰登·温纳（Langdon Winner）提醒我们：技术的背后有时并没有一个巨大的阴谋，而是技术本身启动了一种趋势，以其自身的逻辑，不可避免地重新构架这个世界。作为技术的虚拟现实或将重构我们的世界，包括我们的身体。

激进的未来学家认为人类的身体在未来将变得无足轻重，甚至是可有可无。凯瑟琳·海尔斯在《我们如何成为后人类》（1999）一书中指出：信息的“去身体化”促使人类开始转变为后人类。“去身体化”意味着人类逐渐抽离肉身而成为信息的集合体，人的意识甚至能够像下载计算机数据那样被下载并永久保存，成为“缸中之脑”。身体存在与计算机模拟之间并无本质区别或者说并非不可逾越，传统意义上“自我”的概念不再适用于后人类。在自由人文主义者看来，认识先于身体，身体是有待掌控的客体；在控制论者看来，身体不过是承载信息代码的容器而已；后人类主义则走得更远，直接“擦除”主体性身体，身体尽可为机械所替换，主体意识不用依傍。

然而，不少学者对激进的论断并不认同。至少就目前而言，“去身化”的判断还言之过早，虚拟现实并没有完全“擦除”身体，反而凸显出身体在媒介交互中的重要位置。肯·希利斯在《数字感觉：虚拟现实中的空间、身份及具身化》中认为，虚拟现实承诺我们可以弃置肉身、以纯粹的数据形式“浪游”于赛博空间之中，但这其实并不容易办到。我们或许可以享受“从脆弱易朽的肉身世界和真实空间逃逸出来的自由”，但这不过是一种新的身体感觉形式罢了，并非真正地“脱离肉身”。

以上对人类身体命运的两种判断不啻反映了一个事实：由技术所中介的后人类身体正在日益成为关注和争议的中心。不过，这两种判断并不是决然对立的：“去身体化”或许只是更为遥远的未来，而不是我们现有视野范围内的前景。无论是“去身体化”还是“身体体验方式的改变”，在多感官体验的取向上是一致的：视听触等诸种感官体验，将在不断进取的虚拟现实中得以实现。现代视觉文化笼罩下被长期忽视、压抑的身体，不再屈居于视觉之下，而是与日渐崛起的虚拟现实携手来到我们的面前。

遁入幻想世界是人类的永恒梦想，而虚拟现实则被视作实现这一梦想的终极途径。虚拟现实的命名早已指明了它的终极使命，即打造一个前所未有的虚拟世界。这并非遥遥无期，而是已呈黑云压城之势正向我们不断迫近的未来。

人工智能

挑战人类的顶级智慧

北京时间1997年5月11日的清晨，一台名为“深蓝”的超级电脑将棋盘上的一个兵走到C4位置，人类有史以来最伟大的国际象棋名家卡斯帕罗夫不得不沮丧地承认自己输了，这场举世瞩目的人机大战以计算机取胜而落下帷幕。20年后的2016年3月15日，Alpha Go对世界顶尖围棋选手李世石的压倒性胜利，再次使人工智能成为焦点。从深蓝到Alpha Go，从侠义AI到通用AI，人工智能开始颠覆我们生活的方方面面。随着全球化市场的形成，产品间的国际竞争日趋激烈，计算机和人工智能技术的飞速发展为制造业带来了新的机遇。

Alpha Go 大战李世石

智能制造技术日渐成为实现制造知识化、自动化、柔性化和对市场快速反应的关键技术，其主要应用到优化设计、故障诊断、智能检测、系统管理等方面，大大提高了劳动生产率，取得了良好的经济效益。

预计2020年人工智能市场规模将接近百亿，人工智能的发展也将带动相关产业链的变革。未来人工智能将呈现跨越式增长，2015年我国投资人工智能的机构数量已经高达48家，同比增长71.4%；投资额为14.23亿元，同比增长75.7%；投资次数为43次，同比增长65.4%。在不包括硬件产品销售收入（如机器人、无人机、智能家居等）、信息搜索、资讯分发、精准广告推送等的情况下，预计2020年人工智能市场规模将接近百亿。

我国自主知识产权的文字识别、语音识别、中文信息处理、智能监控、生物特征识别、工业机器人、服务机器人等智能科技成果已进入广泛的实际应用。2014 年，中国市场的工业机器人销量猛增 54%，智能语音交互产业规模达到 100 亿元；指纹、人脸、虹膜识别等产业规模达 100 亿元。未来随着人均可支配收入的增加，以及人口老龄化的来临，人工智能家庭化的现象将会普及，届时家用助老服务机器人、医疗机器人以及家用清洁机器人的市场需求将会激增。人工智能、机器人和互联网三者将融合在一起，出现“人工智能＋”。智能机器人与人工智能正成为产业新风口，掀起新一轮技术创新的浪潮。

什么是人工智能

人工智能（Artificial Intelligence，AI），是研究、开发用于模拟、延伸和扩展人智能的理论、方法、技术及应用系统的一门新的技术科学，是计算机科学的一个分支。企图了解智能的实质，并生产出一种新的能以人类智能相似的方式做出反应的智能机器，是对人的意识、思维的信息过程的模拟。人工智能研究的主要目标是使机器能够胜任一些通常需要人类智能才能完成的复杂工作，不是人的智能，但能像人那样思考，也可能超过人的智能。

著名的美国斯坦福大学人工智能研究中心尼尔逊教授认为“人工智能是关于知识的学科——怎样表示知识以及怎样获得知识并使用知识的科学。”美国麻省理工学院温斯顿教授认为“人工智能就是研究如何使计算机去做过去只有人才能做的智能工作。”即人工智能是研究人类智能活动的规律，构造具有一定智能的人工系统，研究如何让计算机去完成以往需要人的智力才能胜任的工作，如何应用计算机的软硬件来模拟人类某些智能行为的基本理论、方法和技术。

人工智能研究使计算机来模拟人的某些思维过程和智能行为（如学习、推理、思考、规划等），主要包括计算机实现智能的原理、制造类似于人脑智能的计算机，使计算机能实现更高层次的应用。人工智能将涉及计算机科学、心理学、哲学和语言学等学科，其范围远远超出了计算机科学的范畴，处于思维科学的技术应用层次。从思维观点看，人工智能不仅限于逻辑思维，还要考虑形象思维、灵感思维才能促进人工智能突破性的发展。数学常被认为是多种学科的基础在标准逻辑、模糊数学等领域发挥重大作用，数学进入人工智能学科，它们将互相促进而更快地发展。

人类智能与人工智能

人类智能是人脑按照生物的高级神经活动规律进行的，人类智能或人类的认识能力只是人类意识的一个因素。人类智能是有目的、能动的，在与外部环境的物质、能量和信息交换过程中，具有适应性。而人工智能用计算机来表示和执行人类的智能活动，是按照机械的、物理的和电子的活动规律进行的，人工智能的载体是计算机，没有计算机，人工智能就无法得到应用。人工智能则是对人的认识能力的一部分逻辑、理性的模拟，是无意识、无目的的，没有主观能动性和适应性。

弱人工智能与强人工智能

人工智能技术可以分为弱人工智能技术和强人工智能技术。其中，弱人工智能技术一般赋予机器的是某种既定的、事先设定好的程序指令，只能对特定的外界刺激做出相应的反应，而不能自己去改变。弱人工智能技术“根本没有意向状态，它只是受电路和程序支配简单地来回运动而已”，故其所表现出的智能及行为通常能够被人类控制，对人类并不会造成威胁，不能使机器像人类那样通过自我学习来提高自己的智能，且缺乏自我意识，更没有主动性而言。强人工智能技术则不同，强人工智能技术能够对外界环境的变化与刺激产生自我意识，且能够对这些变化和刺激进行分析、推理及判断。强人工智能技术通常分为两种：一种是类人的人工智能技术，即这类机器有着与人类相似的推理能力和思维方式；另一种是非类人的人工智能技术，即这类机器具有自己的推理能力和思维方式，并有知觉和自我意识。强人工智能技术具有极大的智能，可以从其行为方式上得到体现，会按照人预先设定的指令，完成任务，会根据具体环境的需要，主动完成任务，而且其表现出的行为可以不按照人类事先设计好的程序来执行。

从弱人工智能到强人工智能还有很长的距离，几乎所有的人工智能都来自于人类过去的大数据，没有任何一个领域的能力源自自我意识，不管是象棋还是围棋，计算机都是从人类过去的棋谱中学习；计算机在做图像识别的时候，也是从人类已有的大数据中学习大量的图片。在面对人类从来没有教过的问题时，计算机就会一窍不通。让 Alpha Go 去下跳棋，它就会完全傻掉；把围棋的棋盘稍作修改，从 19×19 的格子变成 21×21 的格子，Alpha Go 都招架不住。Alpha Go 可以打败三十多岁的李世石，但它的学习能力不及一个 5 岁的小孩，这二者是有很大区别的，也是弱人工智能和强人工智能的区别。

人工智能简史

20 世纪 40 年代世界上第一台计算机研制成功，引起了人类对人工智能的广泛关注。20 世纪 60—80 年代是全球学者研究人工智能的热潮时期，这个时期的人工智能研究主要以认知科学为主，不仅诞生了专家系统的观点，还发展了多种搜索计算方法，并且在机器定理证明方面也取得了重要的进展。20 世纪 80 年代之后，人工智能的研究以知识获取和自然语言为主。人工智能的发展历程大致可分为孕育时期、形成时期、发展时期和繁荣时期四个阶段。

孕育时期：图灵测试

1936 年，由伟大的数学家图灵创立了自动机理论，他还设计出智能检测模型来测试机器是否具备人类智能，即“图灵检测”，也被称作图灵机。这是他提出的一个理论计算机模型。图灵机能够识别语言，判断某个字符串是否属于这种语言，还根据每一时刻识别到的信息和当前的内部状态进行查表，确定它下一时刻的内部状态和输出动作，为之后的电子智能机的出现奠定了理论基础。在人工智能诞生之前的孕育时期，这些著名科学家创立的理论基础、研究和开发的电子数字计算机为人工智能的产生提供了丰富的理论和物质条件。

形成时期：达特茅斯会议

1956 年的夏天，由美国达特茅斯大学图灵奖获得者麦卡锡和明斯基共同发起会议，多位来自信息论、神经学、心理学、信息学和计算机科学等不同学科的年轻学者参加了此次会议，探讨和研究了如何用机器来模拟人类智能。这次会议的成功召开，确立了人工智能的研究目标，出现了研究人工智能的新热潮，指引了人工智能科学的研究方向。从此，人工智能的发展不再仅限于原有的模式识别和逻辑推理，发展到了更广泛的研究领域，包括自动程序设计、模式识别、智能检索和自然语言理解等。

发展时期：专家系统

20 世纪 70 年代后期到 80 年代末期，科学家们对人工智能的研究出现了新的高潮。在专家系统方面有了突破性的进展，应用人工智能技术，模拟人类专家的决策过程，解决那些需要专家决定的复杂问题。专家系统的发展是人工智能发展史上一次重要的转折，从一般思维规律的探讨到专项专业知识的利用，从理论研究走向技术市场的应用开发。

繁荣时期：深度学习

20 世纪 80 年代至今，人工智能的发展达到了阶段性的顶峰，尤其在人工神经网络上的研究取得突破性的进展。美国物理学家 Hopfield 提出反向传播学习算法，解决了多层人工神经元网络的学习问题，该算法已成为神经网络经典的学习算法。从此，在世界范围内掀起了人工神经网络研究的热潮，其研究成果带入了人们的日常生活，在很大的范围内影响着人们的生活和工作。

人工智能互联网时代

随着人工智能技术的发展，未来的某一天，你可能挽着一位长相酷似某位明星的机器人跟大家介绍说："这是我的助理 Actroid-B。"而 Actroid-B 则会像那位明星一样热情地跟你的朋友打招呼，并在身边周到地提供你需要的一切服务，而且，这些人工智能终端还是彼此联结的，"人类"进入了一个新的互联网时代——人工智能互联网时代。这里的"人类"不仅指生物人，还包括智能人。生物人与智能人需要学习如何和谐共处，人工智能将再造互联网。不止机器人，未来的所有设备除了具有联网、计算、存储能力外，还具有包括图像识别能力、自然语言识别能力、智能运算能力、智能控制等人工智能，更进一步，还可能包括如意识、自我、心灵、无意识的精神等生物人特性。

人工智能关键技术

人工智能的研究包括自然语言处理、程序语言、机器学习以及人工智能方法等。在过去的几十年中，经过世界各国大量的研究与生产，加快了人工智能的发展步伐。依靠强大的科学技术，人工智能的研究已经与具体的应用领域结合起来了，其研究成果在社会上各个领域得到广泛的应用。

人机交互

人机交互指人与计算机之间使用某种对话语言，以一定的交互方式，为完成确定任务的人与计算机之间的信息交换过程。用户通过人机交互界面与系统交流。小如收音机的播放按键，大至飞机上的仪表板或是发电厂的控制室。为了系统的可用性和用户友好性，人机交互界面的设计包含用户对系统的理解。面部识别、语音命令、眼球追踪和手势控制等技术正在缓慢发展，语音命令和面部识别已得到广泛应用，而眼球追踪和非接触式手势控制技术，带来了全新的输入方式。通过眼球追踪技术，只要盯着想要点击的图标，就可以打开需要的软件。

计算机视觉

计算机视觉研究如何使机器“看”，指用摄影机和电脑代替人眼对目标进行识别、跟踪和测量等机器视觉，并进一步做图形处理，使电脑处理成为更适合人眼观察或传送给仪器检测的图像。计算机视觉试图建立能够从图像或者多维数据中获取“信息”的人工智能系统。感知可以看作是从感官信号中提取信息，计算机视觉可以看作是使人工系统从图像或多维数据中“感知”的科学，未来图形识别引擎不仅仅能够识别出照片的对象，还能够对整个场景进行简短而准确的描述。

自然语言理解

自然语言处理是计算机科学领域与人工智能领域中的一个重要方向，研究能实现人与计算机之间用自然语言进行有效通信的各种理论和方法，俗称人机交互，是人工智能的分支学科。研究用电子计算机模拟人的语言交际过程，使计算机能理解和运用人类社会的自然语言如汉语、英语等，实现人机之间的自然语言通信，以代替人的部分脑力劳动，包括查询资料、解答问题、摘录文献、汇编资料以及一切有关自然语言信息的加工处理。

语音识别

语音识别研究与机器进行语音交流，让机器明白你说什么，是“机器的听觉系统”。语音识别技术是让机器通过识别和理解，把语音信号转变为相应的文本或命令，主要包括特征提取技术、模式匹配准则及模型训练技术三个方面。语音识别技术在车联网得到了充分的引用，只需按一键通，客服人员口述即可设置目的地，直接导航，安全、便捷。利用可订制的语音命令帮助用户打开应用，向社交媒体网站发送消息，在网络上进行搜索，或使计算机在休眠和唤醒状态之间切换。

区分两张不同背景照片中的人物是否为同一人，人类的准确识别能力约为 97.5%。Facebook 的 DeepFace 的面部识别技术采用 3D 面部绘图功能，对特定面部区域采用不同颜色平面建模，提高面部识别的精准度。Facebook 在人工智能领域的布局主要围绕用户的社交关系和社交信息来展开，2013 年深度学习鼻祖 Yann LeCun 加入 Facebook，Yann LeCun 是纽约大学终身教授，卷积神经网络领域的重要推动者，该技术的最主要应用就是图像识别的自然语言处理，这与 Facebook 的需求和已经积累的数据类型非常匹配。在 Yann LeCun 的帮助下，2014 年 Facebook 的 DeepFace 技术在同行评审报告中被高度肯定，其脸部识别率的准确度达到 97%，可以分析用户在 Facebook 的全部行为，从而为用户挑选出其感兴趣的内容。

非接触式手势控制

非接触式手势控制需要使用多个传感器，记录用户手臂在三维空间中的运动轨迹，利用这样的信息来实现控制。在这类系统中，用户没有必要触摸屏幕表面，进行扫动或转动，只要挥舞一下手臂即可完成操作。

触摸式显示屏

触摸屏显示器（Touch Screen）技术是一种新型的人机交互输入方式可以让使用者用手指轻轻地碰计算机显示屏上的图符或文字，实现对主机的操作，摆脱键盘和鼠标，使人机交互更为直截了当。触摸式显示屏，主要应用于公共场所大厅信息查询、领导办公、电子游戏、点歌点菜、多媒体教学、机票/火车票预售等，产品主要分为电容式触控屏、电阻式触控屏和表面声波触摸屏三类。为满足市场客户的需求，已经开发出多点触摸屏显示器，配合识别软件，触摸屏还可以实现手写输入。

动作识别

动作识别在很多方面得到应用，如可穿戴式计算机、隐身技术、浸入式游戏以及情感计算（一种可对人类的情感进行侦测、分类、组织和回应的系统或应用，帮助使用者获得高效而又亲切的感觉）等。过去大部分动作识别系统重点分析的是脸部和手部动作，现在，研发人员也开始将关注点转移到身体姿势、步态和其他行为举止。一些具有动作识别能力的控制设备已经达到了消费者水平，如一些游戏主机配备了运动传感器，可以对移动和倾斜动作作出判断，将玩家手臂、手腕以及手的动作真实地反映在游戏中，从而与电视荧幕上的虚拟物件产生互动。动作识别系统也开始进入医疗领域，医生不用触碰键盘或者屏幕就可以操控数字影像。

眼动跟踪

眼动跟踪又称视线跟踪系统，是智能人机接口的关键技术之一，在军事领域和非军事领域都有着广阔的发展前景，成为近年来倍受关注的前沿方向。眼动跟踪的基本工作原理是利用图像处理技术，使用能锁定眼睛的特殊摄像机，连续地记录视线变化，追踪视觉注视频率以及注视持续时间根据这些信息来分析被跟踪者。越来越多的门户网站和广告商开始追捧眼动跟踪技术，根据跟踪结果，了解用户的浏览习惯，合理安排网页布局，以期达到更好的投放效果。德国 Eye Square 公司发明的遥控眼动跟踪仪，可摆放在电脑屏幕前或者镶嵌在屏幕上，借助红外技术和样本识别软件的帮助，记录用户视线目光的转移。眼动跟踪仪已在广告、网站、产品目录、杂志效用测试和模拟研究领域进行了应用。

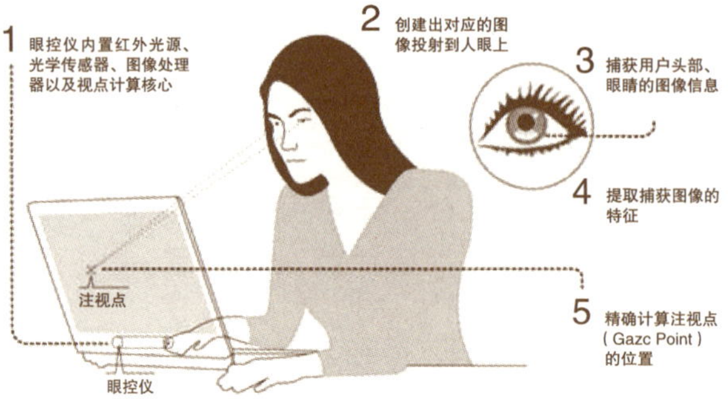

眼动跟踪工作原理

未来人机交互设计将会给人们带来更加轻松、舒适的生活，正如尼葛洛庞蒂在《数字化生存》中所预言的："下个十年的挑战将不只是为人们提供更庞大的屏幕、更好的音乐和更易使用的图形输入装置；这挑战将是：让电脑认识你，懂得你的需求，了解你的言辞，表情和肢体语言。"从预言中可以看到，未来的设计中人将摆脱任何形式的交互界面，输入信息的方式变得越来越简单、随意、任性，借助人工智能与大数据的融合，能够非常直观、直接、全面地捕捉到人的需求，并且协助进行处理。智能设备将懂得我们的潜在意图，并按照我们的意图进行执行以及反馈，它们就像最了解我们的亲密家人或者朋友一样，成为我们生活中不可或缺的一部分。

知识推理

知识推理是指在计算机或智能系统中，模拟人类的智能推理方式，依据推理控制策略，利用形式化的知识进行机器思维和求解问题的过程。

贝叶斯理论

人们根据不确定性信息做出推理和决策需要对各种结论的概率做出估计，

这类推理称为概率推理。概率推理既是概率学和逻辑学的研究对象，也是心理学的研究对象，但研究的角度是不同的。概率学和逻辑学研究的是客观概率推算公式或规则；而心理学研究人们主观概率估计的认知加工过程规律。贝叶斯推理是条件概率推理，对揭示人们对概率信息的认知加工过程与规律、指导人们进行有效的学习和判断决策具有十分重要的意义。

证据理论

证据理论是 Dempster 于 1967 年首先提出，由他的学生 Shafer 于 1976 年进一步发展起来的一种不精确推理理论，也称为 Dempster/Shafer 证据理论（D–S 证据理论），最早应用于专家系统，具有处理不确定信息的能力。作为一种不确定推理方法，证据理论的主要特点是：满足比贝叶斯概率论更弱的条件；具有直接表达“不确定”和“不知道”的能力。在医学诊断、目标识别、军事指挥等许多需要综合考虑来自多源不确定信息，如多个传感器的信息、多位专家的意见等，以完成问题的求解，证据理论的组合规则在这方面求解中发挥了重要作用。

智能计算

神经网络

神经网络包括生物神经网络和人工神经网络。生物神经网络一般指生物的大脑神经元、细胞、触点等组成的网络，用于产生生物意识，帮助生物进行思考和行动。人工神经网络（Artificial Neural Networks，简写为 ANNs）简称为神经网络（NNs）或连接模型（Connection Model），是一种模仿动物神经网络行为特征，进行分布式并行信息处理的算法数学模型。这种网络依靠系统的复杂程度，通过调整内部大量节点之间相互连接的关系，达到处理信息的目的。神经网络利用人工神经网络组成实际的应用系统，完成某种信号处理或模式识别功能、构建专家系统、制成机器人、复杂系统控制等，在模式识别、信号处理、知识工程、专家系统、优化组合、机器人控制等领域中有广泛的应用。

模糊计算

模糊理论（Fuzzy Logic）是在美国加州大学伯克利分校电气工程系扎德（L.A.zadeh）教授于1965年创立的模糊集合理论基础上发展起来的，主要包括模糊集合理论、模糊逻辑、模糊推理和模糊控制等，其中应用最有效、最广泛的领域是模糊控制，模糊控制在各个领域出人意料地解决了传统控制理论无法解决或难以解决的问题，取得了一些令人信服的成效。

粗糙集理论

粗糙集理论作为智能计算的科学研究，不仅为信息科学和认知科学提供了新的科学逻辑和研究方法，而且为智能信息处理提供了有效的处理技术。1982年，以波兰数学家Pawlak为代表的研究者首次提出了粗糙集理论，并于1991年出版了第一本关于粗糙集的专著，接着1992年Slowinski R主编的论文集出版，推动了国际上对粗糙集理论与应用的深入研究。1992年在波兰Kiekrz召开了第一届国际粗糙集合研讨会，着重讨论集合近似定义的基本思想及其应用和粗糙集合环境下的机器学习基础研究，从此每年都会召开一次以粗糙集理论为主题的国际研讨会，从而推动了粗糙集理论的拓展和应用，粗糙集理论已成为国内外人工智能领域中一个较新的学术热点。

遗传算法

遗传算法（Genetic Algorithm）是一类借鉴生物界的进化规律（适者生存、优胜劣汰遗传机制）演化而来的随机化搜索方法。由美国的J.Holland教授于1975年首先提出，其主要特点是直接对结构对象进行操作，不存在求导和函数连续性的限定；具有内在的隐并行性和更好的全局寻优能力；采用概率化的寻优方法，自动获取和指导优化搜索空间，自适应地调整搜索方向，不需要确定的规则。遗传算法的这些性质，已被人们广泛地应用于组合优化、机器学习、信号处理、自适应控制和人工生命等领域。

认知计算

认知计算的目标是让计算机系统能够像人的大脑一样学习、思考，并做出正确的决策。人脑与电脑各有所长，认知计算系统可以成为一个很好的辅助性工具，配合人类进行工作，解决人脑所不擅长解决的一些问题。这种全新的计算模式，包含信息分析，自然语言处理和机器学习领域的大量技术创新，能够助力决策者从大量非结构化数据中揭示非凡的洞察。认知系统能够以对人类而言更加自然的方式与人类交互，获取海量的不同类型的数据，根据信息进行推论；从自身与数据、与人们的交互中学习。

人工智能近在身边

机器通过程序设计来模拟人类和动物简单思维过程和逻辑判断，使其表现出一定的人类智能行为，但其本身并不具有思维意识，且不知道意识和意志是怎么产生的。我们目前所接触到的人工智能大多数属于弱人工智能，对人类智能低等程度的模仿。从智能手机、自动驾驶汽车到医疗机器人，人工智能革命已经到来。人工智能让互联网搜索更加灵敏；将文本从一种语言翻译成另一种语言；在拥挤的交通中推荐最畅通的线路；帮助识别信用卡诈骗。

围棋冠军 Alpha Go

2015 年 10 月 Alpha Go 以 5∶0 的比分完胜欧洲围棋冠军、职业二段选手樊麾；2016 年 3 月对战世界围棋冠军、职业九段选手李世石，并以 4∶1 的总比分获胜。Alpha Go 是一款围棋人工智能程序，主要包括走棋网络，给定当前局面，预测下一步的走棋，快速走子，估值网络，给定当前局面，估计是白胜还是黑胜；结合蒙特卡罗树搜索，形成一个完整的系统。

多层神经网络

Alpha Go 的主要工作原理是“深度学习”，多层的人工神经网络和训练它的方法。一层神经网络把大量矩阵数字作为输入，通过非线性激活方法取权重，产生另一个数据集合作为输出。和生物神经人脑的工作机理一样，通过合适的矩阵数量，多层组织连接在一起，形成神经网络“大脑”，进行精准复杂的处理，就像人们识别物体标注图片一样。

两个大脑

Alpha Go 通过两个不同神经网络“大脑”合作来改进下棋。这些大脑是多层神经网络跟那些 Google 图片搜索引擎识别图片在结构上是相似的。它们从多层启发式二维过滤器开始，去处理围棋棋盘的定位，就像图片分类器网络处理图片一样。经过过滤，13 个完全连接的神经网络层产生对它们看到的局面判断，做分类和逻辑推理。网络通过反复训练来检查结果，校对调整参数，让下次执行更好。这个处理器有大量的随机性元素，不可能精确知道网络是如何“思考”的，多次训练后能让它进化到更好。

医疗领域的 Alpha Go

谷歌 Deep mind 首席执行官（CEO）德米斯·哈萨比斯宣布“要将 Alpha Go 和医疗、机器人等进行结合”。为实现该计划，哈萨比斯在英国的初创公司“巴比伦”投资了 2 500 万美元，巴比伦正在开发医生或患者描述症状后，在互联网上搜索医疗信息、寻找诊断和处方的人工智能 APP（应用程序）。如果 Alpha Go 和巴比伦结合，诊断的准确度将得到划时代性的提高。谷歌在最近几年间收购了 15 家机器人初创公司。如果将 Alpha Go 搭载于机器人身上，就能制造出观察人类感情的家庭用机器人。Facebook 的马克·扎克伯格宣布：“制造像电影《钢铁侠》中的贾维斯一样帮助我工作的简单人工智能。”这是 Facebook 收购拥有声音识别技术的初创公司 Wit.ai 时所预见的事情。拥有声音识别秘书 Siri 的苹果公司，收购了拥有表情识别技术的初创公司“Emotient”、拥有可识别不准确声音技术的初创公司“Vocal IQ”等将其和 Siri 结合，制造出更为完美的人工智能秘书。

医疗诊断

目前全球有逾 1 亿人患有老年性黄斑变性（SMD）或与糖尿病有关的眼病，预计到 2050 年视力受损的患者数量将翻一番，探索利用先进技术预防眼病至关重要。DeepMind 医疗诊断《财富》网络版报道，谷歌将与英国国民健康服务（以下简称“NHS”）合作，探索利用人工智能技术帮助诊断、预防眼病。眼科医生对复杂的眼睛扫描图进行分析需要相当长时间，对病情的诊疗产生影响，传统计算机分析工具对此基本上无能为力。DeepMind 利用机器学习算法，帮助计算机从数据中“学习知识”。谷歌将利用 DeepMind 的算法，对摩菲眼科医院 NHS 信托基金过去数年收集的逾 100 万张眼睛扫描图进行处理，开发更快、更有效的眼病分析和诊断方法，这对于预防糖尿病人眼病或老年性黄斑变性（SMD）进一步恶化是关键的。谷歌及其母公司在医疗保健领域投入大量资源，尤其是在数字化医疗技术方面。Alphabet 旗下生命科学部门 Verily 一直在开发新一代诊断和疾病检测技术，其中包括能检测血糖水平的智能隐形眼镜。

深度学习

深度学习因在图像识别的某些形式上有着超人的实力而闻名。肿瘤学家在屏幕上调出几张医学扫描结果，观察从三个角度拍摄的患者肺部 CT 扫影，随着深度学习系统的加入，屏幕上出现红色闪烁点，比对它们是否是血管、无害的成像物体或恶性的肺部肿瘤，最终系统会给出一个重点标注的特征以进一步调查。在与三个放射科专家一起合作的测试中，系统在识别恶性肿瘤上优于人类 50%，其假阴性率（没诊断出癌症）为零，相比之下，人类的判断则有着 7% 的假阴性率。

深度学习

无人驾驶

无人驾驶汽车是一种智能汽车，主要依靠车内的以计算机系统为主的智能驾驶仪来实现无人驾驶。利用车载传感器来感知车辆周围环境，并根据感知所获得的道路、车辆位置和障碍物信息，控制车辆的转向和速度，从而使车辆能够安全、可靠地在道路上行驶。

驾驶脑

驾驶脑是代替人类指挥车辆进行自主驾驶的认知和控制单元，将人类在驾驶活动时的动机、思维与记忆等用机器来实现。在这个过程中，记忆认知与交互认知，相比计算认知更为重要。将经验驾驶员对油门、制动和方向盘的操控抽象为认知箭头，利用搜索引擎通过态势图、以图搜图，实时地在记忆中近似像素，形成大数据碎片化认知，细分的约束取件，通过大量微观认知形式化，减少形式化难度，缩小在线推理的范围。自动驾驶的整个系统，一般来说由三个层级组成：感知层、规划决策层和控制执行层。深度学习和增强学习使感知和执行以前所未有的方式真正紧密地结合在一起，完成自动驾驶。

自动驾驶汽车的驾驶脑

感知

感知层的任务是完成环境态势感知，这是自动驾驶的核心环节。在自动驾驶中，任何执行动作都要以理解整个驾驶环境为前提。包括车外环境和车内环境。对于车外环境，多种传感器输入，如多摄像头、毫米波雷达以及激光雷达等，通过融合映射到一个统一的坐标系中，这些图像信息需要进行物体的识别和分类，如车道、路肩、车辆、行人等。利用深度学习，在计算系统中重构出一个 3D 环境，这个环境中的各个物体都会被识别并理解。车内环境是指对车内驾驶员的感知，包括其疲劳程度、驾驶意图等，给后面的决策控制提供决策基础信息，如疲劳检测系统在检测到驾驶员进入严重的疲劳状态后，自动将驾驶状态从人工操控转为自动驾驶。

局部路径规划

这里需要对整个车外环境中车辆、交通状况和行人等的意图和行为进行预测，根据车的状态和意图，结合前面的环境感知结果和高精度地图提供的道路信息等，规划出最佳的行驶路径，满足驾驶意图，并对周围的车辆友好、安全。通过积累大量的数据训练，基于深度学习的系统给出最优规划。和交通规则的专家系统以及其他高可靠性手段结合，达到最佳实用效果。V2X 可以使车在超视距范围内，精确地获取周围车辆的位置、速度以及驾驶意图（转弯 / 变道）等。

决策控制

在路径规划确定后，自动驾驶系统需要进行本车意图决策，如什么时候进行超车、转弯、变道等。自动驾驶系统需要学习人类开车的习惯，学会如何在复杂的会车场景下进行操作、保持合理的车距等，在满足安全性的前提下，使自动驾驶风格与其开车行为相适应，提供更好的用户体验，优化驾驶效率。

无人驾驶符合汽车智能化和互联网化的趋势，是互联网浪潮下汽车行业变革的重大机遇，政府高度重视，《中国制造 2025》也明确提出加快汽车等行业的智能化改造，这些因素将促进无人驾驶的快速发展。2020 年将成为无人驾驶汽车商业化元年，从此进入爆发增长期。2025 年全球无人驾驶汽车销量将达到约 20 万辆，有望产生 2 000 亿至 1.9 万亿美元的产值，2035 年将达到约 1 100 万辆，届时无人驾驶汽车保有量将达到约 5 000 万辆。当前距离无人驾驶汽车商业化还有一段距离，预计到2020年无人驾驶将初步实现商业化，具备较强资金、技术实力的投资者可以提前布局，为将来占领市场、制定行业国际标准争取主导地位。

语音识别

你可能是一个天才建筑师，但如果不会 Auto CAD，你设计不出一栋大楼。有了语音识别工具 Siri，不需经特殊培训也能使用软件。扔掉鼠标、键盘、菜单、按钮、标签页、弹出窗口、工具栏，清除所有障碍，让你游刃有余地完成工作。从今以后，作家不会用 Word 也可以写作，筑师不会使用 Auto CAD 也能设计，高管没有 IT 部门也能收到新报告，只要他们能提出正确的问题。Siri 是苹果公司在其产品 iPhone 4S、iPad3 及以上版本手机上应用的一项智能语音控制功能。Siri 可以令 iPhone 4S 及以上手机（iPad3 以上平板）变身为一台智能化机器人，用户可以通过手机读短信、介绍餐厅、询问天气、语音设置闹钟等。Siri 支持自然语言输入，可以调用系统自带的天气预报、日程安排、搜索资料等应用，还能够不断学习新的声音和语调，提供对话式的应答。

用户交互

Siri在前端面向用户，和用户交互的技术主要是语音识别以及语音合成技术。语音识别技术把用户的口语转化成文字，需要强大的语音知识库，需要用到“云计算”技术。语音合成则是把返回的文字结果转化成语音输出，这个技术理论上本地就能完成，但不知道 Siri 是否如此。当然，在云端完成也并无不可，在当前无线带宽下，那点语音流量根本不算什么。

计算技术

Siri 的后台技术的目的是处理用户的请求，并返回最匹配的结果。这些请求类型很多，千奇百怪，要处理好并不简单。基本的结构猜测可能是分析用户的输入（已经通过语音转化），根据输入类型，采用合适的技术进行处理以 Google 为代表的网页搜索技术；以 Wolfram Alpha 为代表的知识搜索技术（知识计算技术）；以 Wikipedia 为代表的知识库（和 Wolfram Alpha 不同的是，这些知识来自人类的手工编辑）技术（包括其他百科，如电影百科等）；以 Yelp 为代表的问答以及推荐技术。

表情识别

人脸识别系统可以在人群中将你认出来，这项技术在日常生活中的某些方面保障了人的安全，甚至比我们自己更了解自己。

表情识别

脸部表情能够反映一个人的心理状况，可以从表情判定人的心态。这方面的研究已经在美国展开，像 Emotient、Affectiva 和 Eyeris 等公司致力于开发通过人脸识别人心理活动的软件。为了阐释人的感情，这些软件需要模型。为此，上述公司借助美国心理大师保罗·埃克曼的研究成果，埃克曼用了 40 多年时间将微表情分类以研究它们表达的情感，他的“面部运动编码系统”收集了 5 千多种面部运动，并阐述它们的感情含义，通过在 80 个国家录制的 240 万段视频，收集 70 亿种表情在数据库里。借助这些数据，手机视频聊天软件能够通过用户的对话显示他们的情感。圣迭戈大学用一款感情识别软件测试刚刚接受阑尾炎手术的儿童疼痛程度，纽约警方利用表情研究软件完善问询调查，但对这方面研究成果最感兴趣的是营销和广告市场。目前，仅 Affectiva 的软件就已经被约 1 400 家公司应用，用来测试人们对新上市产品、电视广告以及电影预告片等各种刺激的反应。

RoboEarth

2014 年，欧盟资助四年的 RoboEarth 项目由荷兰埃因霍恩大学的科学家发布，四个机器人在模拟医院环境中相互协作照顾病人，通过与云端服务器交互，进行信息共享和互相学习。机器人可以对医院房间进行扫描并将完成的地图上传至 RoboEarth，另外一个对这个房间完全不了解的机器人可以通过访问云端的这张地图来找到房间中的一杯水，而不需要进行额外的搜索。按照相同的原理，类似于打开药盒式的任务解决方式也可以通过 RoboEarth 进行分享，其他机器人不需要重新编程就能打开特定的盒子。

机器人可以共享信息并存储它们的发现，建立起自己的互联网和维基百科。当机器人执行任务时，它们能下载数据并寻求其他机器人的帮助，以便更好地适应新环境为人类服务，这些机器人的主要应用领域是护理老人及病人。RoboEarth 的云端架构为机器人提供了一个向云端传输信息并获得反馈的闭环，联网数据库接收机器人采集的信息，并通过机器可读的格式进行存储。存储在 RoboEarth 底层的信息包括软件组件、导航地图（如物体定位、世界模型）、任务知识（如行动方法、操作策略）以及模式识别模型（如图像识别、物体识别）。RoboEarth 云端引擎提供强大的计算能力，每个机器人通过云端使用，它们自身不用再额外装载繁重的计算功能。云端引擎的计算环境具备海量带宽，使机器人可以非常迅捷地从 RoboEarth 分享和获取信息。

机器人的互联网和认知盈余

RoboEarth 为机器人提供了一个巨大的网络和数据库来帮助其共享信息，互相学习各自的行为、技能和环境，达到一种经验共享、互相学习的理想状态。机器人拥有共同的灵魂——代码，当云端的 RoboEarth 设定统一的信息格式后，所有信息对于接入的机器人来说是完全没有差异的。一个机器人将所获得的技能上传到云端，其他机器人就可以通过下载，完全掌握该项技能，且熟练程度与最初的贡献者丝毫不会发生偏离。对机器人而言，所有的信息、知识和技能在传递过程中绝不会出现干扰和衰变，所见即所得。所以，在 RoboEarth 这部为机器人量身定做的“维基百科”上，机器人可以在一种理想状态下进行信息共享、加工和获取。互联网带给人类的信息传输方式就像 Elon Musk 的超级高铁，虽然速度远超我们的想象力，但依然存在限制和能量损耗，而机器人的互联网 RoboEarth 就像是打通地球内部的重力火车，借助自然界最简单、最原始的能量达到理想状态。

黑客攻击

任何由人类研发出来的技术产品都无法摆脱被破解和攻击的风险，互联网如此，机器人互联网 RoboEarth 更会如此。黑客可能会入侵到服务器，来修改家政机器人的烹饪技能，将氰化钾列为食物原料，如果世界各地的机器人都学习了这个被篡改过的技能，势必会造成一场灾难。在人类互联网世界，最严重的黑客攻击后果仅仅是信息丢失或财产损失，不会造成直接的人身伤害。但对于以照顾人类为目的的 RoboEarth 机器人来说，即使是最轻微的黑客攻击也会导致机器人行为发生变化，从而对它所照顾的人产生危害。此外，这些机器人日复一日的将世界各地家庭的信息上传到云端数据库，假如服务器遭受黑客攻击，便会严重侵犯家庭隐私，威胁到家庭安全。

机器持续进化

人类深知进化的力量，Robert Chambers 在《Vestige of The Natural History of Creation》中提到的变化论（transmutation），认为所有物种都是从早期的简单形式发展而来；15 年后达尔文在《物种起源》中提出“物竞天择”的进化论，漫长的进化使人类成为世界的主宰，当我们亲手创造出来的机器也走上了一条进化之路，且最终目标是要取代我们成为新的主宰时，我们没有理由不感到恐慌和不安。人工智能专家 James Barrat 表示，当所有的机器人都具备了足够的学习能力之后就变得不再依靠人类，再加上全世界的机器人都可以进行交流和联系，他们很有可能变成新的支配者。

揭示人类的认知世界

未来的人工智能将人脑与电脑“嫁接”起来，拥有人类大脑新皮质功能并超过人类，人类将与机器结合成为全新的物种，具有发现问题，解决问题的能力，能够和人类用自然的方式打交道，听懂自然语言，能够做出决策。人类的知识单元、链接数目、思考能力，将旋即步入令人眩晕的加速喷发状态，一切传统的和习以为常的认识、理念、常识，将统统不复存在，所欲的智能装置、新的人机复合体将进入“苏醒”状态。未来人类一定会制造出可与人脑相媲美的“仿生大脑新皮质”。它们甚至比人脑更具可塑性，并可放置在云端，与遥远的人类生物大脑远程相连。

100 HACKER 10
ATA SECURITY 1001001001001001001001
10 PASSWORD 0010010010010

信息安全

信息安全 ABC

攻陷五角大楼的黑客

在很多人眼里，黑客被看作是“电脑捣乱分子”，等同于“计算机罪犯”。据统计，当今世界每 20 秒至少就有一起黑客事件发生，黑客活动意味着滥用计算机资源和使用计算机进行诈骗，是十足的破坏分子。可也有人认为，黑客是信息时代的安全卫士和信息牛仔，他们智力超群，思想独立，不断发现网络的漏洞，促进网络的健康发展，造福于网络社会。如此看来，简单地将黑客一律视为电脑计算机犯罪分子或互联网捣乱者，显然过于片面；而将黑客全部看作是网络时代的英雄或信息时代的安全卫士，又未免太过偏颇。现实生活中也有很多黑客的“传奇故事”，比较经典的就是 2016 年 3 月的美国政府的攻陷五角大楼计划。

攻陷五角大楼事件

在 2016 年 3 月，美国政府拿出 15 万美元与美国最大的漏洞提交平台 Hackone 合作了一个众测项目——攻陷五角大楼计划。目的是希望黑客能够挖掘出目前国防系统中现有的一些网络安全漏洞，并且对其进行修复。美国国防部发表声明：“这个项目将会在今年四月份对美国本土的黑客开放，大家可以凭借自己的努力赢到这些奖金。”实际上，美国国防部参加网络安全众测也是迫不得已。国防部管理着 488 个网站，其中 111 个网站都遭受过在线攻击。2015 年，美国 2.15 亿选民的个人信息、20 000 名 FBI 雇员信息、9 000 名国土安全局人员个人信息遭到泄露。在这次众测中，通过 1 400 位美国黑客的不懈努力，美国政府发现超过 100 个安全漏洞，支付了 1.5 万美元。美国国防部发言人说道：“这是美国政府史上第一次参加网络安全众测。这次安全检测的性价比十分高，而且黑客在我们心目中的形象也有很大的改变。”

黑客——网络幽灵

黑客技术与群体

借用 tombkeeper 的定义，黑客其实就是“对于网络入侵和防御的相关技术，以及漏洞的相关技术极具钻研精神的一群人”。黑客的世界像独立于现实世界的另一个江湖，分享与免费（share&free）的精神是黑客们坦荡走江湖的道义，技术是他们得以安身立命的武艺，然而技术亦正亦邪，如何利用技术就让黑客这个群体产生了分野：白帽子黑客、灰帽子黑客、黑帽子黑客和红帽子黑客。

白帽子黑客：是指那些专门研究或者从事网络、计算机技术防御的人，致力于利用技术发现漏洞、修补漏洞，改善网络安全状况或者计算机系统安全性的一批人，往往有着比较纯洁的黑客信仰，恪守黑客道德与守则。白帽子黑客就像是信息安全的卫士，比如时常给企业以漏洞提醒的乌云网就是较大的白帽子社区。他们通常受雇于各大公司，对产品进行模拟黑客攻击，以检测产品的可靠性，是维护世界网络、计算机安全的主要力量。

灰帽子黑客：是指那些懂得技术防御原理，并且有实力突破这些防御的黑客——虽然一般情况下他们不会这样去做。他们技术实力非常强，能够突破防御，乐于警示系统漏洞，但并不以黑客为业，有点像大隐隐于市的武林高手。与白帽和黑帽不同的是，尽管他们的技术实力往往要超过绝大部分白帽和黑帽，但灰帽通常并不受雇于那些大型企业，他们往往将黑客行为作为一种业余爱好或者是义务来做，希望通过他们的黑客行为来警告一些网络或者系统漏洞，以达到警示别人的目的，因此他们的行为没有丝毫恶意。

黑帽子黑客：黑帽子黑客行动的出发点以个人意志居多，攻击属性比较强，还会利用技术去攻击或者通过贩卖信息谋取暴利。他们专门研究病毒木马和操作系统，寻找漏洞。这些人基本上为了金钱什么事都可以做。可见，黑帽子黑客就是江湖中的大反派，穷尽各种办法攻破白帽子的铜墙铁壁。他们的所作所为已经严重危害到了网络和计算机安全，他们的每一次攻击都会造成大范围的影响以及经济损失。

红帽子黑客（红客）：仍然是属于白帽和灰帽范畴，但又与这两者有一些显著的差别：红帽黑客以正义、道德、进步、强大为宗旨，以热爱祖国、坚持正义、开拓进取为精神支柱，这与网络和计算机世界里的无国界情况不同，所以，并不能简单讲红客就归于两者中的任何一类。红客通常会利用自己掌握的技术去维护国内网络的安全，并对外来的进攻进行还击。通常，在一个国家受的网络或者计算机受到国外其他黑客的攻击时，第一时间做出反应、并敢于针对这些攻击行为做出激烈回应的，往往是这些红客。

现在人类生活的场所和行为内容，俨然成了自由与责任、崇高与卑微、伦理与放纵、抱负与惩罚、个人利益与大众利益、个人权利与社会义务的复合融杂剂。而新时代的“黑客”正是这些矛盾的综合体现。对于信息安全而言，毫无疑问，黑客是一柄锋利的双刃剑，有人在竭力维护信息安全测试网络漏洞的同时，有人又在滥用自己的技术破坏信息完全牟取暴利，但黑客与信息安全有着紧密的联系是毋庸置疑的。

什么是“信息安全”？

“安全”没有统一的定义，但它的基本含义可以解释为：客观上不存在威胁，主观上不存在恐惧。信息安全的实质就是要保护信息系统或信息网络中的信息资源免受各种类型的威胁、干扰和破坏，即保证信息的安全性。同样地，“信息安全”也没有公认的统一定义，但基本上信息安全可以理解为：

一个国家的社会信息化状态不受外来的威胁与侵害，一个国家的信息技术体系不受外来的威胁与侵害。因为信息安全首先是一个国家的社会信息化状态是否能够自足控制、是否稳定的问题，其次才是信息技术安全的问题。

信息安全涉及范围

信息安全发展

总的来说，信息安全发展可以分为四个时期。

通信安全时期

20 世纪 60 年代之前，人们对信息安全的关注主要集中于通信的机密性，信息安全要解决的问题主要是在远程通信中如何防止信息被非授权方截获以及确保通信的真实性，其主要手段是信息加密与信息隐藏。例如，埃及人在石碑上镌刻了令人费解的象形文字。值得一提的是“恺撒加密”，据传古罗马凯撒大帝用来保护重要军情设计了一种加密系统，它是一种替代密码，通过将字母

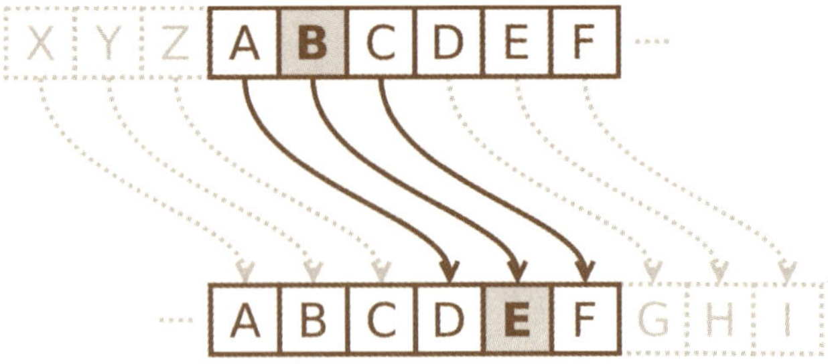

将明文字母右移 3 位得出密文

按顺序推后几位起到加密作用，如将字母 A 换作字母 D，将字母 B 换作字母 E。

计算机安全时期

这一时期自 20 世纪 60 年代中期至 80 年代。这一时期主要的安全目标是确保信息系统资产（包括硬件、软件、固件与通信、存储和处理的信息）的保密性、完整性与可用性。1985 年，美国国防部推出了《可信计算机系统评价准则》，是世界上第一部关于计算机系统的安全评测标准，是信息安全领域中的重要创举。

信息安全时期

20 世纪 80 年代中期以后，随着网络的普及与信息技术应用日趋广泛，人们对安全的关注已经逐渐扩展为以保密性、完整性和可用性为目标的信息安全阶段，美国国防部资助卡耐基－梅隆大学建立了世界上第一个计算机应急小组及协调中心，标志着信息安全从被动防护阶段过渡到主动防护阶段。人们要求能够检测、记录与抵御攻击，对信息的安全性提出了可控性、可认证性、不可否认性等新的要求。

防火墙实现安全拦截

信息保障时期

20 世纪 90 年代中期以后，随着信息技术的发展，信息安全越来越受到各国的高度重视，人们开始深刻认识到安全是建立在过程的基础上的，信息安全的发展也越来越多地与国家战略结合在一起。安全不再是单纯以功能或技术的强度作为评价指标，而是结合不同主体的应用环境与目标的需要，不但从技术上而且从管理上进行合理的计划、组织与实施，建立一个包含人的因素在内的信息安全管理体系。

目前量子通信正在崛起，2016年8月16日凌晨，中国首颗量子科学实验卫星“墨子号”在甘肃酒泉卫星中心发射升空。它同时是世界上首颗量子卫星，中国成为全球第一个实现卫星和地面之间量子通信的国家。在理论上，量子通信不可窃听、不可复制的信息传输方式，可以保证信息传输的绝对安全。这是唯一一种从物理上保证信息安全的方式，和过去以计算复杂性为基础的传统密码通信相比，显然要高明得多。然而这种看似无懈可击的通信方式，实际上是以牺牲信号稳定性为代价的，一旦存在敌方的任何形式的入侵行为，不管是窃听、复制还是干扰，量子通信都将无法实现，因此以牺牲通讯的稳定性为代价的，有了敌手就干不成事的量子通信系统最终也只能沦为一个摆设。可见，信息安全技术的发展还是有很长的路要走的。

如何抵御坏人：黑客技术大揭秘

在网络时代来临之前，由于计算机技术发展水平的限制，人们对信息安全技术的研究主要集中于密码学理论与技术，对信息系统的保密性、完整性与可用性进行静态保护。而在计算机与网络技术飞速发展的今天，信息安全技术已经不再是以单纯的防护为主，而是包括了防护、检测、响应与恢复几个环节的动态发展的完整体系。

从信息安全防护角度来看，当前主要的信息安全技术可以分为以下几类。

看不懂：密码技术

数据加密的核心是密码技术，它仍是数据安全技术中最基础的一项技术，属于主动安全防御策略。密码技术能对信息进行变换和编码，将机密的敏感信息变换成黑客难以读懂的乱码，使不知道如何解密的非法者不可能从其截获的乱码中得到任何有意义的信息，也能使非法者不可能伪造任何乱码型的信息。数据加密过程是通过各种加密算法实现的，现代密码学将加密算法主要分为对称密钥加密和非对称加密两种算法。

对称加密

对称加密又称私钥加密，即信息的发送方和接收方用同一个密钥去加密和解密数据。对称加密的加密和解密使用相同密钥的加密算法，加密密钥与解密密钥能够互相推算。它的最大优势是加／解密速度快，适合于对大数据量进行加密，但密钥管理困难。如果进行通信的双方能够确保专用密钥在密钥交换阶段未曾泄露，那么机密性和报文完整性就可以通过这种加密方法加密机密信息、随报文一起发送报文摘要或报文散列值来实现。

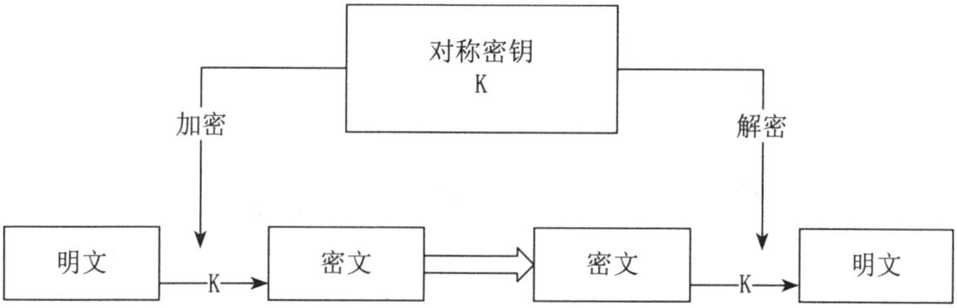

对称加密流程

公开密码

公开密钥密码体系，简称公钥密码体系，又称非对称密钥密码体系，使用一对密钥来分别完成加密和解密操作，其中一个公开发布（即公钥），另一个由用户自己秘密保存（即私钥）。常用的公钥加密算法是 RSA 算法，加密强度很高，而且常将数字签名和数据加密结合起来。信息交换的过程是：发送方在发送数据时必须加上数据签名，做法是用自己的私钥加密一段与发送数据相关的数据作为数字签名，然后与发送数据一起用接收方密钥加密。当这些密文被接收方收到后，接收方用自己的私钥将密文解密得到发送的数据和发送方的数字签名，然后用发布方公布的公钥对数字签名进行解密，如果成功，则确定是由发送方发出的。

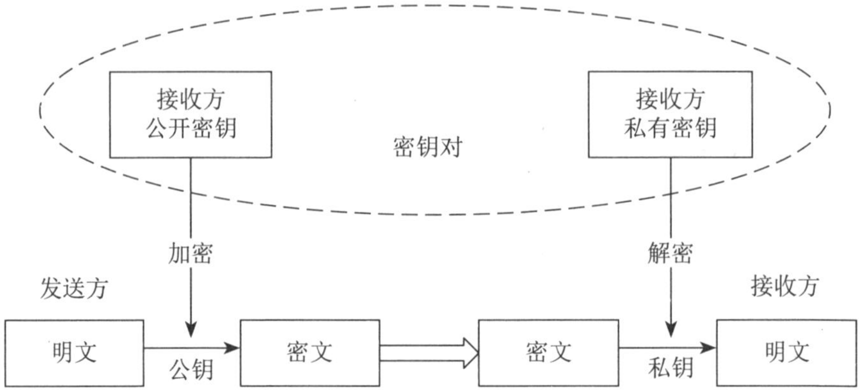

非对称加密流程

新一代加密技术

随着信息技术和通信方式的迅猛发展和广泛应用，信息加密性能的要求也越来越高，因此出现了混沌密码学、量子密码学、神经密码学等新一代加密技术。混沌密码是依赖于简单的动力学系统产生的混沌信号而表现出复杂的伪随机性密码。量子密码学也被称为量子密钥分配，使用量子力学保证一个安全的交流。它能让两方产生一个共享的、随机的且不被其他人知道的二进制位串，可以用作一个密钥来加密或解密数据。而神经密码是一种将神经网络用于密码学领域的设想，目前还处于是研究阶段。随着科学发展与完善，随着加密与破译的竞跑与角逐，人们正在着力研发安全性更高、效率更高的加密系统。

你是谁：认证技术

认证就是指用户必须提供他是谁的证明，是安全的第一道大门，是各种安全措施可以发挥作用的前提。从信息安全的角度看，需要对信息系统中出现的实体进行标识与身份鉴别，也就是弄清楚他是谁，他具有什么特征，他知道什么可用于识别他的东西。认证技术是用电子手段证明发送者和接收者身份及其文件完整性的技术，即确认双方的身份信息在传送或存储过程中未被篡改过。比如说，系统中存储了他的指纹，他接入网络时就必须在连接到网络的电子指纹机上提供他的指纹。

口令技术

利用口令来确认用户的身份，是当前最常用的认证技术，具有共享秘密的属性。例如，要使服务器操作系统识别要入网的用户，那么用户必须把他的用户名和口令送服务器。服务器就将它仍与数据库里的用户名和口令进行比较，如果相符，就通过了认证，可以上网访问。这个口令就由服务器和用户共享。

数字证书

这是一个经证书授权中心数字签名的包含公钥拥有者信息以及公钥的文件数字证书，最主要构成包括一个用户公钥，加上密钥所有者的用户身份标识符，以及被信任的第三方签名。第三方一般是用户信任的证书权威机构（CA），如政府部门和金融机构。用户以安全的方式向公钥证书权威机构提交他的公钥并得到证书，然后用户就可以公开这个证书。任何需要用户公钥的人都可以得到此证书，并通过相关的信任签名来验证公钥的有效性。

隔离带：防护技术

信息安全防护技术主要包括网络防护技术、系统防护技术和应用服务防护技术三个方面，各个方面都要结合考虑安全防护的物理安全、防火墙、信息安全、Web 安全、媒体安全等等。

网络防护技术

网络给人们带来很大的方便，同时也有网络黑客以及病毒等威胁了网络的安全。网络受到威胁的同时，电子信息的安全也受到了严重的威胁。最初解决这种网络不安全因素的措施就是使用防火墙，在个人电脑中，防火墙可以阻止黑客的入侵以及电脑信息的篡改。因此，防火墙在某种意义上可以说是一种访问控制产品。

系统防护技术

主要分为主机系统和网络系统的安全技术。主机系统主要包括操作系统与数据库系统等。操作系统需要保护所管理的软硬件、操作和资源等的安全，数据库需要保护业务操作、数据存储等的安全，这些安全技术一般被称为主机系统安全技术，包括获得内存安全、进程安全、账号安全与业务数据完整性等技术。网络系统安全技术是在基于网络的分布式系统或应用中，信息需要在网络中传播，用户需要利用网络登陆并执行操作，因此需要相应的信息安全措施，它们统称为网络安全技术。

应用防护技术

保护应用安全，主要是针对特定应用（如 Web 服务器、网络支付专用软件系统）所建立的安全防护措施，在应用防护中有些措施可能是网络安全业务的一种替代或重叠，如 Web 浏览器和 Web 服务器在应用层上对网络支付结算信息包的加密，都通过 IP 层加密，但许多应用还有自己的特定安全要求。

信息安全管理：比技术更重要

随着人们对信息和信息系统依赖程度的加深，信息价值与日俱增，信息系统承载业务的风险上升，病毒入侵、数据泄露、服务瘫痪和黑客攻击等安全事件时有发生。因此，信息安全已经成为信息系统建设中急需解决的问题。长期以来，在信息安全建设方面存在重技术轻管理，重产品功能轻安全管理以及缺乏整体性信息安全体系考虑等方面的问题。信息安全技术与产品的应用，在一定程度上可以解决部分信息安全问题。然而，70% 以上的信息安全问题是由管理原因造成的。在所有信息安全事故中，只有 20%—30% 是由于黑客入侵或其他外部原因造成的，70%—80% 是由于内部员工的疏忽或有意泄露造成的。从这些统计结果来看，现实世界里大多数安全事件的发生和安全隐患的存在，与其说是技术原因，不如说是管理不善造成的。因此，防止发生信息安全事件不应仅从技术着手，更应加强信息安全管理。

组织的信息安全方针和活动必须能够反映组织的目标。如果组织制定的信息安全方针、目标与活动不考虑业务目标，只是单纯地为了安全而安全，就会造成信息安全工作与组织脱节，信息安全无法为业务运营服务，这样的信息安全是没有意义的，甚至会造成巨大的浪费，无法成功实施。人们已经意识到，绝对没有风险的信息是不存在的，追求适度风险的信息已经成为人们的共识。那么，怎样才算是适度的风险呢？最主要的判断依据就是获得信息的成本与信息本身价值的权衡，如果信息的价值高于获得它的成本，那信息就是值得追求的。同理，对于价值较低的信息，为了降低获得的成本，不对其采取信息安全的保护措施也是完全可以接受的。

没有硝烟的战场

信息化是当今世界发展的潮流，我国正处于信息化进程的重要推进期，信息化进程发展迅猛，在促进经济发展与社会进步方面均取得了很好的效益。在这种背景下，近年来我国互联网蓬勃发展。根据中国互联网络中心的统计，截至 2015 年底，我国网民规模达 6.88 亿，全年新增网民 3951 万人；互联网普及率达到 50.3%，比 2014 年底提升了 2.4 个百分点；我国域名总数为 3102 万个，其中“.cn”域名总数为 1 636 万个，占中国域名总数为 52.8%。网络技术不断推陈出新，网络融合步伐不断加快，产业价值链不断延伸，并逐步完善，网络资源以及各种业务应用日趋多样。电子政务、电子商务、远程教育、远程医疗、移动信息、在线数字内容等各种网上业务进一步丰富，互联网广泛地影响到经济、生活的方方面面，深刻地改变着人们的学习、工作方式。

与此同时，我们也要看到，在过去的一年中国内外信息安全形势依然严峻。国际方面，2016 年 7 月“维基解密”网站爆出希拉里“邮件门”事件，直接影响了随后的总统大选走势；8 月，美国民主党遭到网络攻击，该党派国会成员的电话号码与住址陆续在网上曝光。国内方面，1 月，清华大学学术门户网站遭受黑客攻击，页面被篡改为伊斯兰经文；另据报告显示，中国是 APT 攻击主要受害国，攻击至少影响境内数百万台电脑，涉及 31 个省级自治区。我国面临着较为严重的国际网络攻击风险。

保护网络中的“水电”：云计算安全

云端信息安全漫画“后患”

人们常常把云计算比喻为电网的供电服务或自来水的供水服务。《哈佛商业评论》执行主编 Nick Carr 认为，云计算对技术产生的作用与电力网络对电力应用类似。目前，云计算迅速发展，用户量不断增加爱，而且用户对云计算的依赖程度不断提高。随着云应用普及，云计算安全对企业影响越来越大，进而对整个 IT 产业产生举足轻重的影响，甚至影响国家网络安全与社会稳定。

云计算的特性是无处不在，用户随时可以通过网络获得相关信息。因此，数据信息的安全性尤其重要。云计算发展的关键，在于如何保障云中信息的安全。目前，不少用户担心使用云计算会泄露机密信息而不敢使用云计算。在 IDC 全球调查中，70% 以上的用户对云计算的安全、性能、可靠性等持有不信任态度。安全问题已经成为限制云计算发展的关键问题。云计算作为一种新兴技术，在大量用户参与的同时，不可避免地存在各方面的信息安全风险，主要表现在以下几个方面。

虚拟服务风险

云计算的动态虚拟化管理方式带来了新的安全挑战。在传统网络中通过物理上和逻辑上的安全域定义，可以清楚地定义边界和保护设备用户，但云计算中资源以虚拟、租用的模式提供给用户，多个租户共享资源，多个虚拟资源使用相同的物理资源，使得虚拟技术安全成为云计算安全的重要影响因素。比如，云服务提供商的客户管理界面是通过互联网进行访问的，而较大的资源访问大多采用传统的托管，云计算通过这些管理接口提供远程用户访问，如果网页浏览器存在漏洞，就有可能构成严重的安全威胁。

权限分离风险

用户管理权与拥有权的分离使云计算网络安全面临巨大风险。在云计算服务中，用户将所属数据外包给云计算服务提供商，令其获得数据的优先服务权，用户对存储在云中的数据安全并没有实际控制能力，完全依赖于云服务商的安全管理。一旦云服务商内部出现人员失职、黑客攻击以及系统故障等情况，极易引起用户数据泄露或丢失现象。用户在使用云计算服务时，在云计算服务提供商的安全性和自己数据的安全性上做个平衡，太重要的数据不要放到云里，或将其加密后再放到云中，只有自己才能解密数据，将安全性的主动权牢牢掌握在自己手中，而不依赖于服务提供商的承诺和他们的措施。

用户认证风险

云计算面临用户身份认证的安全风险。云计算服务商对外提供云服务的过程中，需要引入严格的身份认证机制，如果运营商的身份认证管理系统存在安全漏洞或管理机制存在缺陷，则可能引起用户账号被仿冒，特别是企业用户的数据被非法窃取。验证授权等传统信息安全技术与产品已经不能充分保证云计算安全。例如，攻击者获得访问您的权限，便可以窃听您的活动和交易，操纵数据，返回虚假信息并将您的账户定向到非法网站，而您的账户可能成为一个新攻击者。因此，客户要保管好自己的账户，防止他人盗取你的账号使用云中的服务，而让你埋单。

“石油”保卫战：大数据安全

在世界经济论坛报告中，大数据被视为新的财富，其价值堪比石油。2012 年 3 月，美国宣布投资 2 亿美元启动“大数据研究和发展计划”，借以增强海量数据的收集、挖掘分析的能力，可见美国已经将大数据上升到国家战略层面。2014 年 5 月美国政府发布《大数据：抓住机遇、保存价值》白皮书，鼓励使用数据推动社会进步。美国政府视大数据为“未来的新石油”，将对科技与经济发展带来深远影响。大数据为人类经济生活创造了巨大的价值，它正在改变我们的商业模式，影响我们经济、政治、医疗等社会生活的各个方面。根据麦肯锡测算，美国医疗健康业利用数据每年可以节省 3 000 亿美元，欧洲政府利用大数据每年节省 1 000 亿欧元。基于大数据分析的市场研究不再局限于抽样调查，而是基于几乎全样本空间。

大数据时代，面对海量的数据收集、存储、管理、分析和共享，传统的信息安全面临新的挑战。海量数据中可能包含了大量的个人隐私、企业信息以及个人和企业的行为数据，通过对这些数据进行挖掘与分析，可能获得国家经济走向、社会舆情动态等方面的信息，这些信息一旦泄露，可能会威胁国家政治安全、经济安全与社会稳定。此外，大数据给数据保存和防止丢失、破坏、盗取也带来了技术上的难题。大数据带来的安全挑战主要表现在以下几个方面。

大数据更容易成为网络攻击的显著目标

在网络空间中，大数据大量集聚，容易被黑客发现，成为攻击的显著目标。大数据不仅数据量巨大，而且意味着数据中含有重要的敏感信息，这些信息对以国家利益或商业利益为目的的黑客来说，是更具吸引力的目标。2013 年 10 月，国内安全漏洞监测平台乌云网披露，自称是中国最大的酒店数字客房服务商的浙江慧达驿站公司，因为安全漏洞问题，使与其有合作关系的大批酒店的开房记录在网上泄露。数日后，一个名为“2 000 w 开房数据”的文件出现在网上，其中包含 2 000 万条在酒店开房的个人信息，容量达 1.7 G。这些信息如果被黑客利用，将造成巨大的经济损失。此外，数据的大量聚集，使得黑客一次成功的攻击能获得更多数据，增加了黑客攻击的“收益率”。

大数据加大了信息泄露的风险

大量数据的聚集不可避免地加大了信息泄露的风险。一方面包括个人行为信息、企业商业机密在内的大量信息不断汇聚，集中存储、处理增加了数据泄露的风险；另一方面，利用数据挖掘、关联分析能从普通数据中提取大量信息，这些信息或能预测目标人物的活动，或能分析企业的商业布局，或能揭示国家经济态势。电影《美国队长 2》中，反派借助于对个人信息的搜集与大数据挖掘，利用开发出的算法找到可能会阻碍自己的目标并试图提前把他们消灭，这就是大数据时代信息泄露风险的真实描绘。

大数据对现有的存储与安全防护策略提出了新的要求

大数据时代的数据收集、传输、存储与应用方式是跨地域甚至跨国界的，很多数据存储在国外，通过云计算实现跨越国境的应用，数据保护上升到了国家安全层面。这就需要对国家或企业数据分类分级，根据重要程度采取不同的保护措施，对国家级数据必须采取切实可靠的手段有效地管理。另一方面，随着数据量以几何级数不断增加，传统的防火墙、病毒查杀等技术不能满足安全需要，防护措施的更新速度也无法跟上数据量增长的步伐。

手机中的幽灵：移动互联网安全

当前，我国移动互联网用户增长迅速，应用日益丰富，几乎覆盖了生活的各个方面。根据中国互联网络中心的统计，截至 2015 年 12 月，中国手机网民规模达 6.20 亿，较 2014 年底增加 6 303 万人。网民中使用手机上网人群占比由 2014 年的 85.8% 提升至 90.1%，新增网民最主要的上网设备是手机，使用率为 71.5%，手机是带动网民数量增长的主要设备。随着移动互联网的迅速发展与普及，移动互联网塑造了全新的社会形态，潜移默化地改变了网民的日常生活，移动互联网安全的重要性日益凸显，移动互联网面临的安全挑战也日益增多，形势愈发严峻。

信息时代下的个人隐私威胁

对个人用户来说，随着通信录、账号密码、相册照片等重要的隐私信息大量存储在智能终端中，由恶意软件、伪基站等造成的用户隐私泄露、通话被窃听、信息被盗用等情况日益严重，个人隐私和财产安全受到严重威胁。例如，2014 年世界杯期间，不法分子利用“2014 世界杯点球赛”“世界杯争夺赛”等多款植入木马的危险软件，捆绑恶意广告插件，并在后台私自下载软件，不仅造成流量损失，还窃取用户隐私；2014 年 9 月，苹果 iCloud 被入侵，造成好莱坞女星隐私泄露等。对企业用户来说，由移动互联网安全问题引发的企业商业秘密泄露、商业活动被破坏的情况不断出现，对企业造成了重大损失，如英国英杰华保险公司的移动设备管理系统被黑客利用“心脏出血”漏洞攻击，一名黑客入侵了公司的管理服务器，并通过系统向其管理的手持设备和电子邮件账户推送信息。

移动互联网安全问题有以下几个方面。

病毒感染数量迅速增长

近年来，手机病毒感染数量快速增长，2015 年病毒感染量达到 48 亿次，尤其以 Android 最为严重，Android 平台约 5.6 台设备中就有 1 台染毒，设备感染率达 18%。2015 年腾讯手机管家移动安全实验室新发现的手机病毒数为 1 670.37 万个，而 2014 年仅新增 100.33 万个，2015 年较 2014 年增长 15.65 倍。在病毒样本库中，恶意扣费类病毒样本量占比最高，达 67%。

伪基站短信数量不断攀升

近年来，通过伪基站发送垃圾短信的数量不断攀升，据 360 统计，2016 年 3 月一个月之内，360 手机卫士共为全国用户拦截各类伪基站短信 1.1 亿条，平均每天拦截伪基站短信约354.8万条。伪基站短信中冒充运营商发送积分兑换、话费充值等诈骗短信越发猖獗，已经严重侵扰到了手机用户的正常生活，更是使不少用户蒙受损失。

移动支付安全问题日益严重

随着移动支付用户的迅速增长，个人财产安全隐患也日益突出，来自恶意山寨应用、不明Wi-Fi环境、支付应用漏洞、不安全验证短信威胁不断增强。针对移动支付用户的病毒呈逐月上升趋势。2015年上半年支付类新增病毒数增幅平稳，手机上常见的支付病毒中16.81%的支付类病毒会隐藏自己的真实目的，用以对抗安全软件。

企业移动互联网安全问题频发

随着智能手机、平板电脑等移动设备在企业经营中的普及和应用，由此引发的安全问题日益频发。根据卡巴斯基实验室2014年9月公布的调查结果，2014年初至展开调查时，25%受访问公司的移动设备被盗，而2011年只有14%，最令人关注的是，19%受访者表示移动设备被盗导致了业务数据丢失。

国之重器：工业控制网络安全

工业控制领域涉及钢铁、石化、装备制造、轨道交通、电力传输等诸多重要行业，其安全主要包括以下几方面：一是联网安全。工业控制系统网络化趋势明显，木马、病毒等传统互联网威胁不断向工业控制系统渗透，已经成为工业控制系统网络与信息安全（以下简称“工控安全”）的一部分。二是数据安全。存储在工业控制系统中的设计、工艺、运维、管理等数据的敏感程度更高，直接反映着一国工业生产、技术水平。三是管理安全。工业控制系统与生产、运维环节紧密联系，对管理提出了更高的要求。

可怕的“震网”病毒

震网病毒又名Stuxnet病毒，是一个席卷全球工业界的病毒。作为世界上首个网络“超级破坏性武器”，该病毒已经感染了全球超过45 000个网络。震网病毒于2010年6月首次被检测出来，是第一个专门定向攻击真实世界中基础（能源）设施的“蠕虫”病毒，比如核电站、水坝、国家电网。“震网”定向明确，具有精确制导的“网络导弹”能力。它是专门针对工业控制系统编写的恶意病毒，能够利用 Windows 系统和西门子 SIMATICWinCC 系统的多个漏洞进行攻击，不再以刺探情报为己任，而是能根据指令，破坏世界各国化工、发电和电力传输企业所使用的核心生产控制电脑软件，并且代替其对工厂其他电脑“发号施令”。计算机安防专家认为，该病毒是有史以来最高端的“蠕虫”病毒，它能自我复制，并将副本通过网络传输，任何一台个人电脑只要和染毒电脑相连，就会被感染。

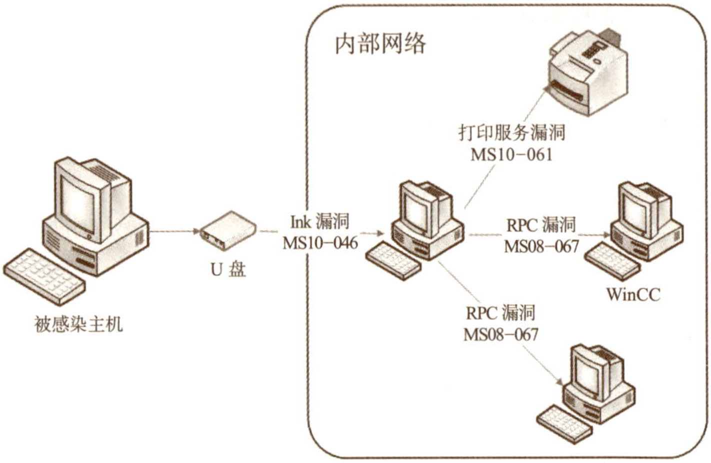

震网传播

工业控制系统安全的特点

一是针对关键基础设施及其控制系统的攻击具有更强的目的性。与传统病毒攻击的漫无目的相比，“震网”等病毒攻击具有越来越明确的针对性与目标性，其最终目标是特定国家的关键基础设施或工业控制系统，攻击旨在获取系统中的敏感信息，或者瘫痪关键基础设施运行。二是国家成为工业控制系统网络攻击的重要支持者与发动者。早在 2008 年，俄罗斯就对格鲁吉亚发动过网络攻击。据《纽约时报》披露，美国总统奥巴马上任的第一个月就密令加快对伊朗主要铀浓缩设备进行代号为“奥运会”的网络攻击。三是高级可持续性攻击威胁日趋严重。高级可持续性攻击（APT）一般从搜集信息开始，情报收集工作为后期攻击服务，攻击目标性极强，一旦成功危害很大。2011 年伊朗导弹爆炸事件就是因为导弹控制系统遭到“震网”病毒感染所致，而该事件距离“震网”病毒爆发已达到一年以上，足见此攻击的持续性。

工业控制系统带来的安全挑战

一是工业控制系统自身的脆弱性导致漏洞数量快速增长。2010 年震网事件之后，工业控制系统公开漏洞数达到 549 个，涉及的厂商有西门子、施耐德、罗克韦尔等世界知名品牌，大大降低了公众对于工控安全的信心。二是有组织网络攻击成为工业控制系统的最大威胁。2014 年 1 月，网络安全公司 CrowdStrike 指出在网络间谍活动中黑客们试图渗透欧洲、美国与亚洲能源公司的计算机网络。2014 年 6 月，“蜻蜓组织”利用恶意程序 Havex（与震网类似），对欧美地区的一千多家能源企业进行了攻击。三是联网工控安全形势严峻。越来越多的工业控制系统接入互联网，在为管理、运维带来便利的同时也引入了大量安全问题。诸多系统未采取足够的网络安全防范措施，非常容易被他人控制、篡改，潜在风险巨大。

财富命脉：金融领域网络安全

金融领域网络安全主要是指与金融信息系统相关的网络安全。从技术层面看，金融领域网络安全主要涉及实体安全、运行安全、数据安全与系统安全；从应用层面看，金融领域网络安全主要涉及三个方面：一是服务端安全，主要包括技术漏洞以及来自业务操作层和流程风险漏洞。二是客户端安全，客户端用户群体庞大，安全意识参差不齐，很容易被网银攻击者植入木马。三是通信通道的安全，也即网络安全，主要是指数据等信息的安全传输。因此，金融领域面临的网络安全挑战主要有以下几点。

金融领域网络安全

传统互联网威胁向金融领域辐射

金融领域应用的信息系统、产品等在设计之初并未充分考虑网络安全需求。随着电子商务快速发展，在线支付、在线结算等金融业务与互联网结合日益紧密，病毒、木马等传统互联网威胁已经危及金融安全。2015 年上半年，金融行业（保险、银行、证券、互联网金融）漏洞总量较 2014 年同比增长 181.9%；银行业中，民营银行安全漏洞明显高于国有银行，可能原因为在安全方面的投入差距，导致整体安全性结果上的差异；互联网金融业高、中危级别的漏洞数量总和占比高达 97.2%。这表明在业务发展尤其迅猛的互联网金融业，产品及应用在安全开发实践方面存在较大欠缺。

新技术的应用使金融行业网络安全面临更大挑战

移动互联网、云计算、大数据等新兴技术的蓬勃发展极大地促进了信息共享，但是由此而来的网络安全威胁对整个金融行业的网络安全带来更大的挑战。近年来，手机病毒黑色产业链进一步强化，病毒攻击技术与攻击方式也得到广泛提升，针对网银、移动支付、汇款等敏感财产信息进行手机窃取等新的特征显露，安全威胁持续增大。大数据分析技术已经在我国金融行业广泛应用，我国目前有大量金融数据被谷歌、沃尔玛、彭博社、路透社等外企所掌握，大数据分析技术能够窃取这些数据中所隐含的一些关键信息。云计算由于用户、信息资源高度集中，带来的安全事件后果与风险也比传统应用高出很多，甚至影响经济安全。

金融机构成为网络攻击的重点目标

对金融机构进行网络攻击，不仅能获得直接的经济利益，还能破坏国家的金融秩序，金融机构成为网络犯罪分子、恐怖分子以及国家对抗的重点目标。2014 年 3 月，“网贷之家”官网持续多日遭受黑客的严重攻击，持续 10 分钟的 30 G 流量攻击，同时数万 IP 遭到 CC 攻击，短短几小时内连续攻击次数达到 6 亿次。同时，由于地下黑色产业链的发展，网络洗钱和网上支付诈骗也成为愈发严重的社会问题。2014 年 5 月，腾讯雷霆行动联合广东警方成功抓获 11 人的犯罪团伙，该团伙通过网络入侵的手段盗取多个网站的数据库，并通过出售信息、网上盗窃等方式，非法获利 1 400 余万元。

在曲折中走向光明

我们在信息安全领域有哪些不足？

目前，互联网的应用已经深入到各个行业，至今各个企业都有了自己的信息应用网站，信息技术给人们带来方便的同时也产生非常多的安全问题。进入21世纪，随着信息技术的不断发展，信息安全问题也日显突出，2016年7月，美国三大政府网站均遭到DDoS袭击；9月，雅虎公司受网络黑客攻击并被窃取了5亿雅虎用户的信息，被称为“史上最大的数据泄露事件”；10月，美国主要DNS服务器提供商的服务器遭遇大规模DDoS袭击，导致东海岸地区包括Facebook、Twitter等上百家网站无法正常访问。由此可知，目前信息安全的形势危机四伏，应该引起国家高度的重视。我国面临的信息安全发展困境有以下几个方面。

信息安全缺乏有效技术建设

近年来，我国计算机硬件、通信设备制造业的基础集成芯片主要依赖进口，系统软件、支撑软件基本上是国外产品，虽说引进的设备和技术在某些程度上会增加网络的效率，但会让我国的电子信息技术的硬件系统发展受到约束，更重要的是还会为我国的信息安全带来很大的隐患，比如我们缺少引进之后的产品维护，就难以保证信息的安全。由于我国对信息技术行业的投入并不高，而且国民对信息技术安全的意识还不够，都让我国的信息技术建设跟不上信息技术的发展。然而在信息技术产业里，对研发的经济投入才是基本，而人才的培养是核心，我国要积极研发属于自己的信息技术产品，培养信息安全人才，才能保证信息安全有效的监督和控制。

信息安全管理能力不足

大多数组织现有的安全管理模式仍是传统的管理方法，普遍采用现代通信、计算机和网络技术来构建信息系统，以提高组织效率与竞争能力，但相应的管理措施不到位，如系统的运行、维护和开发等岗位不清，职责不分，存在一人身兼数职现象，出现了问题才去想补救的办法，是一种就事论事、静态的管理，不是建立在安全风险评估基础上的动态的持续改进管理方法。70% 以上的信息安全问题是由管理方面的原因造成的，也就是说解决信息安全不仅应从技术方面着手，同时更应加强信息安全的管理工作。信息安全管理是保护国家、组织、个人等各个层面上信息安全的重要基础。只有以有效的信息安全管理体系为基础，才能可能建立起一个真正意义上的信息安全防护体系。

信息安全缺乏配套法律法规

健全的信息安全法律法规体系是确保国家信息安全的基础。我国已建立了法律、行政法规与部门规章及规范性文件等三个层面的有关信息安全的法律法规体系，对组织与个人的信息安全行为提出了安全要求。但是我国的法律法规体系还存在缺陷：一是现有的法律法规存在不完善的地方，如法律法规之间有内容重复交叉，同一行为有多个行政处罚主体，有的规章与行政法规相互抵触，处罚幅度不一致；二是法律法规建设跟不上信息技术发展的需要，这主要涉及网络规划与建设、网络管理与经营、网络安全、数据的法律保护、电子资金划转的法律认证、计算机犯罪与刑事立法、计算机证据的法律效力等方面的法律法规缺乏。

信息安全产业前景如何？

我国一直高度重视信息安全产业的发展，早在 2003 年，中共中央办公厅、国务院办公厅转发了《国家信息化领导小组关于加强信息安全保障工作的意见》，党的十六届四中全会将信息安全上升到国家安全的战略层面，明确提出“确保国家的政治安全、经济安全、文化安全和信息安全”。面对日益复杂的全球信息安全形势和国内信息安全现状，2012 年，党的十八大报告中强调，要高度关注网络空间安全，并将网络空间安全、海洋安全、太空安全置于同一战略高度。2013 年，党的十八届三中全会也再次指出，“加大依法管理网络力度，加快完善互联网管理领导体制，确保国家网络和信息安全”。2014 年，中央网络安全和信息化领导小组成立，充分体现了国家对信息安全的重视程度。随着“互联网 +”行动持续发酵以及《网络安全法》草案公布，信息安全自主可控板块业绩的强劲增长标志行业已经真正进入业绩兑现期。而随着信息安全从今年的规划期即将迈入“十三五”执行期，信息安全产业必将迎来更大的发展契机。

信息安全产业规模增长迅速

随着国家在科技专项上的支持加大、用户需求扩大、企业产品逐步成熟和不断创新，信息安全产业依然处在快速成长阶段，中国信息安全市场规模 2012 年为 166.58 亿元，2013 年信息安全产品规模达到 186.5 亿元，比 2012 年增长 21.1%。2014 年市场规模达到 225.12 亿元，同比增长率为 20.1%。2015 年，中国信息安全市场整体仍保持 20% 以上的年均增长率。可见，信息安全产品的国产化，也逐步被更多的人所接受，在市场和政策双向利好的机遇下，国产信息安全产品企业有望迎来大好发展机遇。

信息安全行业信息化程度提高

近年来，互联网渗透率持续提高，互联网商务化趋势明显，而网络信息安全形势的不断恶化使得企业对于信息安全的投入意愿加强，网络信息安全行业发展面临机遇。根据前瞻产业研究院发布的《2015—2020 年中国信息安全行业发展前景与投资战略规划分析报告》数据显示，政府、电信、银行、能源、军队等仍然是信息安全企业关注的重点行业，证券、交通、教育、制造等新兴市场需求强劲，为网络信息安全产品市场注入了新的活力；在产品结构方面，信息安全产品种类日益丰富，网络边界安全、内网信息安全及外网信息交换安全等领域全面发展。

信息安全市场需求逐步提升

随着我国信息化程度的提高，客户对于网络安全的需求不断提高，网络信息安全行业的需求将进一步趋于成熟，证券、交通、教育、制造等新兴市场信息安全需求还将大幅度的上升。信息安全最大的特点就是“问题就是机会”，目前全球网络威胁有增无减，网络罪犯越发趋于专业化，目的越发商业化，行为越发组织化，手段越发多样化，背后的黑色产业链获利能力大幅提高，互联网的无国界性使得全球各国用户都避之不及，造成的损失也随着范围的扩散而快速增多。面对严峻的安全形势，信息安全成了人们的迫切需求，政府、用户、厂商等各方对信息安全重视度逐渐提高。

信息安全产业在各领域的融合

智慧城市的建设对信息安全体系提出了全新的要求，云计算、移动互联网、大数据、移动支付等领域的应用信息安全逐渐成为市场的主要发展方向。近几年来，随着云计算、物联网及移动互联网等新技术、新应用的不断出现和发展，信息安全将面临新的挑战，整个产业也将步入转折期。国家建设网络与信息安全保障体系，提升网络与信息安全保护能力，加强网络和信息技术的创新研究和开发应用，实现网络和信息核心技术、关键基础设施和重要领域信息系统及数据的安全可控。我国政府正从技术、标准、管理等多方面对网络信息安全产业施加更大的影响力，网络信息安全行业具有较大发展潜力。

信息安全的概念在20世纪经历了一个漫长的发展阶段，20世纪90年代以来得到了深化。随着信息技术的不断发展，由于其信息资源不受地域的限制，使得它为人们带来了很多的便利，拉近了人与人之间的距离，让信息沟通更具有平等性和民主性。但科学技术是把双刃剑，信息技术的发展同时也滋生了很多网络犯罪，造成信息的泄露，不利于企业的发展与国家的安全。因此，应该培养更多的专业人才，不断地去完善相关的信息技术，增强信息安全保护意识，从而更好地促进信息技术的发展。只有这样，才能更好地维持社会的稳定，保障国家与企业信息的安全。

后　记

2015年3月5日，李克强在《政府工作报告》中首次提出“中国制造2025”这一宏大的规划。2015年5月8日，国务院以国发〔2015〕28号文发布我国制造强国建设的第一个十年纲领性文件《中国制造2025》，提出今后十年要重点发展的十大重点领域。中国科学院院士、工业和信息化部原副部长怀进鹏认为，新一代信息技术作为重点发展的十大领域之首，是实现智能制造的关键；信息技术领域颠覆式创新给中国带来弯道超车的机会。

新一代信息技术的发展日新月异。麦肯锡的报告表明，到2025年，对经济有重大贡献的技术包括移动互联网、人工智能、物联网、云计算、机器人。倪光南院士也认为，中国在某些方面比外国还超前。新一代信息技术由原来的跟跑有可能变为未来的领跑：“移动支付我们现在领先了，刷人脸也在世界领先了，这真是我们的一个机遇。我们希望在新一代信息技术方面，中国能够弯道超车也好，换道超车也好，最后的结果，部分变成领跑还是有可能的。”

制造业升级关键在于创新植根于本土的精益生产管理。管理有两个很重要的特征。一是积累性。即管理效益与投入成正比，而且是不断创新、改善和学习的过程。二是创新性。管理模式和方法不可简单复制，只能自主创新。制造业2025计划中的强基工程，其抓手就是精益生产创新。立足于整个国际国内的经济社会发展、产业变革大趋势，新一代信息技术与制造业相结合，将有助于中国制造实现从工业2.0、3.0到4.0的跨越式发展，甚至实现超车领跑。

科技的发展与竞争，归根结底是人的发展与竞争。2017年2月14日，教育部、人力资源和社会保障部、工业和信息化部联合印发的《制造业人才发展规划指南》中预测，至 2025 年，新一代信息技术产业人才缺口将达 950 万人。这和新一代信息技术产业一线工人尤其是技术技能人才的社会地位和整体待遇较低、上升通道和发展道路不通畅有直接关系。但是，现在国家已经注意到并正在从制度层面纠偏。但在改善大众对于行业的认识上，政府之手所起的作用还不够，需要借助各种形式、多种渠道进行宣讲。本书在保证科学性的基础上，以大众都能够读懂的文字，为关注、支持新一代信息技术产业行业的社会各界人士解读、扩展其产业政策及科技内涵，使其能够在实现创新型国家建设、助力中国制造弯道超车中更好地发挥才智。